s on Algebra

中学生谈代数

俄罗斯科普作品选译

Igor R. Shafarevich 著

严晓文 译

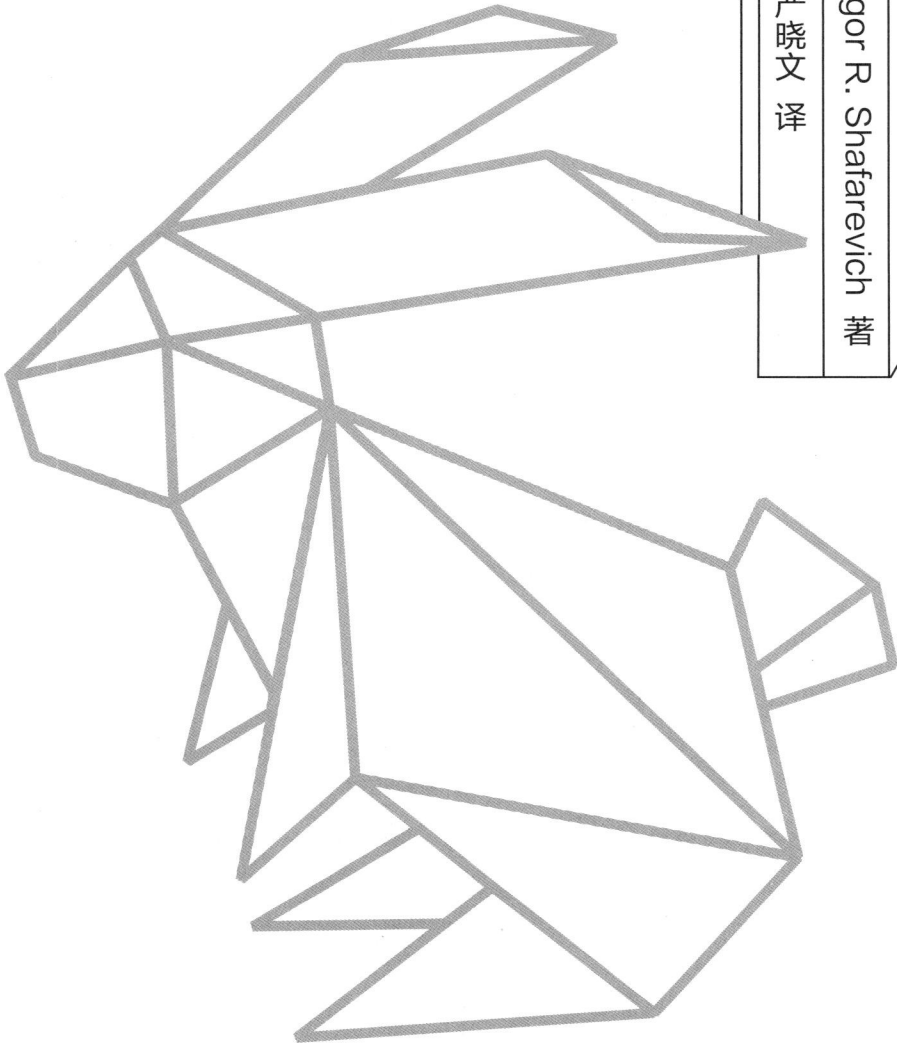

中国教育出版传媒集团

高等教育出版社 · 北京

图字：01-2021-6605 号

First published in English under the title
Discourses on Algebra
by Igor R. Shafarevich, edition: 1
Copyright © Springer-Verlag Berlin Heidelberg 2003
This edition has been translated and published under licence from
Springer-Verlag GmbH, DE, part of Springer Nature.

图书在版编目（CIP）数据

与中学生谈谈代数 /（俄罗斯）沙法列维奇
（Igor R. Shafarevich）著；严晓文译 . -- 北京：高
等教育出版社，2023. 3
 书名原文：Discourses on Algebra
 ISBN 978-7-04-059203-0

Ⅰ . ①与… Ⅱ . ①沙… ②严… Ⅲ . ①代数课 - 中学
- 教学参考资料 Ⅳ . ① G634. 623

中国版本图书馆 CIP 数据核字（2022）第 139303 号

YU ZHONGXUESHENG TANTAN DAISHU

策划编辑	李华英	责任编辑	李华英	封面设计	张申申	版式设计	徐艳妮
责任绘图	于 博	责任校对	张 薇	责任印制	刁 毅		

出版发行	高等教育出版社		网　　址	http://www.hep.edu.cn
社　　址	北京市西城区德外大街4号			http://www.hep.com.cn
邮政编码	100120		网上订购	http://www.hepmall.com.cn
印　　刷	河北鹏盛贤印刷有限公司			http://www.hepmall.com
开　　本	787mm×1092mm　1/16			http://www.hepmall.cn
印　　张	17.5			
字　　数	260 千字		版　　次	2023 年 3 月第 1 版
购书热线	010-58581118		印　　次	2023 年 3 月第 1 次印刷
咨询电话	400-810-0598		定　　价	59.00 元

本书如有缺页、倒页、脱页等质量问题，请到所购图书销售部门联系调换
版权所有　侵权必究
物 料 号　59203-00

序　言

　　我希望代数成为我们这个故事中的灰姑娘. 在中学的数学课程中, 几何通常是最受喜爱的女儿. 中学生所学习的几何知识量相当于总结在欧几里得的《几何原本》(公元前 3 世纪) 中的古希腊所达到的水平. 在很长一段时期里, 几何教学以欧几里得原著为范本, 近来才出现一些有所简化的版本. 虽然几何课程有许多改变, 但它仍留有欧几里得的影响, 以及古希腊出现的宏大科学革命的倾向. 我不止一次听到别人对我说: "我虽然没选择数学作为职业, 但几何的简洁优雅一直铭记在心; 从最简单、最显然的命题开始, 经过严格的推演, 居然可以得到那么多复杂的结论!"

　　可叹的是, 我从没听谁对代数表达过类似的看法. 有用的规则, 逻辑判断, 以及借助对数表和计算器做练习, 代数课程就像是这些东西的奇怪组合. 这样的课程在精神实质上更接近于古埃及和古巴比伦发展出的数学, 而非产生自古希腊而后由西欧的文艺复兴所延续的数学发展脉络. 然而, 代数和几何同样地基本、精深、美丽. 不仅如此, 从现代数学分类的角度来看, 中学的代数课程其实包含了众多数学分支: 代数、数论、组合学以及一点儿概率论.

　　本书的目的是借助紧贴中学课程的内容来展示作为一个数学门类的代数. 虽然面向的是学生与教师, 但本书并不想写成教科书. 行文叙述以下列知识为基础: 整数及分数的运算, 平方根, 去括号以及其他关于代数表达式的运算, 不等式的性质. 所有这些技能学生在 9 年级时都该学过了. 随着内容的展开, 内容的复杂性会逐步加深. 为了帮助读者掌握这些内容, 我配备了一些简单的习题.

　　全书主要有如下三个基本主题——**数**、**多项式**以及**集合**, 每一个主题都包含多个章节, 它们相互交错展开.

有一部分涉及基础知识的材料, 虽然不需要更多的数学思想, 但仍然非常复杂, 要求读者对很多事实与定义牢记在心. 这些材料被置于相关章节的最后, 并且在后续章节中不再出现.

对于书中给出的命题, 我选择最 "易懂" 而非最简短的证明. 说它们易懂, 是由于这些证明将待证的命题与若干其他的概念以及命题联系了起来, 因此它们明确了这些命题在相应数学知识结构中的位置. 更简短的证明通常在后面出现, 有时候会被放在习题里.

在初次学习数学时, 知识的发展历程通常会退居其次. 有时候甚至让人感觉数学向来就如教科书所展示的那般完善. 事实上, 数学是由不计其数的学者花费数千年发展出来的. 为了对这方面做点儿强调, 我在书后列出了书中出现过的数学家 (和物理学家) 的生卒年份.

书中公式较多, 为了引用方便, 我给它们标了号. 比如, (2.16) 式表示它是第二章的第 16 个公式.[1] 定理与引理在整本书中按次序统一标号.

数学教育与启迪基金会, 尤其是科马洛夫和伊麦金两位, 在我写作过程中给予了极大帮助. 杰穆什金承担了阅读手稿的工作, 给出了许多重要的意见. 我衷心感谢他们所有人.

伊戈·沙法列维奇

莫斯科, 2000

英文版附注:

我衷心感谢比尔·埃弗里特, 他将本书翻译成了英文. 据我判断, 他的英文很漂亮. 当然, 我并不是这方面的专家. 不过有一点可以肯定的是, 他极大地提高了文本的质量. 他找出了原文的若干错误, 并要求我就某些地方进行更清晰的阐述.

伊戈·沙法列维奇

莫斯科, 2002

---

[1]中译本与原书在公式的编号方式上并不一致. 为方便阅读, 此处对原文的说明做了相应的改动. 另外, 原书中有几处公式、定理引用失误, 还有一些地方有明显的笔误, 译文径直做了更正, 后面不再一一说明. ——译者注

目 录

第一章　整数

主题: 数

|1　$\sqrt{2}$ 不是有理数

自然数[1] 来自计数. 人类发展逻辑的过程中有一步非常重要, 那就是意识到两只眼睛、走在一起的两个人以及船的两只桨之间有些共同点, 它们可以用抽象概念二来表达. 下一步发展可以说是很有难度的, 因为很明显在许多语言中三这个字与许多、太多是一个意思. 无论如何, 自然数这么一个无穷序列还是逐渐被发展起来了.

此后, 无论是用数字来计数还是用数字来测量长度、面积、重量等, 都是很自然的了. 为明确计, 我们来讨论测量线段长度的问题. 我们首先选定一个长度单位: 毫米 (mm), 厘米 (cm), 千米 (km), 光年 …… 我们用线段 U 来表示单位长度. 若单位长度选定, 我们就可以试着用它来测量其他线段. 如果线段 A 上正好能连续放置 n 个线段 U, 我们就说线段 A 的长度是 n (图 1.1(a)). 通常来说, 测量时会有一段长度小于 U 的部分多出来 (图 1.1(b)).

图 1.1

此时我们缩小单位长度, 把 U 分成 m 份长度相同的线段 U'. 如果 A 上恰好可以连续放置 n' 个 U', 那么 A 的长度是 n'/m (以原来的 U 为单位长

---

[1]本书中的自然数不包括 0, 这与目前的中学教科书中的约定有所不同. 请读者留心. ——译者注

度).

在数千年中, 不同地域的人在不同的场合下用过这个操作, 最终提出了一个问题: **单位长度的这种划分总是可能的吗?** 这个新奇的问题是与特定的历史时期相关的: 公元前 6 世纪或 5 世纪时古希腊的毕达哥拉斯学派提出了这个问题. 对于两条线段 A 和 U, 如果存在一条线段 U' 可在 U 上刚好连续放置 m 次, 在 A 上刚好连续放置 n 次, 那么就称这两条线段是可公度的. 此时问题可重述为: **任意两条给定的线段都是可公度的吗?** 也可以换个问法, 在指定单位长度后, 任意一条线段的长度都是有理数 n/m 吗? 答案是**不!** 给出两条不可公度线段的例子是很容易的. 我们考虑一个边长为单位长度 U 的正方形, 它的对角线记为 A.

定理 1 正方形的边和对角线是不可公度的.

在证明之前我们把定理换个表述方式. 毕达哥拉斯定理[1] 说的是, 分别以直角三角形的两条直角边为边长所作的两个正方形的面积之和等于以直角三角形的斜边为边长所作的正方形的面积. 换句话说, 直角三角形两条直角边的平方和等于斜边的平方. 我们以此来比较正方形的边和对角线.

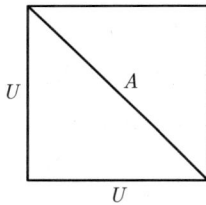

图 1.2

如图 1.2, 正方形被分成了两个边长为 U 的等腰直角三角形, 此时我们关注的对角线 A 就成了直角三角形的斜边. 根据毕达哥拉斯定理有 $A^2 = 2U^2$. 如果 A 与 U 是可公度的, 那么就存在 U' 使得 $A = nU'$, $U = mU'$. 于是可得 $(n/m)^2 = 2$, 即 $n/m = \sqrt{2}$. 这样我们就得到了定理 1 的另外一种表述:

定理 2 $\sqrt{2}$ 不是有理数.

---

[1]即我们常说的勾股定理.——译者注

在证明之前, 先做点儿观察. 尽管我们利用了毕达哥拉斯定理, 但我们仅考虑了等腰直角三角形这种特殊图形. 在这类图形中, 定理很明显是成立的.

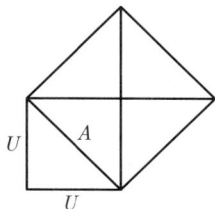

图 1.3

考虑图 1.3 中的五个全等的等腰直角三角形, 每一个等腰直角三角形的面积记为 S. 以线段 U 为边长的正方形包含两个这样的三角形, 因此有 $U^2 = 2S$. 同理可得, $A^2 = 4S$. 于是 $A^2 = 2U^2$, $(A/U)^2 = 2$.

现在我们来证明定理 2. 因为我们想要证明 $\sqrt{2}$ 不能表示成 n/m 的形式, 所以很自然地会想到使用反证法. 我们假设 $\sqrt{2} = n/m$, 这里 n 和 m 都是自然数. 我们还假定它们是互素的, 因为如果它们有公因子, 那么约掉公因子之后分数 n/m 的值保持不变. 根据平方根的定义, 由 $\sqrt{2} = n/m$ 可得 $2 = (n/m)^2 = n^2/m^2$. 两边同乘以 m^2, 就有

$$2m^2 = n^2, \tag{1.1}$$

其中 n 和 m 是两个互素的自然数.

因为左侧有因子 2, 所以问题就与自然数能否被 2 整除有关了. 能被 2 整除的自然数我们称之为偶数, 不能被 2 整除的就称为奇数. 根据定义, 每个偶数 k 都能写成 $k = 2l$ 的形式, 这里 l 是某个自然数. 这就是说, 对于偶数我们都有一个相当明显的表示, 而奇数是从反面定义的——它们不可能有上述表示. 当然, 我们能很容易地得到奇数的一种明显的表示.

引理 1 每个奇数 r 都能写成 $r = 2s+1$ 的形式, 其中 s 是 0 或某个自然数. 反过来, 每个这样的数都是奇数.

反过来的部分是很显然的: 假若 $r = 2s+1$ 是偶数, 那么它就能写成

$r = 2l$ 的形式, 于是

$$2l = 2s + 1, \qquad 2(l - s) = 1.$$

这明显是不可能的.

为了证明主要命题, 我们要注意到, 如果奇数 $r \leqslant 2$, 那么只能是 $r = 1$, 此时 $s = 0$. 如果奇数 $r > 1$, 那么必有 $r \geqslant 3$. 减去 2 之后有 $r_1 = r - 2 \geqslant 1$, 它仍是奇数. 如果 r_1 仍然大于 1, 那么就再减去 2, 得到 $r_2 = r_1 - 2$. 如此下去, 会得到一列递减的奇数序列 $r, r_1, r_2, \cdots$, 其中后一个数都比前一个数小 2. 只要 $r_i > 1$, 我们就继续减下去. 因为自然数不能无限递减下去, 所以最终会到达不能再减 2 的情形, 即有 $r_i = 1$. 这样就有

$$r_i = r_{i-1} - 2 = r_{i-2} - 2 - 2 = \cdots = r - 2 - 2 - \cdots - 2 = r - 2i = 1.$$

这就是我们想要的 $r = 2i + 1$. ■

现在我们介绍奇偶数的一个基本性质.

引理 2 两个偶数之积是偶数, 一个偶数与一个奇数之积是偶数, 两个奇数之积是奇数.

前面两个论断从偶数的定义来看是很明显的: 若 $k = 2l$, 那么无论 m 是偶数还是奇数, $km = 2lm$ 总是偶数. 但为了证明最后一个论断, 我们需要引理 1. 令 k_1 与 k_2 是两个奇数, 那么依据引理 1, 我们可以将它们写成如下形式

$$k_1 = 2s_1 + 1, \qquad k_2 = 2s_2 + 1,$$

其中 s_1, s_2 是 0 或自然数. 于是

$$k_1 k_2 = (2s_1 + 1)(2s_2 + 1) = 4s_1 s_2 + 2s_1 + 2s_2 + 1 = 2s + 1,$$

其中 $s = 2s_1 s_2 + s_1 + s_2$. 已知形如 $2s + 1$ 的数都是奇数, 因此 $k_1 k_2$ 是奇数.■

这里提一下引理 2 的一个特殊情形: 奇数的平方是奇数.

现在完成定理 2 的证明就很容易了. 我们假定等式 (1.1) 成立, 其中 m, n 互素. 假如 n 是奇数, 那么根据引理 2, n^2 也是奇数. 但根据等式 (1.1), 它是

个偶数, 所以 n 是偶数, 且可以写成 $n = 2s$. 因为 m, n 互素, 所以 m 必定是奇数 (否则 m, n 有公因子 2). 在等式 (1.1) 中以 $2s$ 替换 n, 且两边同时除以 2, 则有

$$m^2 = 2s^2,$$

它说明一个奇数的平方却是个偶数, 这与引理 2 矛盾. 至此, 我们证明了定理 2, 同时也证明了定理 1. ■

在认定了任意一条线段的长度 (单位长度给定) 和任意正数的平方根都一定能用某个数来表达的情况下, 我们可以从一个不同的视角来审视定理 1 和定理 2. 这两个定理说的是正方形对角线的长度, 或者说 $\sqrt{2}$, 不是有理数, 即它是无理数. 这是无理数的最简单示例. 存在着许多无理数, 我们在后面会遇到其中一些. π 或许是 (仅次于 $\sqrt{2}$ 的) 最 "出名" 的无理数, 它是圆周长与其直径的比值. 证明 π 是一个无理数需要更复杂的方法, 因此在本书中我们不对此进行证明.

所有的有理数和无理数组成了实数. 在后面我们会用一章来更精确地陈述实数概念的逻辑意义. 在那之前, 我们就像通常的中学所学的那样对待实数, 不特别关心它的逻辑基础.

为什么人类花了这么长的时间才意识到存在无理数这么简单 —— 同时也非常重要 —— 的事呢? 答案很简单, 因为无论对于什么现实应用, 诸如 $\sqrt{2}$ 这样的数都可以被当作有理数来处理. 下述定理表达了这个论断.

定理 3 无论给定数 ε 多小, 我们都能找到一个有理数 $a = m/n$ 满足 $a < \sqrt{2}$ 以及 $\sqrt{2} - a < \varepsilon$.

在所有实际测量中都有一个精度的问题, 在那个精度内我们可以把 $\sqrt{2}$ 当作一个有理数来对待; 即可以说测量结果认为 $\sqrt{2}$ 是有理数.

为了证明定理 3, 我们用 n 充分大时的数 $1/10^n$ 来代表 "无论多小" 的数 ε. 接着, 试着寻找一个自然数 k 满足

$$\frac{k}{10^n} \leqslant \sqrt{2} < \frac{k+1}{10^n}. \tag{1.2}$$

然后令 $a = k/10^n$ 即可, 此时 $\sqrt{2} - k/10^n < 1/10^n$.

不等式 (1.2) 等价于下面的不等式

$$\frac{k^2}{10^{2n}} \leqslant 2 < \frac{(k+1)^2}{10^{2n}}$$

或者

$$k^2 \leqslant 2 \times 10^{2n} < (k+1)^2.$$

因为数 n 已经给定了 (那么 2×10^{2n} 当然也确定了), 故而显然存在平方之后不超过 2×10^{2n} 的最大自然数 k. 这个 k 就给出了我们所需要的 a.

很显然, 定理 3 的结论不仅对 $\sqrt{2}$ 成立, 它也对所有的正实数 x (为了讨论方便我们这里限定了正数) 成立. 如果用数轴上的点来表示 x, 这一点就非常明显了. 把单位长度 U 分成若干长为 $U/10^n$ 的小线段, 然后把它们连续放置在数轴上 (图 1.4).

图 1.4

连续放置后, 不超过 x 的最右侧的端点给出了我们所需要的有理数. 如果这是第 k 条线段, 那么就有

$$a = \frac{k}{10^n} \leqslant x \quad \text{且} \quad x - a < \frac{1}{10^n}.$$

至此我们证明了定理 3. ∎

现在请来估量一下定理 1 和定理 2 中论断的深度. 无论什么实验都不能确定论断的正确性, 因为实验总是有精度的问题. 无论要求了怎样的精度, $\sqrt{2}$ 总是可以被表示成一个有理数. 尽管人类积累了数千年的经验, 但直到公元前 7 世纪至前 5 世纪时的古希腊时期数学发生了变革之后, 这样的纯粹理性成就才出现. 因此毕达哥拉斯学派将它作为神圣的秘密而不向外人透露就不足为奇了. 但后来毕达哥拉斯学派中的希帕索斯公开了这个秘密. 根据一则传说, 诸神为了惩罚他泄露了秘密而让他丧生于海难. 百年后, 柏拉图在《法律篇》中讲述了自身的一段经历. 当学到 "线段和线段未必总是可公度的" 时,

他被震惊了. 他讲述了自己那 "可耻的无知": "在我看来, 这不是人类的特征, 而是某种猪的特征. 我不仅为自己感到尴尬, 也为全体希腊人感到尴尬."

定理 1 和定理 2 的证明阐明了 "定理为何需要证明" 这一常被提及的问题. 脑中反应出的第一个答案是我们需要确信某些论断的正确性. 有时候会出现这种情况, 论断的太多特殊情形已经被证明, 以至于让人觉得整个论断的正确性不会有什么问题 (这引发了物理学家经常嘲笑数学家总是去证明那些无甚疑义的论断的正确性). 但我们经常见到一些证明为数学家带来了全新的数学思想, 如果没有证明, 那这些想法很可能永远不为人知.

习　题

1. 证明 $\sqrt{6}$ 和 $\sqrt[3]{2}$ 是无理数.
2. 证明 $\sqrt{2} + \sqrt{3}$ 是无理数.
3. 证明 $\sqrt[3]{3} + \sqrt{2}$ 是无理数.
4. 计算 $\sqrt{2}$ (精确到 $1/100$).
5. 证明每个自然数都能写成 2 的若干个不同次幂 (即 2^k) 之和, 且这样的写法是唯一的.

|2　其他平方根的无理性

试着推广我们前面得到的结果将是富有趣味的. 譬如, 能用同样的方法证明 $\sqrt{3}$ 是无理数吗? 当然, 为了处理新的情况我们自然要对之前的过程做一些调整. 现在我们要证明的是等式 $3 = (n/m)^2$ 或

$$3m^2 = n^2 \tag{1.3}$$

不可能成立, 这里仍然遵循之前的假定, 即 n/m 是既约分数, 也就是自然数 m 和 n 是互素的. 因为等式 (1.3) 里出现了因子 3, 所以我们自然地要利用自然数被 3 除时的性质. 这里我们将看到引理 1 和引理 2 是怎样被调整来适应新情况的.

引理 3 任一自然数 r 要么被 3 整除, 要么可以写成 $r = 3s+1$ 或 $r = 3s+2$ 的形式, 这里 s 是自然数或 0. 反过来, 形如 $3s+1$ 或 $3s+2$ 的数不能被 3 整除.

反过来的那部分显然成立. 比如, 如果 $n = 3s+1$ 能被 3 整除, 那么就有 $3s+1 = 3m$, 即 $3(m-s) = 1$. 这是不可能的. 如果 $n = 3s+2$ 能被 3 整除, 那么 $3s+2 = 3m$, 即 $3(m-s) = 2$, 这仍然不可能成立. 引理 3 的主体部分可以通过重复引理 1 的论证过程来证明. 若 r 不能被 3 整除, 且小于 3, 那么只能是 $r = 1$ 或 $r = 2$. 因此令 $s = 0$ 就得到了所要求的表示. 若 $r > 3$, 那么就减去 3, 得到 $r_1 = r - 3 > 0$, 此时 r_1 也不能被 3 整除. 持续减去 3, 我们就得到了一串递减的数 $r, r_1 = r-3, r_2 = r-3-3, \cdots, r_s = r-3-3-\cdots-3$. 正如之前说过的, 我们不能无休止地减去 3, 因此最终有 $r_s = 1$ 或 $r_s = 2$. 即我们有两种可能: $r - 3s = 1$ 或 $r - 3s = 2$, 也就是 $r = 3s+1$ 或 $r = 3s+2$, 这正如引理所述. ∎

下述引理只类似于引理 2 的一部分, 但实际上只需要这部分就够了.

引理 4 如果两个数都不能被 3 整除, 那么它们的乘积也不能被 3 整除.

设 r_1 和 r_2 是两个不能被 3 整除的数. 依据引理 3, 它们各有两种可能: 形如 $3s+1$ 或 $3s+2$. 于是我们就有四种可能的情形:

(1) $r_1 = 3s_1 + 1, r_2 = 3s_2 + 1$,

(2) $r_1 = 3s_1 + 1, r_2 = 3s_2 + 2$,

(3) $r_1 = 3s_1 + 2, r_2 = 3s_2 + 1$,

(4) $r_1 = 3s_1 + 2, r_2 = 3s_2 + 2$.

情形 2 与情形 3 只是 r_1 与 r_2 的标记不一样, 故只需验证其中一种情形 (例如情形 2) 即可. 对于这三种情形, 两两相乘可得

(1) $r_1 r_2 = 9s_1 s_2 + 3s_1 + 3s_2 + 1 = 3t_1 + 1$, 这里 $t_1 = 3s_1 s_2 + s_1 + s_2$;

(2) $r_1 r_2 = 9s_1 s_2 + 6s_1 + 3s_2 + 2 = 3t_2 + 2$, 这里 $t_2 = 3s_1 s_2 + 2s_1 + s_2$;

(3) $r_1 r_2 = 9s_1 s_2 + 6s_1 + 6s_2 + 4 = 3t_4 + 1$, 这里 $t_4 = 3s_1 s_2 + 2s_1 + 2s_2 + 1$.

最后一种情形里的 4 被拆成了 3 与 1 之和, 这个 3 被吸收到了 t_4 之中. 所有这三种情形说明, 乘积都是 $3s+1$ 或 $3s+2$ 的形式, 根据引理 3, 它们都不能被 3 整除. ∎

现在要证明结论就毫无困难了.

定理 4 $\sqrt{3}$ 不是有理数.

这个结论的证明与定理 2 的证明几乎一字不差. 我们只需证明 $3m^2 = n^2$ 会引出矛盾即可 (这里 m 与 n 互素). 如果 n 不能被 3 整除, 那么依据引理 4, 它的平方也不能被 3 整除. 但 n^2 等于 $3m^2$, 这说明它能被 3 整除, 即有 $n = 3s$. 将其代入等式 $3m^2 = n^2$, 然后两边同时除以 3, 得到 $m^2 = 3s^2$. 因为 m 与 n 互素, 而 n 能被 3 整除, 所以 m 不能被 3 整除. 依据引理 4, m^2 也不能被 3 整除, 这与 $m^2 = 3s^2$ 矛盾, 因此定理成立. ∎

前面两个定理证明的相似性启发我们这条路还可以走得更远. 当然, 检验 $\sqrt{4}$ 就没必要了, 因为 $\sqrt{4} = 2$, 但我们可以检验 $\sqrt{5}$. 在做相关论证时必然还要再考虑类似于引理 2 和引理 4 那种数字乘积的情形, 可以预见, 情况会越来越麻烦. 但无论如何, 我们可以用相同的方法证明 $\sqrt{5}$ 是无理数, 也完全可以证明 $\sqrt{6}$, $\sqrt{7}$ 等情形. 然而, 待验证的数字会越来越大. 比如我们一直验证到了 $\sqrt{20}$, 会发现排除掉 n 是平方数 ($n = 4, 9, 16$) 的情形之后, 所有的 $\sqrt{n}$ ($\sqrt{2}$, $\sqrt{3}$, $\sqrt{5}$, $\sqrt{6}$, $\sqrt{7}$, $\sqrt{8}$, $\sqrt{10}$, $\sqrt{11}$, $\sqrt{12}$, $\sqrt{13}$, $\sqrt{14}$, $\sqrt{15}$, $\sqrt{17}$, $\sqrt{18}$, $\sqrt{19}$, $\sqrt{20}$) 都是无理数. 这些例子暗示了一个更一般化的假设: 只要 n 不是平方数, 那么 $\sqrt{n}$ 就是无理数. 因为我们之前的论证都是针对单独的数一个一个进行的, 所以之前的论证还不足以证明这个更一般的假设.

有趣的是, 我们上面的论证途径在历史上都曾经有人采用过. 如之前所说, 毕达哥拉斯学派证明了 $\sqrt{2}$ 的无理性. 之后, 又有很多人证明了若干个 $\sqrt{n}$ 的无理性. 从柏拉图的对话录《泰阿泰德篇》中我们可以知道这一点.

事情发生在公元前 400 年左右. 著名哲学家苏格拉底遇到了昔兰尼的数学家西奥多罗斯, 并由此结识了才华横溢的年轻人泰阿泰德. 泰阿泰德那时候大概十四五岁, 跟如今的中学生一样的年纪. 西奥多罗斯如此描述这个年轻人的才华: "他将学业和研究处理得相当轻松、平稳、准确, 就像油从碗里流出来一样, 我深深地惊讶于他如此年轻就取得了这么多成就" 之后, 泰阿泰德开始给苏格拉底讲述他自己的研究. 这项研究是他和朋友合作的, 巧合的是, 这个朋友也叫苏格拉底. 泰阿泰德解释说, 西奥多罗斯已经告诉他们, (翻译成现代术语) 如果一个正方形的面积是整数, 但不是平方数, 那么这个正方形的边长和单位长度将不可公度. 如果将正方形的面积记为 n, 这意味着 $\sqrt{n}$ 是无理数. 西奥多罗斯已经证明了 $n = 2, 3, 5$ 的情形, "并且一个数一个数地往下进行, 直到 $n = 17$". 泰阿泰德由此对那个一般的假设产生了兴趣, 对话录的最后说泰阿泰德和他那个叫苏格拉底的朋友一起成功地解决了这个问题. 我们这里不打算复原泰阿泰德在论证过程中使用的若干论断 (那里有许多假设), 而是主要按照欧几里得的途径展开证明, 他的方法很可能与泰阿泰德的类似 (高斯在两千年后给出了一个简化).

我们首先证明一个类似于引理 1 和引理 3 的结论.

定理 5 对于任意两个自然数 n 和 m, 都存在数 t 和 r 满足如下条件: 它们要么是自然数要么是 0, 且

$$n = mt + r, \quad r < m. \tag{1.4}$$

一旦 n 与 m 给定, 那么这个表达式就是唯一的.

表达式 (1.4) 中的数 t 被称为用 m 除 n 所得的商, 数 r 被称为所得的余数.

证明仍和之前类似. 若 $m > n$, 则取 $t = 0, r = n$ 即可. 若 $n \geqslant m$, 我们记 $n_1 = n - m$. 显然有 $n_1 \geqslant 0$. 若仍有 $n_1 \geqslant m$, 那么记 $n_2 = n_1 - m$. 持续减去 m 直到满足 $n_t = n - m - m - \cdots - m = r \geqslant 0$ 且 $r < m$. 由此即得所要求的表达式 $n - mt = r$, 即 $n = mt + r$.

下面来证明对于给定的 n 和 m, 表达式 (1.4) 是唯一的. 假设有

$$n = mt_1 + r_1, \qquad n = mt_2 + r_2.$$

我们假设 $t_1 \neq t_2$, 故不妨设 $t_1 > t_2$. 用前面的式子减去后面的, 可得 $m(t_1 - t_2) + r_1 - r_2 = 0$, 即

$$m(t_1 - t_2) = r_2 - r_1.$$

因为假设了 $t_1 > t_2$ (随之可得 $r_2 > r_1$, 但仍有 $r_2 < m$), 于是上式右侧小于 m, 同时上式左侧能被 m 整除, 这显然不可能. ∎

在证明与引理 2 及引理 4 类似的命题之前, 我们要介绍 (更准确地说是回忆) 一个重要概念. 一个不为 1 的自然数如果除去 1 和它自身之外再没有其他因数, 那么它就被称为素数. 比如在前二十个自然数中, 2, 3, 5, 7, 11, 13, 17 和 19 是素数.

每个不为 1 的自然数都至少有一个素因数, 这一点虽然很明显, 但是却很重要. 事实上, 如果一个数 n 除了 1 和自身之外没有其他因数, 那么它就是自身的一个素因数. 如果 n 有其他因数, 那么就有 $n = ab$, 其中 $a < n$, $b < n$. 现在考虑 a, 它要么是素数 (这意味着它是 n 的一个素因数), 要么有两个因数 $(a = a_1 b_1)$. 于是 $n = a_1(b_1 b)$, 其中 $a_1 < a$, 这表明 a_1 也是 n 的因数. 以此类推, 我们就得到 n 的一列逐渐减小的因数: $n > a > a_1 > \cdots > a_r$. 最终这列数必然不能再减小. 如果我们找不到比 a_r 更小的因数, 那么 a_r 就是 n 的素因数.

现在我们可以证明类似于引理 2 及引理 4 的命题了.

定理 6 如果两个自然数的乘积可以被某个素数整除, 那么这两个数中至少有一个能被此素数整除.

记其中的素数为 p. 我们将按素数由小到大的顺序证明命题对所有的素数都成立 (前面的引理 2 与引理 4 分别对应 $p = 2$ 和 $p = 3$ 的情形). 因此, 当我们讨论素数 p 的情形时, 假定它对于所有的素数 $q < p$ 都是成立的. 假设 $n_1 n_2$ 能被 p 整除, 且 n_1 与 n_2 都不能被 p 整除. 不妨设

$$n_1 n_2 = pa. \tag{1.5}$$

根据定理 5, 我们可得如下表示

$$n_1 = pt_1 + r_1, \qquad n_2 = pt_2 + r_2,$$

其中 r_1 与 r_2 是小于 p 的自然数 (依据前面的假设, 它们都不为 0). 结合 (1.5) 式可得

$$r_1 r_2 = p(a - t_1 r_2 - t_2 r_1 - pt_1 t_2),$$

即有

$$r_1 r_2 = pb, \qquad b = a - t_1 r_2 - t_2 r_1 - pt_1 t_2, \tag{1.6}$$

这与 (1.5) 式矛盾. 若 $r_1 = r_2 = 1$, 则有 $1 = pb$. 若 $r_1 > 1$, 则 r_1 就有一个素因数 q. 显然有 $q \leqslant r_1 < p$. 记 $r_1 = qa_1$, 则按 (1.6) 式有

$$q(a_1 r_2) = pb. \tag{1.7}$$

前面说过, 我们已经假定命题对于所有小于 p 的素数都是成立的, 尤其是素数为 q 的情形. 因为 pb 能被 q 整除, 所以其中之一必定能被 q 整除. 因为 p 是素数, 所以只能是 b 被 q 整除: $b = qb_1$. 结合 (1.7) 式我们有

$$a_1 r_2 = pb_1,$$

其中 $a_1 < r_1$ 及 $b_1 < b$. 若 $a_1 \neq 1$, 则我们可重复前面的步骤, 将其化归到另外一个素数的情形. 由于 $a, a_1, \cdots$ 在逐渐递减, 最终必在某处 (即自然数 1) 停止, 于是就得到 $r_2 = pb'$. 但这是不可能的, 因为前面已假定 $0 < r_2 < p$. 定理由此得证. ■

可以看到, 这个论证过程与前面引理 2 以及引理 4 的证明是相似的: 初始的情形 (1.5) 式 (即 n_1 与 n_2) 被化归到小于 p 的情形 (1.6) 式 (即 r_1 与 r_2). 不同之处在于, 前面我们是列举所有情形并一一验证, 这里我们假定了命题对所有小于 p 的素数都是成立的, 从而使得论证更简洁. (欧几里得证明定理 5 的方式与此不同, 我们采用的逐渐化归到更小自然数的做法来自高斯.)

现在我们可以证明关于无理性的一般结论了.

定理 7 若 c 是一个自然数, 但不是某个自然数的平方, 那么 c 不可能是某个有理数的平方, 即 $\sqrt{c}$ 是无理数.

我们可以对自然数由小到大一个个地验证这个结论, 由此我们可以认为定理对比较小的 c 都是成立的. 我们不妨假设 c 不能被某个大于 1 的自然数的平方整除. 事实上, 假如有 $c = d^2 f$, 其中 $d > 1$, 那么 $f < c$ 并且 f 不是某个自然数的平方: 否则由 $f = g^2$ 可得 $c = (dg)^2$, 这与定理的要求相矛盾. 我们若假定定理对 f 成立, 即 $\sqrt{f}$ 是无理数, 这样就得到 $\sqrt{c}$ 也是无理数. 因为若有 $\sqrt{c} = n/m$, 则 $n/m = d\sqrt{f}$, $\sqrt{f} = n/(dm)$, 这与 $\sqrt{f}$ 是无理数的假设矛盾.

现在按上面的 "不妨假设" 来证明定理成立. 若有 $\sqrt{c} = n/m$ (这里要求 n 与 m 互素), 则 $m^2 c = n^2$. 任取 c 的一个素因子 p, 记 $c = pd$. 显然 d 不能被 p 整除, 否则 c 将被 p^2 整除, 这与假设 "c 不能被某个大于 1 的自然数的平方整除" 矛盾. 由 $m^2 c = n^2$ 可知 n^2 能被 p 整除. 根据定理 6, n 能被 p 整除, 记 $n = pn_1$. 于是就有 $m^2 d = pn_1^2$. 因为 m 与 n 互素, 而 p 能整除 n, 所以 p 不能整除 m. 按照定理 6, m^2 也不能被 p 整除. 前面已知 p 不能整除 d, 因此 $m^2 d = pn_1^2$ 不可能成立. ∎

前面的若干论证使我们注意到: 通过逐个取值的方式, 我们证明了一些对于任意自然数 n 都成立的结论. 我们先假设结论对 $n = 1$ 成立, 然后在假设结论对所有比较小的数值都成立的情况下证明结论对任意的 n 都是成立的.

这里我们就依赖了一个假设, 而这一假设可以被认为是算术理论的一个公理: 若某个关于自然数 n 的命题对 $n = 1$ 的情况是成立的, 并且在该命题对所有小于 n 的自然数都成立的前提下可以证明它对 n 也是成立的, 那么这个命题对于所有的自然数都成立.

这一性质被称为**数学归纳原理**. 有时候不必假设命题对所有小于 n 的自然数都成立, 只需在 $n - 1$ 的情况下成立即可. 在 $n = 1$ 或 $n = 2$ 时 (有时为了方便, 我们也可能取 $n = 0$) 命题成立这一要求被称为**归纳基础**; 假定命题已经对 $n - 1$ 的情况成立这一要求被称为**归纳假设**.

如果要定义某个涉及数 (或指标) n 的概念, 必须先定义其关于 $n - 1$ 的情况, 那么这里也使用了数学归纳原理. 比如, 我们在定义等差数列时, 通过对前一个数增加常数 d (即等差数列的公差) 的方式来得到下一个数. 这个定义中就使用了归纳. 我们把这个定义写成一个公式

$$a_n = a_{n-1} + d.$$

为了按这个定义得到整个数列, 我们只需知道它的第一项 a_1 (或第零项 a_0) 即可.

数学归纳原理描述了自然数序列的一个非常基本的性质. 法国数学家、物理学家和哲学家亨利·庞加莱曾致力于研究归纳原理的作用. 他提出了一个更一般的问题: 为什么数学不是显然的? 我们被教导, 数学是由证明构成的,

而每个证明又是由一系列三段论构成的. "所有人都会死; 苏格拉底是人; 因此, 苏格拉底会死" 就是一个经典的三段论. 开始, 我们知道所有人都会死; 结果, 我们只知道苏格拉底会死. 根据同样推理, 庞加莱问, 为什么数学到最后不是一大堆平凡琐碎的命题呢? 按照他的想法, 数学处理的是诸如自然数和整个数轴这样的无限多对象组成的集合. (定理 7 对无限多个 c 都是成立的, 定理 2 本质上是说对于所有的自然数 m 和 n 都有 $2n^2 \neq m^2$, 这里涉及无限多的自然数.) 但这怎么可能呢? 毕竟所有的数学命题都只包含数目有限的字词, 它们怎么会导出一个对无限多个对象都成立的命题呢? 庞加莱通过数学归纳原理给出了解释: "(数学归纳原理) 可以将无限多个三段论压缩进一个公式." 这就是可以用有限个字词来描述自然数这一无穷序列的能力.

习 题

1. 按照定理 2 和定理 4 的证明思路去证明 $\sqrt{5}$ 是无理数.
2. 证明: 不超过 n 且能被 m 整除的自然数的个数等于 m 除 n 所得的商.
3. 证明: 如果自然数 c 不是某个自然数的立方, 那么 $\sqrt[3]{c}$ 是无理数.
4. 在定理 5 的证明中, 我们通过逐步减去 m 得到了要求的结论. 假如用数学归纳原理来证, 过程是怎样的?
5. 用数学归纳原理证明下述公式
$$1 + 2 + \cdots + n = \frac{n(n+1)}{2}.$$
6. 用数学归纳原理证明不等式 $n < 2^n$.

|3 自然数的素因数分解

通过前面的章节, 我们知道每个大于 1 的自然数都有素因数. 由此我们可以得到其他一些结论.

定理 8 每个大于1的自然数都是若干素数的乘积.

如果数 p 本身就是素数, 可以将 p 看作单个素因数的乘积 (即 $p = p$). 若 $n > 1$ 不是素数, 那么它有一个素因数: $n = p_1 n_1$. 因为素数 $p_1 > 1$,

所以 $n_1 < n$. 现在对 n_1 重复前面的过程, 这样就得到 n 的一个因数分解: $n = p_1 \cdots p_k n_k$, 其中 p_i 都是素数, 而 n_i 越来越小: $n > n_1 > n_2 > \cdots$. 这个过程终会停止, 即对于某个 r 有 $n_r = 1$, 于是我们就得到了需要的素因数分解 $n = p_1 \cdots p_r$. ■

当然, 读者很容易利用数学归纳原理给出一个更 "严格" 的证明.

上述证明过程有一点是不明确的: 如果 n 有很多素因数, 那么第一步我们可能选择其中任意一个. 比如, 30 可以先表示成 2×15, 然后表示成 $2 \times 3 \times 5$, 但我们也可以先将其写成 3×10, 再写成 $3 \times 2 \times 5$. 我们不能预知最终的素因数分解只有分解顺序不同这一区别. 对于 30 这个数, 很容易考虑其全部可能的分解过程. 但对于 740037721, 还能轻易确认 23623×31327 之外再没有其他分解方式了吗?

在学校教育中, 通常默认自然数只存在唯一的素因数分解. 但这个论断需要证明, 下面的例子会解释其中缘由. 假定我们只能使用偶数, 不能使用奇数. (这种假定在某种意义上可能与一个实际的历史情况相符合, 因为 "奇 (odd)" 也有奇怪或奇特的含义.) 这里, 我们将那些不能写成两个偶因数乘积的偶数定义为素数. 即此时的 "素数" 为 2, 6, 10, 14, 18, 22, 26, 30, $\cdots$. 这种情况下一些偶数会有两个不同的 "素" 因数分解:

$$60 = 2 \times 30 = 6 \times 10.$$

更有甚者, 有的数会有多种分解:

$$420 = 2 \times 210 = 6 \times 70 = 10 \times 42 = 14 \times 30.$$

因此, 如果自然数的素因数分解是唯一的, 那么其证明必定涉及 "我们处理的是全体自然数" 这一事实, 而非 (比如) 仅仅是偶数.

定理 9 任一自然数的任意两种素因数分解除分解顺序不同外再无其他区别.

它的证明不能说是完全显然的, 但其中所有的难点我们在证明定理 6 时已全部解决了.

首先我们对定理 6 做个简单的推广:

如果任意多个自然数的乘积能被素数 p 整除, 那么其中至少有一个数能被 p 整除.

设有

$$n_1 n_2 \cdots n_r = pa.$$

我们对 r 进行归纳来证明这个结论. 若 $r = 2$, 即为定理 6. 对于 $r > 2$, 我们将等式写成下面的形式

$$n_1(n_2 \cdots n_r) = pa.$$

依据定理 6, p 要么整除 n_1 (此时结论得证) 要么整除 $n_2 \cdots n_r$ (根据归纳假设, 结论仍成立). 现在我们可以证明定理 9 了. 假设某数 n 有两种素因数分解:

$$n = p_1 \cdots p_r = q_1 \cdots q_s. \tag{1.8}$$

由此可知 p_1 可以整除 $q_1 \cdots q_s$. 根据前面对定理 6 的推广, p_1 必定可以整除 $q_1, \cdots, q_s$ 中的某一个. 但 q_i 都是素数, 即 q_i 的大于 1 的因子只有其自身. 因此 p_1 必与 q_i 中的某一个相等. 改变一下顺序, 我们不妨认为有 $p_1 = q_1$. 将等式 (1.8) 除以 p_1, 得到

$$n' = \frac{n}{p_1} = p_2 \cdots p_r = q_2 \cdots q_s. \tag{1.9}$$

现在的命题是关于一个更小的数 n' 的, 因此使用数学归纳原理, 可以认为结论已经成立了. 特别地, 我们可以得到 $r - 1 = s - 1$, 即 $r = s$. 与此同时, 通过恰当地变换顺序, 我们可以知道 $p_2 = q_2, p_3 = q_3, \cdots, p_r = q_r$. 结合前面的 $p_1 = q_1$, 定理得证. ∎

《几何原本》中记载了上述定理. 它尽管很简单, 却一直被看作一个抽象的定理. 然而在过去几十年里, 它却有了出人意料的实际应用. 这涉及密码或编码问题, 即将信息进行一些处理, 使得它不能被那些没有特定额外信息 (密钥) 的人理解. 实践表明要对一个非常大的数进行素因数分解, 需要海量的运算. 这个关于素数相乘的逆问题在复杂性方面是无与伦比的. 举个例子, 将两个长达数十位的素数相乘, 只要坚持运算, 算出结果是没什么问题的. 一个 30 位数乘以一个 40 位数, 手算一天就能搞定. 但要把这个结果 (大约是个 70 位

数) 进行素因数分解, 即使借助先进的现代计算机, 从地球产生起一直算到现在, 也得不到结果. 假如一个人知道两个大素数 p、q, 另一个人知道两者之积 $n = pq$, 从定理 8 的角度来看, 这两人掌握的信息其实是一样的, 只是形式不同罢了. 但从 p、q 得到 n 很容易, 反过来要从 n 得到 p、q, 这在现实中是不可能的. 这就是 "密码" 中最基本的思想. 对于具体的细节, 我们此处略过.[1]

在将一个数进行素因数分解时, 某些素因数可能会多次出现, 比如 $90 = 2 \times 3 \times 3 \times 5$. 我们可以用方幂的形式把它们写在一起: $90 = 2 \times 3^2 \times 5$. 因此对于每个大于 1 的自然数, 我们都有如下分解

$$n = p_1^{\alpha_1} p_2^{\alpha_2} \cdots p_r^{\alpha_r}, \tag{1.10}$$

其中 $p_1, \cdots, p_r$ 是互不相同的素数, 指数 $\alpha_i \geqslant 1$. 我们把这样的分解称为标准分解. 每个 n 的标准分解当然都是唯一的.

一旦知道了 n 的标准分解, 我们就能了解 n 的因数方面的一切信息. 对于形如 (1.10) 的标准分解, 我们考虑下面形式的数

$$m = p_1^{\beta_1} p_2^{\beta_2} \cdots p_r^{\beta_r}, \tag{1.11}$$

这里 p_i 是与 (1.10) 中相同的素数, 且 $\beta_1 \leqslant \alpha_1$, $\beta_2 \leqslant \alpha_2, \cdots, \beta_r \leqslant \alpha_r$. 此时可知 m 是 n 的一个因数 (这里 β_i 允许取 0, 即存在素数 p_i 可以整除 n 但不能整除 m). 反过来, n 的每个因数都形如 (1.11). 因为 m 的每个素因数也是 n 的素因数, 即是 p_i 中的某一个, 所以 m 的标准分解必定形如 (1.11). 若 $n = mk$, 则 k 也是 n 的一个因数, 于是有形如 (1.11) 的分解

$$k = p_1^{\gamma_1} p_2^{\gamma_2} \cdots p_r^{\gamma_r}.$$

将 m 和 k 的标准分解相乘, 同一素数的指数相加, 必定能得到 n 的标准分解 (1.10), 因为定理 9 保证了唯一性. 将同一个素数的指数相加, 我们可得 $\beta_1 + \gamma_1 = \alpha_1$, 这表明 $\beta_1 \leqslant \alpha_1$, 同理可得 $\beta_2 \leqslant \alpha_2, \cdots, \beta_r \leqslant \alpha_r$.

---

[1]最近出现了一个新想法, 那就是建造量子计算机. 它可以在合理的时间内解决大数的素因数分解问题.

现在我们计算数 n 的所有因数之和 (将 1 和 n 包括在内通常是方便的). 举个例子, 数 $n = 30$ 的因数有 1, 2, 3, 5, 6, 10, 15, 30, 它们的和为 72. 我们从最简单的情形开始: 数 n 只有一个素因数, 即 $n = p^{\alpha}$. 它的因数皆形如 p^{β}, 其中 $0 \leqslant \beta \leqslant \alpha$, 因此我们要计算的是 $1 + p + p^2 + \cdots + p^{\alpha}$. 对于

$$s = 1 + a + a^2 + \cdots + a^r$$

这种式子我们有通用公式 (你或许已经知道这个了) 可用. 公式推导其实很简单: 上式两边同时乘以 a, 可得

$$sa = a + a^2 + a^3 + \cdots + a^{r+1}.$$

可以看到, 上面两个表达式几乎是一样的, s 中有 1 而 sa 中没有, 但 sa 中的 a^{r+1} 是 s 中没有的. 两式相减, 许多项可以相互抵消, 最后得到

$$sa - s = a^{r+1} - 1,$$

即 $s(a - 1) = a^{r+1} - 1$, 于是就有

$$s = 1 + a + a^2 + \cdots + a^r = \frac{a^{r+1} - 1}{a - 1}. \tag{1.12}$$

因为我们需要除以 $a - 1$, 所以需要假设 $a \neq 1$. 形如 $1, a, \cdots, a^r$ 的一列数称为等比数列, 式 (1.12) 就是等比数列的求和公式.

回到我们的问题, 此时 $n = p^{\alpha}$, 因此其因数之和为

$$1 + p + p^2 + \cdots + p^{\alpha} = \frac{p^{\alpha+1} - 1}{p - 1}.$$

现在我们考虑稍微复杂一点的情形: 数 n 有两个素因数. 将其写成标准分解形式, 即 $n = p_1^{\alpha_1} p_2^{\alpha_2}$. 由 (1.11) 式可知, 它的因数皆形如 $p_1^{\beta_1} p_2^{\beta_2}$, 其中 $0 \leqslant \beta_1 \leqslant \alpha_1, 0 \leqslant \beta_2 \leqslant \alpha_2$. 我们按 β_2 的值将这些因数进行分组. 与 $\beta_2 = 0$ 相关的一组因数为 $1, p_1, p_1^2, \cdots, p_1^{\alpha_1}$, 其和为

$$\frac{p_1^{\alpha_1+1} - 1}{p_1 - 1}.$$

与 $\beta_2 = 1$ 相关的一组因数为 $p_2, p_1 p_2, p_1^2 p_2, \cdots, p_1^{\alpha_1} p_2$. 计算它们的和式时先将 p_2 提出来, 然后使用等比数列求和公式即可:

$$(1 + p_1 + p_1^2 + \cdots + p_1^{\alpha_1})p_2 = \frac{p_1^{\alpha_1+1} - 1}{p_1 - 1}p_2.$$

以此类推, 对于每个固定的 β_2 的值, 我们都能求出相应组里因数的和

$$(1 + p_1 + p_1^2 + \cdots + p_1^{\alpha_1})p_2^{\beta_2} = \frac{p_1^{\alpha_1+1} - 1}{p_1 - 1}p_2^{\beta_2}.$$

将所有这些和式再相加, 就得到我们所要求的所有因数之和

$$\frac{p_1^{\alpha_1+1} - 1}{p_1 - 1} + \frac{p_1^{\alpha_1+1} - 1}{p_1 - 1}p_2 + \cdots + \frac{p_1^{\alpha_1+1} - 1}{p_1 - 1}p_2^{\alpha_2} = \frac{p_1^{\alpha_1+1} - 1}{p_1 - 1}(1 + p_2 + \cdots + p_2^{\alpha_2}).$$

应用等比数列求和公式来计算括号中的和式, 于是就得到了我们所要求的结果: 对于数 $n = p_1^{\alpha_1} p_2^{\alpha_2}$, 它的所有因数之和为

$$\frac{p_1^{\alpha_1+1} - 1}{p_1 - 1}\frac{p_2^{\alpha_2+1} - 1}{p_2 - 1}.$$

现在你一定猜到最一般情形下的结果了. 我们考虑如下乘积

$$S' = (1 + p_1 + p_1^2 + \cdots + p_1^{\alpha_1})(1 + p_2 + p_2^2 + \cdots + p_2^{\alpha_2}) \cdots (1 + p_r + p_r^2 + \cdots + p_r^{\alpha_r}),$$

然后将所有的括号中的元素都乘开.

对于下述乘积

$$(a + b + \cdots)k,$$

我们将括号中每个元素都与 k 相乘, 然后将它们相加. 如果乘积中有两对括号, 形如

$$(a_1 + b_1 + \cdots)(a_2 + b_2 + \cdots),$$

我们将前一个括号中的每个元素与后一个括号中的每个元素都相乘, 然后将得到的数 (诸如 $a_1 a_2, a_1 b_2, a_1 c_2, b_1 a_2, b_1 b_2$ 等) 全部加起来. 如果是任意多对括号的乘积

$$(a_1 + b_1 + \cdots)(a_2 + b_2 + \cdots) \cdots (a_r + b_r + \cdots),$$

我们分别从每个括号中取一个元素, 将它们相乘, 最后再把所有可能得到的结果全部加起来. 现在用上述规则来求 S'. 分别从每个括号中取元素 $p_1^{\beta_1}, p_2^{\beta_2}, \cdots,$ $p_r^{\beta_r}$ (其中 $0 \leqslant \beta_i \leqslant \alpha_i$) 然后相乘, 得到结果

$$p_1^{\beta_1} p_2^{\beta_2} \cdots p_r^{\beta_r},$$

依照 (1.11) 式, 这正好是 n 的一个因数. 同时按照定理 9, 每一项都恰好只出现一次. 因此, S' 就等于 n 的所有因数之和. 另一方面, 根据 (1.12) 式, 第 i 个括号中的元素之和为 $(p_i^{\alpha_i+1} - 1)/(p_i - 1)$, 因此整个乘积等于

$$S' = \frac{p_1^{\alpha_1+1} - 1}{p_1 - 1} \frac{p_2^{\alpha_2+1} - 1}{p_2 - 1} \cdots \frac{p_r^{\alpha_r+1} - 1}{p_r - 1}.$$

这就是我们所要求的所有因数之和的公式. 与此同时, 我们也得到了所有因数的个数. 为了求得因数的个数, 我们将参与求和的每一项变为 1 即可. 回顾上述证明, 我们可以看到, 只需将 S' 中各括号里的每一项变为 1 即可. 这样, 乘积中第一个括号里就成了 $\alpha_1 + 1$, 第二个括号里成了 $\alpha_2 + 1$, 以此类推, 直至第 r 个括号里变为 $\alpha_r + 1$. 此时我们就算出了所有因数的个数为

$$(\alpha_1 + 1)(\alpha_2 + 1) \cdots (\alpha_r + 1).$$

举个例子, 数 $p^\alpha q^\beta$ 一共有 $(\alpha + 1)(\beta + 1)$ 个因数.

利用同样的方法, 我们可以求出所有因数的平方 (或立方, 乃至任意 k 次方) 之和. 整个论证与之前相比不必做大的改动, 你应该相信, 利用这种方法我们可以得到标准分解形如 (1.10) 的数 n 的所有因数的 k 次方之和为

$$S = \frac{p_1^{k(\alpha_1+1)} - 1}{p_1^k - 1} \frac{p_2^{k(\alpha_2+1)} - 1}{p_2^k - 1} \cdots \frac{p_r^{k(\alpha_r+1)} - 1}{p_r^k - 1}. \tag{1.13}$$

我们还可以探究两个自然数 m 和 n 的公因数. 假设它们有如下的标准分解

$$n = p_1^{\alpha_1} \cdots p_r^{\alpha_r}, \qquad m = p_1^{\beta_1} \cdots p_r^{\beta_r}, \tag{1.14}$$

为了包含某素数只整除 m 和 n 其中之一的情况, 我们允许 (α_i, β_i) 中的一个元素可以取 0. 由前面已知的关于因数的知识可得, 数 k 是 m 和 n 的公因数

当且仅当它形如

$$k = p_1^{\gamma_1} \cdots p_r^{\gamma_r},$$

对于每个 i, $\gamma_i \leqslant \alpha_i$ 与 $\gamma_i \leqslant \beta_i$ 需同时成立. 换句话说, 如果记 σ_i 为 α_i 与 β_i 的最小值, 那么条件就变为 $\gamma_i \leqslant \sigma_i$ 必须对每个 i 都成立. 令

$$d = p_1^{\sigma_1} \cdots p_r^{\sigma_r}, \tag{1.15}$$

则前面的论述表明下面这一定理是成立的.

定理 10 对于任意两个标准分解形如 (1.14) 式的自然数 m 和 n, 它们能同时被由 (1.15) 式所定义的 d 整除. 另外, m 和 n 的所有公因数都是 d 的因数.

数 d 称为 m 和 n 的最大公因数, 记为 $\gcd(m, n)$. 很显然, 在 m 和 n 的公因数中必然有一个数是最大的, 但所有其他公因数都能整除它这一点可不那么明显. 这是由定理 8 与定理 9 保证的. 这就是为什么我们在这里把相关性质进行详细讲述的原因, 而这些原因在通常的学校课程中是被忽略的.

前面我们谈过, 将一个数进行素因数分解可是个苦力活. 因此我们寻求另外一种途径来求最大公因数, 这一途径不需要进行素因数分解. 学校中通常讲的就是这种方法, 它的依据是定理 5. 设 m 和 n 是两个自然数, 且有 $n = mt + r, 0 \leqslant r < m$.

引理 5 若 $r \neq 0$, 则 $\gcd(n, m) = \gcd(m, r)$.

其实我们很容易就能说明更强的结论也是对的: m 和 n 以及 m 和 r 这两组数有相同的公因数, 因此它们的最大公因数也相同. 设 d 是 m 和 n 的一个公因数, 由 $r = n - mt$ 可知 d 也是 m 和 r 的公因数. 若 d' 是 m 和 r 的公因数, 由 $n = mt + r$ 可知它也是 m 和 n 的公因数. ■

从数对 (n, m) 转移到 (m, r) 的方便之处在于 $r < m$. 我们可以对数对 (m, r) 进行同样的操作. 令 $m = rt_1 + r_1, 0 \leqslant r_1 < r$. 若 $r_1 \neq 0$, 则 $\gcd(m, r) = \gcd(r, r_1)$. 反复如此, 直至出现余数为 0 的情况, 比如 $r_i = r_{i+1}t_{i+2} + 0$, 即 $r_{i+2} = 0$. 此时 r_{i+1} 整除 r_i, 所以 $\gcd(r_i, r_{i+1}) = r_{i+1}$. 从这里一步步往前倒推, 可以得到 $r_{i+1} = \gcd(n, m)$. 这种计算最大公因数的方法称为欧几里得算

法 [1]，在《几何原本》中可以找到. 我们以计算 $\gcd(8891, 2329)$ 为例看看具体的过程:

$$8891 = 2329 \times 3 + 1904; \quad 2329 = 1904 \times 1 + 425; \quad 1904 = 425 \times 4 + 204;$$

$$425 = 204 \times 2 + 17; \qquad 204 = 17 \times 12 + 0; \qquad \gcd(8891, 2329) = 17.$$

如果 m 和 n 的公因数只有 1, 则称它们互素. 这意味着 $\gcd(n, m) = 1$. 利用欧几里得算法我们无须对数进行素因数分解就能判断两个数是否互素.

我们以最初的关于无理性的问题来结束本章. 前面我们已经大大推广了 "$\sqrt{2}$ 是无理数" 这一结论. 它与下一章的内容是相互联系的, 因此也可以将其看作下一章的引论.

我们将形如 ax^k 的表达式称为单项式, 其中 a 是一个数, x 是一个未知量, k 是自然数或者 0. 数 k 称为次数, a 称为系数. 更一般地, 我们也可以考虑包含多个未知量的单项式, 比如 $ax^2 y^8$. 不过我们此处的讨论仅限于包含一个未知量的单项式. 若干个单项式之和称为多项式. 如果一个多项式中某些单项式的次数相同, 我们将其合并为一个单项式. 比如一个多项式包含 ax^k 和 bx^k 这两个单项式, 我们将其合并为 $(a + b)x^k$. 有鉴于此, 我们默认对于任意一个确定的次数, 多项式中只包含一个相关的单项式, 不妨设其为 $a_k x^k$. 若 $k = 0$, 我们就简单地记作 a_0. 多项式中诸单项式次数的最大值称为多项式的次数. 对于多项式 $2x^3 - 3x + 7$, 它的次数是 3, 各项系数为 $a_0 = 7, a_1 = -3, a_2 = 0, a_3 = 2$. 一个 n 次多项式具有如下的一般形式

$$f(x) = a_0 + a_1 x + a_2 x^2 + \cdots + a_n x^n,$$

其中某些 a_k 可以为 0, 但 $a_n \neq 0$, 因为否则的话这就不是 n 次多项式了. a_0 称为常数项, 而 a_n 称为首项系数. 若 $n = 0$, 则多项式就是 a_0, 这种多项式称为常数, 因为它对于 x 的不同取值, 得到的永远是 a_0. 如果数 α 满足 $f(\alpha) = 0$, 我们就称它为多项式 $f(x)$ 的根. 通常约定多项式 $f(x)$ 的次数就

---

[1]中文文献中也被称为辗转相除法. ——译者注

是方程 $f(x) = 0$ 的次数. 对于不等于零的数 c, 方程 $f(x) = 0$ 和 $cf(x) = 0$ 显然有相同的根, 也就是说, 它们是等价的.

现在我们来研究各项系数 a_i 都是有理数的方程 $f(x) = 0$. 记 c 为各非零系数的公分母, 由此可将研究对象 $f(x) = 0$ 变为 $cf(x) = 0$, 它的各项系数都是整数. 下面我们研究的都是这种整系数方程, 因此会遇到关于整数的整除性问题 (不仅是自然数). 这里复习一下: 对于整数 a 和 b, 如果存在整数 c 满足 $a = bc$, 我们就说 b 能整除 a.

定理 11 设 $f(x)$ 是一个整系数多项式, 且首项系数为 1. 若方程 $f(x) = 0$ 有一个有理根 α, 那么 α 必定是整数, 且 α 可以整除 $f(x)$ 的常数项.

先将 α 写成分数 $\pm a/b$ 的形式, 且要求自然数 a 与 b 互素. 按题意, $f(x)$ 可以写成 $a_0 + a_1 x + \cdots + a_n x^n$, 这里 a_i 都是整数. 将 α 代入方程 $f(x) = 0$, 得

$$a_0 + a_1\left(\pm\frac{a}{b}\right) + \cdots + a_{n-1}\left(\pm\frac{a}{b}\right)^{n-1} + \left(\pm\frac{a}{b}\right)^n = 0. \tag{1.16}$$

将方程两边同时乘以 b^n, 然后将 $(\pm a)^n$ 移到等号的右边. 提取公因数可以看出左边能被 b 整除:

$$(a_0 b^{n-1} + a_1(\pm a)b^{n-2} + \cdots + a_{n-1}(\pm a)^{n-1})b = (\pm 1)^{n-1} a^n.$$

因此 b 整除 a^n. 如果 α 不是整数, 那么 $b > 1$. 记 p 为 b 的一个素因数, 就有 p 整除 a^n. 按照定理 6, p 能整除 a. 这与 a、b 互素的条件矛盾. 因此 $b = 1$, $\alpha = \pm a$.

为了证明定理的第二部分, 我们将 a_0 留在等号左边, 其余的项都移到右边. 容易看出右边能被 a 整除:

$$a_0 = a\Big(-(\pm a_1) - a_2(\pm a) - \cdots - a_{n-1}(\pm a)^{n-2} - (\pm a)^{n-1}\Big).$$

显然有 a (因此 α) 能整除 a_0. ■

上述证明是由中世纪的比萨数学家莱昂纳多 (通常被称为斐波那契) 给出的. 在一本大约写于 1225 年的著作中, 他对方程 $x^3 + 2x^2 + 10x = 20$ 使用了上述论证.

对于这类首项系数为 1 的整系数方程, 定理 11 给出了寻找其有理根的可能性: 找出常数项的所有因数 (可正可负), 然后验证它们是不是根. 以 $x^5 - 13x + 6 = 0$ 为例, 我们必须验证 $\pm 1, \pm 2, \pm 3$ 和 ± 6. 结果表明 $x = -2$ 是一个根.

因此, 对于首项系数为 1 的整系数方程, 除了那些可以整除常数项的整数根外, 其余所有的根都是无理数. 本章开头的一些结论就是这一结论的特殊情形: 令 $f(x) = x^2 - 2$ 就得到定理 2; 令 $f(x) = x^2 - 3$ 就得到定理 4; 令 $f(x) = x^2 - c$, 这里 c 是非平方自然数, 就得到定理 7. 这样我们就将前面那些结论推广到了最一般的情形. 除此之外, 这个结论还有几何方面的应用.

我们不妨考虑下述方程

$$x^3 - 7x^2 + 14x - 7 = 0. \tag{1.17}$$

依照定理 11, 它的有理根只可能是那些整除 -7 的整数. 逐一验证表明它们都不是方程的根, 因此这个方程的根都是无理数. 确实, 此方程到底有没有根目前我们还不知道, 但接下来的知识会告诉我们, 此方程确实有根, 而且它们还非常有趣.

在半径为 1 的圆中画一个内接正七边形, 其边长的平方就是方程 (1.17) 的一个根. 其实, 方程有三个根, 一个在 0 和 1 之间, 一个在 2 和 3 之间, 还有一个在 3 和 4 之间. 如果我们把多边形的任意两个顶点的连线都叫作对角线的话 (此时边长也是对角线), 那么这三个根就是前述正七边形的某条对角线的平方. 如图 1.5, 正七边形只有三种不同长度的对角线 AB, AC 和 AD. 因此所有这三种长度都是无理数.

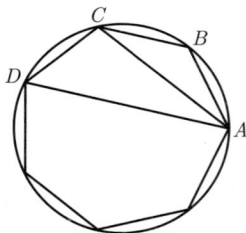

图 1.5

习 题

1. 如果将自然数和素数换成 (本节开始提到过的) 偶数与偶素数, 那么定理 6 就不能成立了. 请问定理 6 论证中的哪一步会出问题?

2. 证明: 假设自然数 m 和 n 互素, 可以通过将 m 的各因数与 n 的各因数分别相乘得到 mn 的因数, 并且在此过程中 mn 的每个因数都恰好出现一次. 若仍有 m 和 n 互素, 请由此证明 $S(mn) = S(m)S(n)$, 这里 $S(N)$ 表示数 N 的各因数的 k 次方之和. 用这种方法我们可得到公式 (1.13).

3. 若数 n 除自身外的所有因数之和等于 n, 那么称其为完全数. 比如 6 和 28 都是完全数. 证明: 若 $p = 2^r - 1$ 是素数, 那么 $2^{r-1}p$ 是完全数 (提醒一句, 我们前面推导的所有因数之和的公式是包括 n 在内的).《几何原本》中已经有这个结论了. 大约过了 2000 年, 欧拉证明了逆命题: 每个偶完全数都形如 $2^{r-1}p$, 其中 $p = 2^r - 1$ 是素数. 用本章的知识就能给出证明, 但这一点也不简单. 试试吧! 到目前为止, 是否存在奇完全数仍不得而知.

4. 对于自然数 m 和 n, 如果存在整数 a 和 b 使得 $ma + nb = 1$, 那么 m 和 n 显然是互素的 (因为它们的任一公因数都将整除 1). 试证明逆命题: 如果自然数 m 和 n 互素, 那么将存在整数 a 与 b 使得 $ma + nb = 1$. (提示: 使用带余除法和数学归纳原理.)

5. 利用习题 4 中的结论给出定理 6 的一个新证明. 正如我们看到的, 从定理 6 可以很容易得到定理 9. 整个过程就是欧几里得的证法.

6. 试对素因数的个数作归纳来证明公式 (1.13).

7. 哪些整数 a 可以使得 $x^n + ax + 1$ 有有理根?

8. 设 $f(x)$ 是整系数多项式, 证明: 若既约分数 $\alpha = \pm a/b$ 是 $f(x) = 0$ 的一个根, 则 b 能整除首项系数, a 能整除常数项. 这一结论将定理 11 推广到了首项系数不为 1 的整系数多项式的情形.

第二章 多项式的最简单性质

| 4 多项式的根与整除理论

本章我们主要研究形如 $f(x) = 0$ 的方程, 其中 $f(x)$ 是一个多项式. 在上一章的结尾我们已经提过它了. 我们应该将研究 $f(x) = 0$ 理解为 "寻找多项式 (或方程) 的所有根". 如果多项式 $f(x)$ 的所有系数都是 0, 那么 $f(x) = 0$ 就成了恒等式, 我们简单地将其写作 $f = 0$. 我们不谈论这个多项式的次数.

两个多项式相加, 就是简单的合并同类项而已. 若

$$f(x) = a_0 + a_1 x + \cdots + a_n x^n, \qquad g(x) = b_0 + b_1 x + \cdots + b_m x^m,$$

那么其乘法就定义为

$$f(x)g(x) = (a_0 + a_1 x + \cdots + a_n x^n)(b_0 + b_1 x + \cdots + b_m x^m).$$

去掉括号, 我们得到诸如 $a_k b_l x^{k+l}$ 的项, 其中 $0 \leqslant k \leqslant n, 0 \leqslant l \leqslant m$. 合并同类项之后, 我们就得到多项式

$$c_0 + c_1 x + c_2 x^2 + \cdots,$$

其系数为

$$c_0 = a_0 b_0, \quad c_1 = a_0 b_1 + a_1 b_0, \quad c_2 = a_0 b_2 + a_1 b_1 + a_2 b_0, \cdots. \qquad (2.1)$$

即系数 c_m 等于所有满足 $k + l = m$ 的乘积 $a_k b_l$ 之和.

多项式有许多类似于整数的性质. 我们可以将多项式

$$f(x) = a_0 + a_1 x + \cdots + a_n x^n$$

类比于写成十进制 (或者其他进位制) 的自然数. 比如对于 1998, 我们有

$$1998 = 8 + 9 \times 10 + 9 \times 10^2 + 10^3.$$

多项式的次数也可与整数的绝对值作类比. 正如通常对整数的绝对值作归纳一样, 我们也常常对多项式的次数作归纳来证明多项式的相关性质.

这里特别提一个多项式的重要性质: 两个多项式乘积的次数等于两个多项式的次数之和. 我们取两个次数分别为 n 和 m 的多项式

$$f(x) = a_0 + a_1 x + \cdots + a_n x^n, \qquad g(x) = b_0 + b_1 x + \cdots + b_m x^m,$$

即要求 $a_n \neq 0$ 且 $b_m \neq 0$. 按照公式 (2.1) 计算 $f(x)g(x)$ 的系数, 可得诸如 $a_k b_l x^{k+l}$ 的项, 其中 $k + l \leq n + m$. 很明显可以看到其中最高的次数是 $n + m$. 进一步, 具有这个次数的项恰有一个: $a_n b_m x^{n+m}$. 因为 $a_n b_m \neq 0$, 所以这一项不为零. 这个性质是 $|xy| = |x||y|$ 的类比 ($|x|$ 表示 x 的绝对值).

关于多项式的带余除法, 其陈述和证明与自然数的情况别无二致 (参见第一章的定理 5).

定理 12 对于任意的多项式 $f(x)$ 以及不恒为零的多项式 $g(x)$, 必存在多项式 $h(x)$ 和 $r(x)$ 满足

$$f(x) = g(x)h(x) + r(x), \tag{2.2}$$

其中要么 $r(x)$ 的次数小于 $g(x)$ 的次数, 要么 $r(x) = 0$. 另外, 多项式 $h(x)$ 和 $r(x)$ 由 $f(x)$ 和 $g(x)$ 唯一决定.

如果 $f = 0$, 则表示 (2.2) 显然成立: $f = g \cdot 0 + 0$.

现在假设 $f \neq 0$, 对 $f(x)$ 的次数应用归纳法. 设 $f(x)$、$g(x)$ 的次数分别为 n 和 m:

$$f(x) = a_0 + a_1 x + \cdots + a_n x^n, \qquad g(x) = b_0 + b_1 x + \cdots + b_m x^m.$$

若 $m > n$, 则表示 (2.2) 成立:

$$f = g \cdot 0 + f, \qquad 其中 h = 0,\ r = f.$$

若 $m \leqslant n$, 令

$$f_1 = f - \frac{a_n}{b_m} x^{n-m} g.$$

(因为 $g(x)$ 的次数为 m, 所以 $b_m \neq 0$.) 易知 f_1 中 x^n 这一项会被抵消掉, 即 f_1 的次数小于 n. 我们可以认为定理对这一多项式已经成立, 即有表示

$$f_1 = g h_1 + r,$$

其中 $r = 0$ 或者 r 的次数小于 m. 于是有

$$f = f_1 + \frac{a_n}{b_m} x^{n-m} g = \left(h_1 + \frac{a_n}{b_m} x^{n-m} \right) g + r.$$

这就是我们所需要的表示 (2.2), 其中 $h = h_1 + (a_n/b_m) x^{n-m}$.

现在来证明表示 (2.2) 的唯一性. 如果 $f = gk + s$ 是另外一种表示, 其中 s 要么恒为零, 要么是一个次数小于 m 的多项式. 两种表示相减, 可得

$$g(h-k) + r - s = 0, \qquad g(h-k) = s - r.$$

如果 $s - r = 0$, 那么 $s = r$, $h = k$. 如果 $s - r \neq 0$, 那么根据假设, 它的次数小于 m, 但 $g(h-k)$ 的次数至少不小于 g 的次数, 即至少不小于 m, 这就有了一个矛盾. ■

现在回顾一下定理 5 的证明, 确信自己能明白它与我们刚才的证明是完全类似的. 与此同时, 如果我们继续执行归纳法默认的运算 (即从 f_1 到更低次数的 f_2, 以此类推, 直至得到次数小于 m 的余式 r), 那么我们就得到了学校通常讲的多项式除以多项式的长除法: 比如对于多项式

$$f(x) = x^3 + 3x^2 - 2x + 5, \qquad g(x) = x^2 + 2x - 1,$$

我们有

$$
\begin{array}{r}
x + 1 \\
x^2 + 2x - 1 {\overline{\smash{\big)}\, x^3 + 3x^2 - 2x + 5}} \\
\underline{x^3 + 2x^2 - x } \\
x^2 - x + 5 \\
\underline{x^2 + 2x - 1} \\
-3x + 6
\end{array}
$$

如何选择多项式 $h(x)$ 的首项呢? 我们需要它乘以 $g(x)$ 的首项 (即 x^2) 之后能得到 $f(x)$ 的首项 (即 x^3). 这就是最上面一行的第一项 x. 在 $f(x)$ 的下方, 我们写出乘积 $g(x)x$, 通过作差得到第四行. 此时再选商式的下一项, 要求其与 $g(x)$ 首项 (即 x^2) 的乘积等于第四行的首项 (即 x^2), 这就得到了最上面一行的第二项 1. 继续重复前面的操作. 因为最后一行中多项式的次数为 1 (小于 $g(x)$ 的次数 2), 所以运算到此终止. 这样就得到了

$$x^3 + 3x^2 - 2x + 5 = (x^2 + 2x - 1)(x + 1) - 3x + 6.$$

类比于数的情形, 表示 (2.2) 称为多项式 $f(x)$ 除以 $g(x)$ 的带余除法, 多项式 $h(x)$ 称为商式, $r(x)$ 称为余式.

多项式的带余除法虽然是自然数的带余除法的类比, 但是更简单. 因为每次都是减去次数相同的项, 而不像自然数那样相减有时还需要从高位借数.

重复第一章中数的情形, 我们可以用定理 12 来求两个多项式的最大公因式. 借助定理 12, 我们可得引理 5 的类比

$$\gcd(f, g) = \gcd(g, r).$$

说得更准确一点, 多项式对 (f, g) 与 (g, r) 有相同的公因式. 利用第一章中的欧几里得算法: 先用 g 除以 r $(g = rh_1 + r_1)$, 再用 r 除以 r_1, 如此类推, 得到一列次数递减的多项式 $r, r_1, r_2, \cdots, r_k$. 当得到余式 $r_{k+1} = 0$ 时停止运算, 此时有 $r_{k-1} = r_k h_{k+1}$. 从连等式

$$\gcd(f, g) = \gcd(g, r) = \gcd(r, r_1) = \cdots = \gcd(r_{k-1}, r_k)$$

可以得到

$$\gcd(f, g) = \gcd(r_{k-1}, r_k).$$

因为 r_k 自身就是 r_{k-1} 的因式, 所以 $\gcd(r_{k-1}, r_k) = r_k$, 即 $\gcd(f, g) = r_k$. 这里有一点需要指出, 与数的情形不同, $\gcd(f, g)$ 并不是唯一的: 对于 $f(x)$ 和 $g(x)$ 的每一个公因式 $d(x)$, $cd(x)$ 也是它们的公因式, 这里 c 是任意的非零常数. 因此只能说 $\gcd(f, g)$ 在相差一个常数因子的情况下是唯一的.

如果 $g(x)$ 是一个一次多项式, 那么定理 12 不仅形式简单, 而且非常有用. 记

$$g(x) = ax + b \ (a \neq 0).$$

因为乘以一个常数并不会改变 $g(x)$ 在整除方面的性质, 所以不妨将 $g(x)$ 乘以 a^{-1}, 即将其变为首项系数为 1 的多项式. 此时记 $g(x) = x - \alpha$ (马上就会看到为什么 α 前面用减号更方便). 依据定理 12, 我们有

$$f(x) = (x - \alpha)h(x) + r. \tag{2.3}$$

易知 r 的次数小于 1, 即 r 是一个数. 不用带余除法我们能知道这个余数是多少吗? 当然可以, 而且很简单. 只要把 $x = \alpha$ 代入 (2.3) 式即可得到 $r = f(\alpha)$. 因此 (2.3) 式可写成

$$f(x) = (x - \alpha)h(x) + f(\alpha). \tag{2.4}$$

多项式 $f(x)$ 能被 $x - \alpha$ 整除等价于带余除法中的余式为 0. 根据 (2.4) 式, 这个余式等于 $f(\alpha)$, 因此我们就得到了所谓的**贝祖定理**.

定理 13 多项式 $f(x)$ 能被 $x - \alpha$ 整除当且仅当 α 是 $f(x)$ 的一个根.

比如多项式 $x^n - 1$ 有根 $x = 1$, 因此 $x^n - 1$ 能被 $x - 1$ 整除. 这其实就是第一章的 (1.12) 式 (以 n 替换 $r + 1$, 以 x 替换 a).

虽然贝祖定理的证明很简单, 但它把两个全然不同的概念 —— 整除性与根 —— 联系了起来, 所以它有许多重要的应用. 比如, 给定两个多项式 f 和 g, 对于它们的公共根我们知道些什么呢? 即如何处理方程组 $f(x) = 0$, $g(x) = 0$? 根据贝祖定理, 如果 f 和 g 都能被 $x - \alpha$ 整除, 那么 α 就是一个公共根. 此时 $x - \alpha$ 能整除 $\gcd(f, g)$, 而这是可以通过欧几里得算法求出来的. 若 $d(x) = \gcd(f, g)$, 则 $d(x)$ 能被 $x - \alpha$ 整除, 于是有 $d(\alpha) = 0$. 这样我们就把求多项式 f 和 g 的公共根的问题转化为求 d 的根的问题, 而 d 的次数通常要小一些. 我们以两个二次多项式为例来看看如何求它们的公因式:

$$f(x) = x^2 + ax + b, \qquad g(x) = x^2 + px + q.$$

(通过乘以一个恰当的数, 我们总能把多项式写成如上形式.) 像之前一样作长除法:

$$
\begin{array}{r}
1 \\
x^2 + px + q \overline{)\, x^2 + ax + b} \\
\underline{x^2 + px + q} \\
(a-p)x \;\; + (b-q)
\end{array}
$$

可以看到余式 $r(x) = (a-p)x + (b-q)$. 这里对 $a = p$ 的情形需要单独考虑. 若再有 $b = q$, 则 $f(x) = g(x)$, 因此方程组就变成了一个方程 $f(x) = 0$. 若 $b \neq q$, 则 $r(x)$ 此时是一个非零常数, 即 f 和 g 没有非常数公因式. 最后我们来考虑 $a \neq p$ 的情形. 此时 $r(x)$ 只有一个根 $\alpha = (b-q)/(p-a)$. 将 α 代入 $g(x)$ 就能知道 $g(x)$ 能不能被 $x - \alpha$ 整除. 代入可得

$$
\left(\frac{b-q}{p-a}\right)^2 + p\left(\frac{b-q}{p-a}\right) + q = 0,
$$

去分母后得到

$$
(b-q)^2 + p(p-a)(b-q) + q(p-a)^2 = 0. \tag{2.5}
$$

对后两项提取公因式, 可得

$$
(b-q)^2 + (p-a)(pb-aq) = 0.
$$

我们将 $D = (b-q)^2 + (p-a)(pb-aq)$ 称为多项式 f 和 g 的结式. 根据前面的分析, 当 $a \neq p$ 时, $D = 0$ 等价于 f 和 g 存在非常数公因式. 当 $a = p$ 时, $D = 0$ 变为 $b = q$, 这仍然等价于 f 和 g 存在非常数公因式. 总之, $D = 0$ 等价于 f 和 g 存在非常数公因式. 原则上 (当然, 具体细节要复杂得多), 对于任意两个多项式 $f(x)$ 和 $g(x)$, 我们可以求出一个用 f 和 g 的系数构造出来的表达式 D, 而 $D = 0$ 就等价于这两个多项式有非常数公因式.

贝祖定理的另一个重要应用与多项式根的个数有关. 设 $f(x)$ 是不恒为零的多项式, 且有两个不相等的根 α_1 和 α_2. 根据贝祖定理, $f(x)$ 能被 $x - \alpha_1$ 整除:

$$
f(x) = (x - \alpha_1)f_1(x). \tag{2.6}
$$

将 $x = \alpha_2$ 代入等式. 因为 α_2 是一个根, 所以 $f(\alpha_2) = 0$. 这意味着 $(\alpha_2 - \alpha_1)f_1(\alpha_2) = 0$. 因为 $\alpha_1 \neq \alpha_2$, 所以 $f_1(\alpha_2) = 0$, 即 α_2 是 $f_1(x)$ 的一个根. 对 $f_1(x)$ 应用贝祖定理, 我们有 $f_1(x) = (x - \alpha_2)f_2(x)$. 将它代入 (2.6) 式, 得

$$f(x) = (x - \alpha_1)(x - \alpha_2)f_2(x).$$

现在假设多项式 $f(x)$ 有 k 个不同的根 $\alpha_1, \alpha_2, \cdots, \alpha_k$. 将上面的论证重复 k 次, 就能发现 $f(x)$ 必定能被 $(x - \alpha_1)(x - \alpha_2) \cdots (x - \alpha_k)$ 整除:

$$f(x) = (x - \alpha_1)(x - \alpha_2) \cdots (x - \alpha_k)f_k(x). \tag{2.7}$$

设多项式 $f(x)$ 的次数为 n. 易知 (2.7) 式右边多项式的次数大于等于 k, 而左边多项式的次数为 n, 即有 $n \geqslant k$. 我们将这一结论总结为定理:

定理 14 对于任意的非零多项式, 其不同的根的个数不会超过多项式的次数.

当然, 对于一个恒为零的多项式, 任意数都是它的根. 定理 14 是由哲学家、数学家笛卡儿在 17 世纪证明的.

两个多项式相等是什么意思? 这个问题直至目前我们都在回避. 现在定理 14 给出了回答这个问题的可能性.

有一种可能的解释是这样的: 将多项式写成如下形式

$$f(x) = a_0 + a_1 x + \cdots + a_n x^n, \qquad g(x) = b_0 + b_1 x + \cdots + b_m x^m,$$

如果它们对应项的系数都相等, 即 $a_0 = b_0, a_1 = b_1, \cdots$, 那么我们就认为这两个多项式相等. 比如之前提到的若 $f(x)$ 的所有系数都为 0, 我们就认为 $f = 0$.

"等式" 的另一种意思也是说得通的: 对于多项式 $f(x)$ 和 $g(x)$, 假如将 x 换成任意的数 c, 两个多项式的值都相等 (即对于任意的 c 都有 $f(c) = g(c)$), 那么可以认为这两个多项式相等.

现在我们来证明这两种对 "相等" 的解释其实是一致的. 但首先必须对它们进行区分. 对于第一种解释, 我们说的是 "$f(x)$ 和 $g(x)$ 的所有系数都对应相等", 而对于第二种解释, 我们的意思是 "对于 x 的所有取值, $f(x)$ 和 $g(x)$ 都相等".

如果 $f(x)$ 和 $g(x)$ 的对应项系数都相同, 那么对于所有的 x 取值它们显然会得到相同结果. 反过来, 我们需要说明如果两个多项式对于 x 的所有取值都有相同结果, 那么它们的对应项系数相同. 其实, 我们可以证明一个更强的结论: 如果两个多项式对于 $n+1$ 个不同的取值都能得到相同的结果, 那么两者的对应项系数相同. 当然这个 n 不小于两个多项式的次数的较大值.

定理 15 设多项式 $f(x)$ 和 $g(x)$ 的次数都不超过 n, 并且对于 x 的 $n+1$ 个不同取值它们得到的结果都相同, 那么 $f(x)$ 和 $g(x)$ 的对应项系数相同.

设 $f(x)$ 和 $g(x)$ 对于 $n+1$ 个不同的值 $\alpha_1, \alpha_2, \cdots, \alpha_{n+1}$ 都有相同的结果, 即

$$f(\alpha_1) = g(\alpha_1), \quad f(\alpha_2) = g(\alpha_2), \quad \cdots, \quad f(\alpha_{n+1}) = g(\alpha_{n+1}).$$

我们考虑下面的多项式

$$h(x) = f(x) - g(x)$$

(这里 "=" 的意思是两侧多项式的对应项系数相同). 由前面的说明可知, 对于任意的 α, 都有

$$h(\alpha) = f(\alpha) - g(\alpha),$$

则

$$h(\alpha_1) = 0, \quad h(\alpha_2) = 0, \quad \cdots, \quad h(\alpha_{n+1}) = 0,$$

这意味着 $\alpha_1, \alpha_2, \cdots, \alpha_{n+1}$ 是多项式 $h(x)$ 的 $n+1$ 个不同的根. 但是 f 和 g 的次数都不超过 n, 所以多项式 h 的次数也不会超过 n. 这就与定理 14 产生了矛盾. 因此只能是 $h = 0$, 即多项式 h 的所有系数都为 0. 由此可知多项式 f 和 g 的对应项系数都相同. ■

从此对于多项式中的 "相等" 我们再不必区分它到底是哪种意思了.

定理 15 说明了多项式具有可称为 "刚性" 的有趣性质. 也就是说, 如果一个多项式 $f(x)$ 的次数不超过 n, 那么只要知道 $f(x)$ 对于 x 的 $n+1$ 个不同取值的结果, 我们就能唯一确定 $f(x)$ 的系数. 这意味着对于 x 的所有其他取值, 我们都能知道相应的结果. 这里有一点需要提一下, 前面说的 "唯一确定

系数" 指的只是不可能有两个不同的多项式同时满足这个性质. 因此, 这个多项式是否存在的问题就很自然地出现了.

给定两组数 $x_1, x_2, \cdots, x_{n+1}$ 与 $y_1, y_2, \cdots, y_{n+1}$, 是否存在一个次数不超过 n 的多项式 $f(x)$ 使得 $f(x_1) = y_1, f(x_2) = y_2, \cdots, f(x_{n+1}) = y_{n+1}$? 定理 15 只是说如果这样的多项式存在, 那么这样的多项式是唯一的. 构造这种多项式的问题称为插值问题. 在处理实验结果的时候经常需要面对这样的问题: 对于某些确定的值 $x = x_1, x = x_2, \cdots, x = x_{n+1}$ 我们得到了数据结果, 对于 x 取其他值时的结果, 我们希望能有一个合理的假设. 将数据列表如下

$$
\begin{array}{c|ccccc}
x & x_1 & x_2 & \cdots & x_{n+1} \\
\hline
f(x) & y_1 & y_2 & \cdots & y_{n+1}
\end{array}
\tag{2.8}
$$

一种合理的假设是这样的: 构造一个次数不超过 n 的多项式 $f(x)$ 使得 $f(x_1) = y_1, f(x_2) = y_2, \cdots, f(x_{n+1}) = y_{n+1}$, 并约定其余的 x 值得到的结果就是相应的 $f(x)$ 的取值. 但这样的多项式真的存在吗? 我们现在来找一个这样的多项式, 称它为对应表 (2.8) 的插值多项式.

为了得到一般情形的插值多项式, 我们从最简单的插值多项式开始处理, 即诸多 y_i 中只有一个不为 0. 此时上面的表格就变成了

$$
\begin{array}{c|cccccccc}
x & x_1 & x_2 & \cdots & x_{k-1} & x_k & x_{k+1} & \cdots & x_{n+1} \\
\hline
f(x) & 0 & 0 & \cdots & 0 & y_k & 0 & \cdots & 0
\end{array}
$$

如果 $f_k(x)$ 是这个插值问题的解, 那么除了 x_k 之外的诸 x_i 都是 $f_k(x)$ 的根. 因此 $f_k(x)$ 可以被 $x - x_i$ 的乘积整除. 因为 $x - x_i$ 这样的差有 n 个, 而多项式的次数又不能超过 n, 所以 $f_k(x)$ 与 $x - x_i$ 的乘积只相差一个常数因子, 即我们可以假设

$$
f_k(x) = c_k(x - x_1)(x - x_2) \cdots (x - x_{k-1})(x - x_{k+1}) \cdots (x - x_{n+1}). \tag{2.9}
$$

反之, 任意形式如上的多项式在 $x = x_1, x = x_2, \cdots, x = x_{k-1}, x = x_{k+1}, \cdots, x = x_{n+1}$ 处的取值都满足条件. 为了让 (2.9) 中的多项式也满足 x_k 处的条件, 我们将 $x = x_k$ 代入等式. 因为 $f_k(x_k)$ 需要等于 y_k, 所以

$$
c_k = \frac{y_k}{(x_k - x_1) \cdots (x_k - x_{k-1})(x_k - x_{k+1}) \cdots (x_k - x_{n+1})}.
$$

为了将公式写得简短一点, 我们引进一个 $n+1$ 次的辅助多项式:

$$F(x) = (x - x_1)(x - x_2) \cdots (x - x_{n+1}).$$

于是有

$$(x - x_1)(x - x_2) \cdots (x - x_{k-1})(x - x_{k+1}) \cdots (x - x_{n+1}) = \frac{F(x)}{x - x_k}.$$

令 $F(x)/(x - x_k) = F_k(x)$, 则 $F_k(x_k) \neq 0$, 于是有

$$c_k = \frac{y_k}{F_k(x_k)},$$
$$f_k(x) = \frac{y_k}{F_k(x_k)} F_k(x). \tag{2.10}$$

对于表 (2.8) 所对应的更一般的插值多项式, 我们只需将所有最简单情形下的插值多项式加起来即可:

$$f(x) = f_1(x) + f_2(x) + \cdots + f_{n+1}(x).$$

实际上, 如果令 $x = x_k$, 则上式右侧除了 $f_k(x_k)$ 之外的各项全为 0, 而 $f_k(x_k) = y_k$. 另外, 因为各 $f_i(x)$ 的次数都不超过 n, 所以 $f(x)$ 也是如此. 至此, 我们所要求的插值多项式就是

$$f(x) = \frac{y_1}{F_1(x_1)} F_1(x) + \frac{y_2}{F_2(x_2)} F_2(x) + \cdots + \frac{y_{n+1}}{F_{n+1}(x_{n+1})} F_{n+1}(x), \quad (2.11)$$

其中

$$F_k(x) = \frac{F(x)}{x - x_k}, \quad F(x) = (x - x_1)(x - x_2) \cdots (x - x_{n+1}).$$

利用上述插值多项式我们可以得到一个出人意料的恒等式. 考虑对应于下表的插值问题:

x	x_1	x_2	$\cdots$	x_{n+1}
$f(x)$	x_1^k	x_2^k	$\cdots$	x_{n+1}^k

其中 $k = 0$ 或 k 是不大于 n 的自然数. 首先, 很容易看出多项式 $f(x) = x^k$ 是这个插值问题的一个解. 另一方面, 这个问题的解必定可以用公式 (2.11) 来

表示. 因此就有

$$x^k = \frac{x_1^k}{F_1(x_1)}F_1(x) + \frac{x_2^k}{F_2(x_2)}F_2(x) + \cdots + \frac{x_{n+1}^k}{F_{n+1}(x_{n+1})}F_{n+1}(x),$$

其中

$$F_k(x) = \frac{F(x)}{x - x_k}, \quad F(x) = (x - x_1)(x - x_2)\cdots(x - x_{n+1}).$$

多项式 $F_k(x)$ 的次数为 n, 且其中 x^n 项的系数为 1. 若 $k < n$, 则等式右侧是一个次数小于 n 的多项式, 因此所有 n 次项必须相互抵消掉. 即有

$$\frac{x_1^k}{F_1(x_1)} + \frac{x_2^k}{F_2(x_2)} + \cdots + \frac{x_{n+1}^k}{F_{n+1}(x_{n+1})} = 0 \qquad (k < n).$$

若 $k = n$, 则右侧所有 n 次项的系数之和必定为 1. 即有

$$\frac{x_1^n}{F_1(x_1)} + \frac{x_2^n}{F_2(x_2)} + \cdots + \frac{x_{n+1}^n}{F_{n+1}(x_{n+1})} = 1.$$

注意到

$$F(x) = (x - x_1)(x - x_2)\cdots(x - x_{n+1}),$$
$$F_k(x) = \frac{F(x)}{x - x_k},$$

因此我们就得到了一些关于任意实数 $x_1, \cdots, x_{n+1}$ 的等式.

习 题

1. 对于 $F(x) = (x - x_1)(x - x_2)$ 和 $F(x) = (x - x_1)(x - x_2)(x - x_3)$, 写出本节最后两个公式的具体形式, 并且通过直接计算的方式对它们进行验证.

2. 利用长除法计算 $x^{n+1} - 1$ 除以 $x - 1$ 的结果, 由此得到公式 (1.12) 的另一种推导方法.

3. 讨论 $x^n - a$ 除以 $x^m - b$ 的带余除法的问题. (提示: 结论依赖于 n 除以 m 的带余除法的结果.)

4. 试解释下述推导公式 (2.7) 的简短论证为什么是错的: 因为每个 $x - \alpha_i$ 都能整除 $f(x)$, 所以它们的乘积也能整除 $f(x)$. 对于结论 "如果数 n 能被 a 和 b 整除, 那么 n 就能被 ab 整除", 要确保自己能明白它是错误的. 以此类推, 即可给出前面的解释.

5. 试证明任一多项式都能写成若干形如 $x - x_i$ 的多项式与一个无根多项式的乘积, 且这种表示是唯一的.

6. 令 $F(x) = (x - x_1) \cdots (x - x_n)$, 其中 x_i 互不相同. 证明: 若 $f(x)$ 是一个次数小于 n 的多项式, 则 $f(x)/F(x)$ 可以写成若干个形如 $a_k/(x - x_k)$ 的分式之和, 其中 $k = 1, \cdots, n$; 同时找出关于 a_k 的公式.

7. 假设多项式 $F_k(x)$ 的定义和正文一致, 那么对于 $n + 1$ 个数 $x_1, \cdots, x_{n+1}$, 以及次数小于 n 的多项式 $g(x)$, 必有

$$\frac{g(x_1)}{F_1(x_1)} + \cdots + \frac{g(x_{n+1})}{F_{n+1}(x_{n+1})} = 0.$$

8. 假设 $g(x)$ 的次数为 n, 其中 x^n 项的系数为 a, 其余条件与上题相同, 则有

$$\frac{g(x_1)}{F_1(x_1)} + \cdots + \frac{g(x_{n+1})}{F_{n+1}(x_{n+1})} = a.$$

| 5　重根与导数

方程 $x^2 - a = 0$ 在 $a > 0$ 时有两个根 $x = \sqrt{a}$ 和 $x = -\sqrt{a}$, 其中 $\sqrt{a}$ 是 a 的算术平方根. 若 $a = 0$, 求根公式会给出两个相等的值. 同样地, 利用求根公式, 其他一些二次方程也会出现两个根相同的情况. 其他次数的方程也会出现这种情况吗? 首先我们来考虑一个好像没什么意义的问题: 方程 $f(x) = 0$ 有两个相等的根到底是什么意思? 毕竟对于方程的随便哪个根, 我们可以把它在纸上写很多遍, 想写多少遍就写多少遍, 而且它们永远都等于同一个数! 对于二次方程, 我们是通过求根公式来求得答案的. 但对于一般的方程呢? 如果非要认为方程 $f(x) = 0$ 有两个相等的根 $x = \alpha$ 和 $x = \alpha$, 我们需要多加考虑来给出一个合理的定义.

贝祖定理给了我们一个提示. 假设多项式 $f(x)$ 有一个根 $x = \alpha$, 那么根据贝祖定理, $f(x)$ 能被 $x - \alpha$ 整除, 因此有 $f(x) = (x - \alpha)g(x)$, 这里 $g(x)$ 是一个次数低于 $f(x)$ 的多项式. 如果 $g(x)$ 也有根 $x = \alpha$, 那么我们就说多项式 $f(x)$ 有两个等于 α 的根. 依据贝祖定理, $g(x)$ 可以表示为 $g(x) = (x-\alpha)h(x)$, 这意味着

$$f(x) = (x - \alpha)^2 h(x). \tag{2.12}$$

这相当于说, 此时表示 (2.7) 中包含了两个因子 $x - \alpha$. 这与说方程有两个相同的根在直观上是吻合的.

如果形如 (2.12) 的多项式 $f(x)$ 还有一个根 α, 那么我们就说 $f(x)$ 有三个等于 α 的根. 一般地, 如果 $f(x)$ 可以表示成 $f(x) = (x - \alpha)^r u(x)$, 其中 $u(x)$ 是一个不以 α 为根的多项式, 那么我们就说 $f(x)$ 恰有 r 个相同的根 α. 如果 $r \geqslant 2$, 那么就称 α 是一个重根. 因此若 $f(x)$ 能被 $(x - \alpha)^2$ 整除, 那么 α 就是一个重根. 若 $f(x)$ 恰有 r 个等于 α 的根, 那么称 r 为根 α 的重数.

若方程 $x^2 + px + q = 0$ 有根 $x = \alpha$, 则用 $x - \alpha$ 去除 $x^2 + px + q$ 可得

$$x^2 + px + q = (x - \alpha)(x + p + \alpha) + (\alpha^2 + p\alpha + q).$$

因为 α 是方程 $x^2 + px + q = 0$ 的根, 所以

$$\alpha^2 + p\alpha + q = 0,$$

因此

$$x^2 + px + q = (x - \alpha)(x + p + \alpha).$$

如果 $x + p + \alpha$ 有根 α, 即 $2\alpha + p = 0$, 那么根据定义, 方程就有两个相同的根 α. 此时 $\alpha = -p/2$. 将其代入 $\alpha^2 + p\alpha + q = 0$, 可得 $-p^2/4 + q = 0$. 这就是熟知的方程 $x^2 + px + q = 0$ 有两个相等的根的判别条件.

对于三次方程 $x^3 + ax^2 + bx + c = 0$, 计算只不过稍微复杂一点罢了. 设它有根 α, 则用 $x - \alpha$ 去除 $x^3 + ax^2 + bx + c$ 可得

$$x^3 + ax^2 + bx + c = (x - \alpha)(x^2 + (a + \alpha)x + b + a\alpha + \alpha^2) + \alpha^3 + a\alpha^2 + b\alpha + c.$$

根据假设,

$$\alpha^3 + a\alpha^2 + b\alpha + c = 0,$$

所以

$$x^3 + ax^2 + bx + c = (x - \alpha)(x^2 + (a + \alpha)x + b + a\alpha + \alpha^2).$$

如果 α 是多项式 $x^2 + (a+\alpha)x + b + a\alpha + \alpha^2$ 的根, 那么按定义, 方程 $x^3 + ax^2 + bx + c = 0$ 就有两个与 α 相等的根. 此时有

$$\alpha^2 + (a+\alpha)\alpha + b + a\alpha + \alpha^2 = 0,$$

即

$$3\alpha^2 + 2a\alpha + b = 0.$$

我们可以看到方程 $x^3 + ax^2 + bx + c = 0$ 的重根是下面两个多项式的公共根

$$x^3 + ax^2 + bx + c, \qquad 3x^2 + 2ax + b.$$

根据前一节的知识, 它们是下述多项式的根

$$\gcd(x^3 + ax^2 + bx + c, 3x^2 + 2ax + b).$$

我们可以用欧几里得算法求出这个最大公因式.

现在将同样的方法用于任意次数的多项式

$$f(x) = a_0 + a_1 x + \cdots + a_n x^n.$$

假设 α 是这个多项式的一个根. 用 $x - \alpha$ 去除这个多项式, 我们得到的商是一个 $n-1$ 次多项式 $g(x)$. 因为 $g(x)$ 的系数涉及 α, 故不妨记其为 $g(x, \alpha)$. 由 (2.3) 和 (2.4) 式可知, 余式是 $f(\alpha)$, 即有

$$f(x) = (x - \alpha)g(x, \alpha) + f(\alpha). \tag{2.13}$$

将 $x = \alpha$ 代入 $g(x, \alpha)$, 得到一个关于 α 的多项式, 我们称其为多项式 $f(x)$ 在 $x = \alpha$ 处的导数, 记作 $f'(\alpha)$. 因此, 按照定义有

$$f'(\alpha) = \frac{f(x) - f(\alpha)}{x - \alpha}(\alpha). \tag{2.14}$$

这种写法很容易产生误解, 因为假如把 $x = \alpha$ 同时代入表达式的分子与分母中, 我们会得到 0/0. 因此需要对这个表达式给出一个解释: 事实上, 分母是可

以整除分子的 (在代入 $x = \alpha$ 之前), 因此其实是将 $x = \alpha$ 代入商式中, 而商式是一个多项式. 比如对于

$$\frac{x^2 - 1}{x - 1}(1),$$

我们可以这么理解: $(x^2-1)/(x-1) = x+1$, 然后将 $x = 1$ 代入, 得 $(x+1)(1) = 2$. 从多项式 $f(x)$ 到导数 $f'(\alpha)$ 这一过程称为对 $f(x)$ 求导.

继续学习数学的读者将会遇到其他情形下的导数概念, 比如 $f(x) = \sin x$ 或 $f(x) = 2^x$ 的导数. 严格来讲, 导数都是由 (2.14) 式定义的, 但在一般情况下对右侧给出合理的解释要困难得多. 对于多项式情形, 对 $f(x) - f(\alpha)$ 应用贝祖定理, 一切都很清晰.

对于 (2.13) 式中的多项式 $f(x)$, 如果 α 是它的一个根, 即 $f(\alpha) = 0$, 则有 $f(x) = (x - \alpha)g(x, \alpha)$. 如果 α 是 $g(x, \alpha)$ 的一个根, 即 $g(\alpha, \alpha) = 0$, 则 α 是 $f(x)$ 的一个重根. 但这意味着 $f'(\alpha) = 0$. 由此我们就证明了下述定理.

定理 16 多项式 $f(x)$ 的某个根是重根, 当且仅当它是导数 $f'(x)$ 的一个根.

我们知道, $f(x)$ 的重根 α 是多项式 $f(x)$ 与 $f'(x)$ 的公共根. 换句话说, α 是 $\gcd(f(x), f'(x))$ 的根. 由欧几里得算法, 我们可以求出最大公因式. 通常, 最大公因式的次数要远小于 $f(x)$ 的次数.

现在我们对由带余除法得到的 (2.13) 式进行更细致的考察, 以此得到多项式导数的具体形式.

对 $f(x)$ 除以 $x - \alpha$ 作长除法, 是可以得到 $g(x, \alpha)$ 和 $f(\alpha)$ 的具体形式的. 但还有一种更简单的方法. 因为 $f(x)$ 是所有 $a_k x^k$ 的和, 所以 $f(x) - f(\alpha)$ 是所有 $a_k(x^k - \alpha^k)$ 的和. 多项式 $x^k - \alpha^k$ 有根 $x = \alpha$, 因此根据贝祖定理, 它能被 $x - \alpha$ 整除. 应用公式 (1.12) 可得

$$x^k - 1 = (x - 1)(x^{k-1} + x^{k-2} + \cdots + x + 1).$$

以 x/α 替换 x, 得

$$\frac{x^k}{\alpha^k} - 1 = \left(\frac{x}{\alpha} - 1\right)\left(\frac{x^{k-1}}{\alpha^{k-1}} + \frac{x^{k-2}}{\alpha^{k-2}} + \cdots + \frac{x}{\alpha} + 1\right).$$

两边同时乘以 α^k, 得

$$x^k - \alpha^k = (x - \alpha)(x^{k-1} + \alpha x^{k-2} + \cdots + \alpha^{k-2}x + \alpha^{k-1}). \qquad (2.15)$$

在推导过程中我们假定 $\alpha \neq 0$, 但当 $\alpha = 0$ 时 (2.15) 式显然成立.

现在考虑多项式 $f(x) = a_0 + a_1 x + \cdots + a_n x^n$ 与差值 $f(x) - f(\alpha)$. 前面说过, 这个差值是所有 $a_k(x^k - \alpha^k)$ 之和. 逐项应用 (2.15) 式, 可得

$$\frac{a_k(x^k - \alpha^k)}{x - \alpha} = a_k(x^{k-1} + \alpha x^{k-2} + \cdots + \alpha^{k-2}x + \alpha^{k-1}).$$

若将 $x = \alpha$ 代入等式右侧, 可得 $ka_k\alpha^{k-1}$. 将 $x = \alpha$ 代入 (2.13) 式中的 $g(x, \alpha)$, 我们会发现 $g(x, \alpha)(\alpha) = g(\alpha, \alpha)$ 就是所有 $ka_k\alpha^{k-1}$ 之和, 即 $a_1 + 2a_2\alpha + 3a_3\alpha^2 + \cdots + na_n\alpha^{n-1}$. 换句话说, 对于多项式 $f(x) = a_0 + a_1 x + \cdots + a_n x^n$, 我们已经得到了导数 $f'(x)$ 的具体表达式:

$$f'(x) = a_1 + 2a_2 x + 3a_3 x^2 + \cdots + na_n x^{n-1}. \qquad (2.16)$$

前面我们对二次和三次多项式已经得到了相应的导数, 将它们与 (2.16) 式对比, 确保自己明白它们确实是 (2.16) 式的特殊情形.

多项式的导数这一概念之所以重要, 不仅仅是它与重根问题相关; 它还有许多其他应用. 为此, 我们这里先证明一些导数的基本性质. 所有的证明都可由 (2.13) 式得到.

常数的导数. 若 $f(x) = \alpha_0$, 则根据定义, $f(x) = f(\alpha)$ 以及 $g(x, \alpha) = 0$. 因此 $f'(\alpha) = 0$, 即 $f'(x) = 0$.

和的导数. 设 f_1 和 f_2 是两个多项式, 令 $f = f_1 + f_2$. 我们有

$$\begin{aligned} f_1(x) &= f_1(\alpha) + (x - \alpha)g_1(x, \alpha), \\ f_2(x) &= f_2(\alpha) + (x - \alpha)g_2(x, \alpha), \end{aligned} \qquad (2.17)$$

因此 $f_1'(\alpha) = g_1(\alpha, \alpha)$, $f_2'(\alpha) = g_2(\alpha, \alpha)$. 由 (2.17) 式可得

$$f(x) = f(\alpha) + (x - \alpha)g(x, \alpha),$$

其中 $g(x, \alpha) = g_1(x, \alpha) + g_2(x, \alpha)$. 因此

$$f'(\alpha) = g(\alpha, \alpha) = g_1(\alpha, \alpha) + g_2(\alpha, \alpha) = f_1'(\alpha) + f_2'(\alpha),$$

即

$$(f_1 + f_2)' = f_1' + f_2'.$$

对和式中的项数进行归纳, 立即可以得到任意有限多个多项式之和的导数:

$$(f_1 + f_2 + \cdots + f_r)' = f_1' + f_2' + \cdots + f_r'.$$

数乘的导数. 设 $f_1(x) = af(x)$. 将等式 $f(x) = f(\alpha) + (x - \alpha)g(x, \alpha)$ 两边同时乘以 a, 得

$$f_1(x) = af(x) = af(\alpha) + (x - \alpha)ag(x, \alpha),$$

即 $f_1(x) = f_1(\alpha) + (x - \alpha)ag(x, \alpha)$ 及 $f_1'(\alpha) = af'(\alpha)$:

$$(af)' = af'.$$

乘积的导数. 设 $f = f_1 f_2$. 将 (2.17) 中的两式相乘, 可得

$$f_1(x)f_2(x) = f_1(\alpha)f_2(\alpha) + (x - \alpha)g(x, \alpha),$$

其中

$$g(x, \alpha) = g_1(x, \alpha)f_2(\alpha) + g_2(x, \alpha)f_1(\alpha) + (x - \alpha)g_1(x, \alpha)g_2(x, \alpha).$$

因此有

$$f(x) = f(\alpha) + (x - \alpha)g(x, \alpha),$$

其中 $g(x, \alpha)$ 同上. 由此可知

$$f'(\alpha) = g(\alpha, \alpha) = g_1(\alpha, \alpha)f_2(\alpha) + g_2(\alpha, \alpha)f_1(\alpha) = f_1'(\alpha)f_2(\alpha) + f_1(\alpha)f_2'(\alpha),$$

即

$$(f_1 f_2)' = f_1' f_2 + f_1 f_2'. \tag{2.18}$$

若 f_1 是常数 (即零次多项式), 则因为常数的导数为 0, 所以由 (2.18) 式可得 $(af)' = af'$.

对乘积中的项数作归纳, 可得

$$(f_1 f_2 \cdots f_r)' = f_1' f_2 \cdots f_r + f_1 f_2' \cdots f_r + \cdots + f_1 f_2 \cdots f_r' \tag{2.19}$$

(对于右侧, $f_1 f_2 \cdots f_r$ 的各因子依次替换为其导数). 事实上, 依据 (2.18) 式,

$$(f_1 f_2 \cdots f_r)' = ((f_1 f_2 \cdots f_{r-1}) f_r)' = (f_1 f_2 \cdots f_{r-1})' f_r + (f_1 f_2 \cdots f_{r-1}) f_r'.$$

对 $(f_1 f_2 \cdots f_{r-1})'$ 应用 (2.19) 式 (这点已经由归纳假设保证), 即可得到结论.

(2.19) 式有一个重要的特殊情形, 即其中各多项式都相等:

$$(f^r)' = r f^{r-1} f'. \tag{2.20}$$

由导数定义出发很容易验证 $x' = 1$, 因此 $(x^r)' = r x^{r-1}$. 结合前面的法则, 我们再次证明了 (2.16) 式.

再回到关于多项式重根的问题. 设多项式 $f(x)$ 有 k 重根 α. 这意味着它可以写成如下形式

$$f(x) = (x - \alpha)^k g(x),$$

其中 $g(x)$ 不以 α 为根. 按照 (2.18) 式,

$$f'(x) = \left((x - \alpha)^k\right)' g(x) + (x - \alpha)^k g'(x).$$

根据 (2.20) 式,

$$\left((x - \alpha)^k\right)' = k(x - \alpha)^{k-1}.$$

(注意到依 (2.16) 式有 $(x - \alpha)' = 1$.) 因此得到

$$f'(x) = k(x - \alpha)^{k-1} g(x) + (x - \alpha)^k g'(x) = (x - \alpha)^{k-1} p(x),$$

其中 $p(x) = k g(x) + (x - \alpha) g'(x)$.

因为 $p(\alpha) = k g(\alpha) \neq 0$, 所以 $p(x)$ 不以 α 为根. 我们来考虑多项式

$$d(x) = \gcd(f(x), f'(x)), \qquad \varphi(x) = \frac{f(x)}{d(x)}.$$

因为 $f(x)$ 和 $f'(x)$ 都能被 $(x-\alpha)^{k-1}$ 整除, 所以多项式 $d(x)$ 也能被 $(x-\alpha)^{k-1}$ 整除. 因为 $p(\alpha) \neq 0$, 所以 $p(x)$ 不能被 $x - \alpha$ 整除, 这说明 $d(x)$ 不能被

$(x - \alpha)^k$ 整除. 现在可以看出 $\varphi(x)$ 可以被 $x - \alpha$ 整除, 且不能被 $x - \alpha$ 的更高次幂整除. 从前面的定义可知, 多项式 $\varphi(x)$ 与根 α 无关, 因此前面的结论对 $f(x)$ 的所有根都成立. 即多项式 $\varphi(x)$ 与 $f(x)$ 的根相同, 但所有的根都不是重根. 多亏这个结论, 我们经常可以将关于一般多项式的根的问题化归到一个无重根多项式的根的问题.

这里提一下, 其实在插值多项式那里已经有导数的痕迹了. 设 $F(x) = (x - x_1) \cdots (x - x_{n+1})$. 由 (2.16) 式可知 $(x - x_j)' = 1$. 因此根据 (2.19) 式有

$$F'(x) = (x - x_2) \cdots (x - x_{n+1}) + (x - x_1)(x - x_3) \cdots (x - x_{n+1})$$
$$+ \cdots + (x - x_1)(x - x_2) \cdots (x - x_n).$$

借用前面的定义 $F_k(x) = F(x)/(x - x_k)$, 就有

$$F'(x) = F_1(x) + F_2(x) + \cdots + F_{n+1}(x).$$

当 $i \neq k$ 时, 所有的 $F_i(x)$ 都包含因式 $x - x_k$, 所以有 $F_i(x_k) = 0$, 于是 $F'(x_k) = F_k(x_k)$. 由此我们可以将 (2.11) 式写成下述形式

$$f(x) = \frac{y_1}{F'(x_1)} F_1(x) + \frac{y_2}{F'(x_2)} F_2(x) + \cdots + \frac{y_{n+1}}{F'(x_{n+1})} F_{n+1}(x).$$

习 题

1. 易知多项式 $x^{2n} - 2x^n + 1$ 有根 $x = 1$, 因此根据贝祖定理它可以被 $x - 1$ 整除. 试求出这个除法运算的商式.

2. 哪些 a 和 b 可以使得多项式 $x^n + ax^{n-1} + b$ 有重根? 求出此时的根.

3. 哪些 a 和 b 可以使得多项式 $x^3 + ax + b$ 有重根?

4. 求证: 当 $n > m$ 时多项式 $x^n + ax^m + b$ 没有重数大于 2 的非零根.

5. 多项式 $f'(x)$ 的导数称为 $f(x)$ 的二阶导数, 记作 $f''(x)$. 试为 $(f_1 f_2)''$ 求出类似于 (2.18) 式 (形式上当然要复杂一点) 的公式.

6. 求证: 一个多项式的导数恒等于 0, 当且仅当这个多项式是常数 (即零次多项式).

7. 求证: 对于任意多项式 $f(x)$, 总存在多项式 $g(x)$ 使得 $g'(x) = f(x)$, 且所有这些 $g(x)$ 之间都只相差一个常数项.

8. 求证: 任一多项式的根的个数都不会超过它的次数, 即使将根的重数计算在内也是如此.

| 6 二项式定理

本节我们主要研究在将 $(1+x)^n$ 展开为一般形式 $a_0 + a_1x + \cdots + a_nx^n$ 的过程中出现的一个重要公式. 为此我们需要将表达式 $(1+x)^n = (1+x)(1+x) \cdots (1+x)$ 中的括号去掉. 显然, 我们会得到诸如 x^k 的项, 但这些项每个都会出现许多次. 合并同类项之后, 就能得到我们所要的公式了. 比如, 当 $n = 2$ 时的结果就是大家所熟知的

$$(1+x)^2 = (1+x)(1+x) = 1(1+x) + x(1+x)$$
$$= 1 + x + x + x^2 = 1 + 2x + x^2.$$

当 $n = 3$ 时的结果或许你已经知道了. 如果不知道也没关系, 计算 $(1+x)^2$ 乘以 $1+x$ 即可:

$$(1+x)^3 = (1+x)^2(1+x) = (1 + 2x + x^2)(1+x)$$
$$= (1 + 2x + x^2) + (1 + 2x + x^2)x$$
$$= 1 + 3x + 3x^2 + x^3.$$

一般展开式中 x^k 的系数 a_k 不仅与 k 有关, 还与表达式 $(1+x)^n$ 的次数 n 有关. 为了表示这种系数对 n 和 k 的依赖性, 我们用 C_n^k 来表示 x^k 的系数. 因此就有

$$(1+x)^n = C_n^0 + C_n^1 x + C_n^2 x^2 + \cdots + C_n^n x^n. \tag{2.21}$$

由前面的计算可知, $C_2^0 = 1$, $C_2^1 = 2$, $C_2^2 = 1$, $C_3^0 = 1$, $C_3^1 = 3$, $C_3^2 = 3$, 以及 $C_3^3 = 1$.

系数 C_n^k 称为二项式系数. 我们的目标是给出 C_n^k 的显式表示. 其中的一些我们立刻就能知道. 在作多项式乘法时, 各首项只相乘一次, 而多项式 $(1+x)^n$ 的首项为 x^n, 因此就有

$$C_n^n = 1. \tag{2.22}$$

同理可得, 多项式相乘时各常数项也只相乘一次, 而 $(1+x)^n$ 的常数项为 1, 所以有

$$C_n^0 = 1. \tag{2.23}$$

对于一般情形, 我们对 (2.21) 式两边同时求导. 依据 (2.20) 式, 左边变为 $n(1+x)^{n-1}$, 因为根据 (2.16) 式有 $(1+x)' = 1$. 对于右边, 按 (2.16) 式写出即可. 于是有

$$n(1+x)^{n-1} = C_n^1 + 2C_n^2 x + \cdots + kC_n^k x^{k-1} + \cdots + nC_n^n x^{n-1}.$$

将左边的 $(1+x)^{n-1}$ 按 (2.21) 式展开. 对于 x^{k-1} 项, 在左边它的系数为 nC_{n-1}^{k-1}, 在右边它的系数为 kC_n^k. 于是有

$$kC_n^k = nC_{n-1}^{k-1} \qquad \text{或} \qquad C_n^k = \frac{n}{k}C_{n-1}^{k-1},$$

这意味着系数 C_n^k 可以用指标较小的系数 C_{n-1}^{k-1} 来表示. 对 C_{n-1}^{k-1} 也应用这个公式, 得到

$$C_n^k = \frac{n(n-1)}{k(k-1)}C_{n-2}^{k-2}.$$

重复这个过程 r 次, 可得

$$C_n^k = \frac{n(n-1)\cdots(n-r+1)}{k(k-1)\cdots(k-r+1)}C_{n-r}^{k-r}$$

(从分母 k 和分子 n 中依次减去 $0, 1, \cdots, r-1$, r 次减法给出了 r 个因子). 最终, 我们取 $r = k$. 因为对任意的 m 都有 $C_m^0 = 1$, 所以我们得到了

$$C_n^k = \frac{n(n-1)\cdots(n-k+1)}{k(k-1)\cdots 1}. \tag{2.24}$$

这就是我们所寻找的显式表示.

配以 (2.24) 式的公式 (2.21) 称为二项式公式 (或牛顿二项式). "二项式" (binomial) 这个词来源于意为 "有两个名字" 的一个拉丁文词汇, 现在用来称呼只含两项的代数式. 因此这个公式可以理解为展开二项式方幂的公式.

二项式公式有非常多的应用, 因此 (2.24) 式给出的 C_n^k 的各种表达式都是有益的. 分母是从 1 到 k 的所有整数的乘积. 我们把 $1 \cdot 2 \cdots m$ 这种形式

的乘积叫作 m 的阶乘, 记作 $m!$. 分子是从 n 到 $n-k+1$ 的所有整数的乘积. 如果我们把它再乘上从 $n-k$ 到 1 的所有整数的乘积 (即 $(n-k)!$), 就会得到 $n!$. 将 (2.24) 式中的分子与分母同时乘以 $(n-k)!$, 就得到了 C_n^k 的一个新的表达式

$$C_n^k = \frac{n!}{k!(n-k)!}. \tag{2.25}$$

由此立即可得

$$C_n^k = C_n^{n-k}. \tag{2.26}$$

公式 (2.24) 和 (2.25) 中的分母能整除分子这一点并非那么显然, 尽管根据 (2.21) 式我们能感觉到这一点必然成立. 我们可以将 (2.24) 式的右侧是一个整数这一结论表述为任意 k 个连续 (正) 整数之积必定能被 $k!$ 整除. 在后面的内容中我们将会看到, 由此可以得到关于素数的一些有趣的性质.

现在来探究系数 C_n^k 的一些重要的性质. 首个性质来源于下面这个显然成立的等式

$$(1+x)^n = (1+x)^{n-1}(1+x).$$

根据 (2.21) 式展开 $(1+x)^n$ 和 $(1+x)^{n-1}$, 可得

$$C_n^0 + C_n^1 x + \cdots + C_n^n x^n = (C_{n-1}^0 + C_{n-1}^1 x + \cdots + C_{n-1}^{n-1})(1+x).$$

在左边, x^k 的系数是 C_n^k; 在右边, x^k 来源于 $C_{n-1}^k x^k$ 与 $C_{n-1}^{k-1} x^{k-1} x$ 之和, 故其系数为 $C_{n-1}^k + C_{n-1}^{k-1}$. 因此有

$$C_n^k = C_{n-1}^k + C_{n-1}^{k-1}. \tag{2.27}$$

这个公式便于我们从一些指标为 $n-1$ 的系数去求指标为 n 的系数 C_n^k. 为了让这个公式更直观一点, 我们将系数 C_n^k 排列成三角形的形式, 其中 C_n^k 都

排在第 n 行. 结合 (2.22) 和 (2.23) 式, 我们有

$$1$$
$$1 \qquad 1$$
$$1 \qquad 2 \qquad 1$$
$$\cdots \qquad \cdots \qquad \cdots \qquad \cdots$$
$$1 \qquad C_{n-1}^1 \qquad \cdots \qquad C_{n-1}^{n-2} \qquad 1$$
$$1 \qquad C_n^1 \qquad C_n^2 \qquad \cdots \qquad C_n^{n-1} \qquad 1$$
$$\cdots \qquad \cdots \qquad \cdots \qquad \cdots \qquad \cdots \qquad \cdots$$

(2.27) 式说明每个二项式系数 C_n^k 都是它左上方和右上方两个数字之和. 以前两行为出发点, 我们很容易就能计算出各系数的值, 比如

$$1$$
$$1 \qquad 1$$
$$1 \qquad 2 \qquad 1$$
$$1 \qquad 3 \qquad 3 \qquad 1$$
$$1 \qquad 4 \qquad 6 \qquad 4 \qquad 1$$
$$1 \qquad 5 \qquad 10 \qquad 10 \qquad 5 \qquad 1$$

这个三角形数阵称为帕斯卡三角[1].

在 (2.21) 式中令 $x = 1$, 我们就得到了第二个性质. 此时左边为 2^n, 右边是所有二项式系数 C_n^k 之和. 因此, 帕斯卡三角中第 n 行的所有数字之和等于 2^n:

$$C_n^0 + C_n^1 + C_n^2 + \cdots + C_n^n = 2^n.$$

最后我们考虑同一行中相邻的两个数 C_n^{k-1} 与 C_n^k. 根据 (2.25) 式,

$$C_n^k = \frac{n!}{k!(n-k)!}, \qquad C_n^{k-1} = \frac{n!}{(k-1)!(n-k+1)!}.$$

因为 $k! = (k-1)!k$ 以及 $(n-k+1)! = (n-k)!(n-k+1)$, 所以有

$$C_n^k = \frac{n-k+1}{k} C_n^{k-1}.$$

---

[1] 即我们熟知的杨辉三角. —— 译者注

若 $n-k+1>k$, 即 $k<(n+1)/2$, 则有 $(n-k+1)/k>1$, 因此 $C_n^k>C_n^{k-1}$.
若 $k>(n+1)/2$, 则有 $C_n^k<C_n^{k-1}$. 这表明, 帕斯卡三角中的每一行数字, 从
左至右先是逐渐增大, 到中间后又逐渐变小. 如果 n 是偶数, 那么中间只有一
个最大值 $C_n^{n/2}$; 如果 n 是奇数, 那么中间相邻的两个数 $C_n^{(n-1)/2}$ 和 $C_n^{(n+1)/2}$
同时取得最大值. 在 $k=(n+1)/2$ 的情形, 我们有

$$C_n^k=C_n^{k-1}.$$

(2.21) 式可以推广到更一般的情形. 将 $x=b/a$ 代入 (2.21) 式, 两边同时
乘以 a^n, 可得

$$(a+b)^n=C_n^0a^n+C_n^1a^{n-1}b+C_n^2a^{n-2}b^2+\cdots+C_n^nb^n. \tag{2.28}$$

上述过程需假设 $a\neq0$ (因为我们除以了 a), 但最终结果显然对 $a=0$ 也是成
立的. 这个公式通常也叫作二项式公式.

现在来讨论二项式公式的一些推论与应用. 通常, 一个命题越简单, 它的
应用越广. 二项式公式中的第一个系数是我们经常遇到的. 根据 (2.24) 式, 第
二个系数 C_n^1 等于 n. 根据 (2.26) 式有 $C_n^n=1$, $C_n^{n-1}=n$. 因此

$$(a+b)^n=a^n+na^{n-1}b+\cdots+nab^{n-1}+b^n.$$

这种表达式对探究方程是有帮助的. 一个 n 次方程通常形如

$$a_0+a_1x+\cdots+a_{n-1}x^{n-1}+a_nx^n=0.$$

次数为 n 意味着 $a_n\neq0$. 因此可以将各系数除以 a_n, 得到一个与之等价的首
项系数为 1 的方程. 下面我们都默认讨论这种方程, 即

$$f(x)=a_0+a_1x+\cdots+a_{n-1}x^{n-1}+x^n=0.$$

这里我们引入另外一种得到等价方程的方法. 令 $x=y+c$, 其中 y 是一
个新的未知数, c 是某个常数. 将其代入方程, 由 a_mx^m 可得 $a_m(y+c)^m$. 用
二项式公式将所有 $a_m(y+c)^m$ 展开, 然后合并同类项. 结果我们得到一个关
于 y 的多项式, 不妨记作 $g(y)=f(y+c)$. 因为 $y=x-c$, 所以方程 $f(x)=0$

与 $g(y) = 0$ 等价: 方程 $g(y) = 0$ 的根 $y = \alpha - c$ 对应于方程 $f(x) = 0$ 的根 $x = \alpha$; 方程 $f(x) = 0$ 的根 $x = \beta + c$ 对应于方程 $g(y) = 0$ 的根 $y = \beta$. 我们来看看在这个代换下方程的系数会怎样变化. 首先, 因为用二项式公式展开 $a_m(y+c)^m$ 得到的各项的次数都不超过 m, 所以 n 次项只可能来自 $(y+c)^n$, 其为 y^n, 因此方程 $g(y) = 0$ 的次数还是 n, 并且首项系数仍是 1. 再来考虑 $n-1$ 次的项. 同理可得, y 的 $n-1$ 次项只可能来自 $(y+c)^n$ 和 $a_{n-1}(y+c)^{n-1}$. 后者中的 $n-1$ 次项为 $a_{n-1}y^{n-1}$, 由二项式公式可知前者中的 $n-1$ 次项为 $ny^{n-1}c$. 这说明多项式 $g(y) = f(y+c)$ 中的 $n-1$ 次项为 $(a_{n-1} + nc)y^{n-1}$. 选择恰当的 c 可借此使得 $n-1$ 次项消失: 令 $a_{n-1} + nc = 0$, 即 $c = -a_{n-1}/n$. 至此我们就证明了下述命题:

定理 17 对方程 $f(x) = a_0 + a_1 x + \cdots + a_{n-1}x^{n-1} + x^n = 0$ 使用代换 $x = y - a_{n-1}/n$, 可以得到一个等价方程 $g(y) = 0$, 其次数为 n, 首项系数为 1, 且不含 $n-1$ 次项.

对于二次方程, 定理 17 给出了求根公式. 因为此时多项式 $g(y)$ 形如 $y^2 + b_2$, 由此立即可知其根为 $y = \pm\sqrt{-b_2}$. 依照定理 17 中的代换可以求出 b_2, 因此可求得 $f(x)$ 的根. 请确保自己明白我们可由此得到熟知的求根公式. 对于一般的多项式, 我们借此可得到一个简单点儿的方程, 这有时是很有帮助的. 比如, 任意三次方程都等价于一个形如 $x^3 + ax + b = 0$ 的方程.

最后, 我们应用二项式定理来求连续自然数的方幂和, 即如下的和式

$$S_m(n) = 0^m + 1^m + 2^m + \cdots + n^m. \tag{2.29}$$

特殊情形 $S_1(n) = n(n+1)/2$ 你或许已经知道了. 我们先对最一般的和式做些说明. 设 $a_0, a_1, a_2, \cdots, a_n, \cdots$ 是一个无穷数列, 我们感兴趣的是相继数之和: $a_0, a_0 + a_1, a_0 + a_1 + a_2, \cdots, a_0 + a_1 + a_2 + \cdots + a_n, \cdots$. 我们用字母 a 表示第一个数列, 其中第 $n+1$ 个元素记作 a_n. 与之相伴的第二个数列记为 Sa, 其第 $n+1$ 项为

$$(Sa)_n = a_0 + a_1 + a_2 + \cdots + a_n, \quad n = 0, 1, 2, \cdots.$$

比如 $a_n = n^m$ $(n = 0, 1, 2, \cdots)$, 那么 Sa 就是 $S_m(n)$ 构成的数列. 如果知道

了数列 Sa, 那么显然可以由此反推出数列 a, 用 Sa 的第 $n+1$ 项减去第 n 项即可. 若

$$b_n = (Sa)_n = a_0 + a_1 + \cdots + a_n, \tag{2.30}$$

$$b_{n-1} = (Sa)_{n-1} = a_0 + a_1 + \cdots + a_{n-1}, \tag{2.31}$$

那么用 (2.30) 式减去 (2.31) 式, 就得到

$$b_n - b_{n-1} = a_n.$$

这是一种重要的构造方法.

对于任意给定的数列 $b_0, b_1, b_2, \cdots, b_n, \cdots$, 我们考虑新数列 $b_0, b_1 - b_0,$ $b_2 - b_1, \cdots, b_{n+1} - b_n, \cdots$. 若将前一个数列记作 b, 则后一个数列记作 Δb. 它的元素都有如下形式

$$(\Delta b)_0 = b_0, \qquad (\Delta b)_n = b_n - b_{n-1}, \quad n = 1, 2, \cdots.$$

由此可以将前面提到的数列 a 与 Sa 的关系写作公式 $\Delta Sa = a$. 事实表明, 这其中有一种完全对称的关系:

$$\Delta Sa = a, \qquad S\Delta b = b. \tag{2.32}$$

我们可以将这种性质看作对数列的操作 S 与 Δ 是互逆的.

其中的第一个关系式前面已经证明了, 现在来证明第二个关系式. 为此我们定义 $a_k = (\Delta b)_k, k = 0, 1, \cdots, n-1$:

$$a_0 = b_0,$$
$$a_1 = b_1 - b_0,$$
$$a_2 = b_2 - b_1,$$
$$\cdots\cdots\cdots\cdots$$
$$a_n = b_n - b_{n-1}.$$

现在将所有这些等式加起来: 左边得到 $a_0 + \cdots + a_n$, 即 $(Sa)_n$; 右边除 b_n 之外的项都相互抵消了. 因此有 $(Sa)_n = b_n$, 这就是 (2.32) 中的第二个关系式.

这些关系式的好处在于, 求出满足 $\Delta b = a$ 的数列 b 有时候比直接求出数列 Sa 要简单. 然后根据 (2.32) 式中的第二个关系式就得到 $Sa = b$.

现在用这个想法来处理 (2.29) 式. 易知 $S_m(n) = (Sa)_n$, 其中 $a_n = n^m$. 怎样将数列 a 表示成 $a = \Delta b$ 的形式呢? 下面的定理给出了答案.

定理 18 对于任意的 m 次多项式 $f(x)$, 存在唯一的 $m+1$ 次多项式 $g(x)$ 满足

$$g(x) - g(x-1) = f(x), \tag{2.33}$$

且 $g(x)$ 的常数项为零.

很容易证明满足这种条件的多项式 $g(x)$ 是唯一的. 假设 $g_1(x)$ 是另外一个满足条件的多项式, 即 $g_1(x) - g_1(x-1) = f(x)$ 且 $g_1(x)$ 的常数项为零. 将这个等式与 (2.33) 式作差, 可得 $g_1(x) - g(x) = g_1(x-1) - g(x-1)$. 令 $g_1(x) - g(x) = g_2(x)$, 则有 $g_2(x) = g_2(x-1)$ 且 $g_2(x)$ 的常数项为零, 即 $g_2(0) = 0$. 将 $x = 1$ 代入 $g_2(x) = g_2(x-1)$, 得到 $g_2(1) = 0$. 将 $x = 2$ 代入 $g_2(x) = g_2(x-1)$, 得到 $g_2(2) = g_2(1) = 0$. 用归纳法可知对于任意的自然数 n 都有 $g_2(n) = 0$. 按照定理 14, 此时只能是 $g_2 = 0$, 即 $g = g_1$.

现在对多项式 f 的次数 m 作归纳来证明多项式 g 的存在性. 若 $m = 0$, 则 f 就是一个常数, 不妨设 $f = a$. 很容易看出 $g(x) = ax$ 满足条件 (2.33) 式. 假设 f 的次数小于 m 时命题都是成立的. 对于首项为 $a_m x^m$ 的多项式 f, 我们要选择恰当的数 a 使得 $ax^{m+1} - a(x-1)^{m+1}$ 等于 $a_m x^m$. 为此我们使用二项式公式

$$(x-1)^{m+1} = x^{m+1} - (m+1)x^m + \cdots,$$

其中省略号代表的项次数都小于 m. 因此

$$x^{m+1} - (x-1)^{m+1} = (m+1)x^m + \cdots.$$

现在只有令

$$a = \frac{a_m}{m+1} \tag{2.34}$$

才符合要求. 多项式

$$f(x) - \frac{a_m}{m+1} \left(x^{m+1} - (x-1)^{m+1} \right)$$

中的 m 次项被抵消, 故其次数小于 m. 记上述多项式为 $h(x)$, 根据归纳假设, 存在次数小于 $m+1$ 且常数项为零的多项式 $g_1(x)$ 使得

$$h(x) = g_1(x) - g_1(x-1),$$

即

$$f(x) - \frac{a_m}{m+1} \left(x^{m+1} - (x-1)^{m+1} \right) = g_1(x) - g_1(x-1).$$

由此可得多项式

$$g(x) = \frac{a_m}{m+1} x^{m+1} + g_1(x)$$

满足条件 $f(x) = g(x) - g(x-1)$. ∎

在实际应用中, 我们不再使用归纳法, 而是对 $h(x)$ 反复施以同样的作差过程, 直至得到零次多项式.

再回到 $S_m(n)$ 的计算问题上. 如果数列 b 满足 $\Delta b = a$, 其中 $a_n = n^m$, 那么就有 $S_m(n) = b_n$. 对多项式 x^m 应用定理 18, 可以得到 $m+1$ 次的多项式 $g(x)$ 使得

$$g(x) - g(x-1) = x^m,$$

当然, $g(x)$ 的常数项为零. 将 $x = n$ 代入等式, 可知如下定义的数列

$$b_n = g(n) \ (n \geqslant 1), \qquad b_0 = g(0) = 0$$

满足条件 $\Delta b = a$, 即 $Sa = b$. 因此我们就证明了下述定理:

定理 19 若 $m+1$ 次多项式 $g_m(x)$ 的常数项为零, 且满足 $g_m(x) - g_m(x-1) = x^m$, 则和式 $S_m(n)$ 可表示成 $g_m(n)$.

定理 18 的证明过程给出了求 $g_m(x)$ 的方法, 我们以 $m = 2$ 的情形为例加以说明. 类比于数列, 我们以 Δg 表示多项式 $g(x) - g(x-1)$, 即 $(\Delta g)(x) =$

$g(x) - g(x-1)$. 首先, 需要选择恰当的 ax^3 使得 $\Delta(ax^3)$ 的首项为 x^2. 根据 (2.34) 式, 因为 $m = 2, a_2 = 1$, 所以取 $a = 1/3$. 利用二项式公式可得

$$\Delta\left(\frac{1}{3}x^3\right) = \frac{1}{3}x^3 - \frac{1}{3}(x-1)^3 = x^2 - x + \frac{1}{3}$$

和

$$x^2 - \Delta\left(\frac{1}{3}x^3\right) = x - \frac{1}{3}.$$

现在必须找到恰当的 bx^2 使得 $\Delta(bx^2)$ 的首项为 x. 根据 (2.34) 式, 因为 $m = 1, a_1 = 1$, 所以取 $b = 1/2$. 使用二项式公式可得

$$\Delta\left(\frac{1}{2}x^2\right) = \frac{1}{2}x^2 - \frac{1}{2}(x-1)^2 = x - \frac{1}{2}$$

和

$$x^2 - \Delta\left(\frac{1}{3}x^3\right) - \Delta\left(\frac{1}{2}x^2\right) = -\frac{1}{3} + \frac{1}{2} = \frac{1}{6}.$$

因为

$$\frac{1}{6} = \Delta\left(\frac{1}{6}x\right) = \frac{1}{6}x - \frac{1}{6}(x-1),$$

所以最终得到了

$$x^2 = \Delta\left(\frac{1}{3}x^3 + \frac{1}{2}x^2 + \frac{1}{6}x\right).$$

由此得到多项式

$$g(x) = \frac{1}{3}x^3 + \frac{1}{2}x^2 + \frac{1}{6}x = \frac{(2x^2 + 3x + 1)x}{6} = \frac{(2x+1)(x+1)x}{6}.$$

这样就得到了

$$S_2(n) = \frac{(2n+1)(n+1)n}{6}.$$

对于这个结果, 我们加两个注.

注 1 求 $S_m(n)$ 的过程可以总结如下: 对每个 m, 都存在唯一的常数项为零的 $m+1$ 次多项式 $g_m(x)$ 使得 $g_m(x) - g_m(x-1) = x^m$. 具体计算方法包含在了定理 18 的证明之中. $S_m(n) = g_m(n)$. 因此现在的问题是探究神奇的多项式 $g_m(x)$. 这个多项式通常称为伯努利多项式. 在接下来的补充内容

中, 我们利用一个被称为伯努利数的有理数数列来给出这类多项式的更直接的表达式.

注 2 (历史) 上文介绍了从数列 a 构造 Sa, 以及从数列 b 构造 Δb 两种方法, S 与 Δ 这两种运算与分析学中的求导、积分运算非常相似. 积分运算可以由函数 $f(x)$ (当然不是每个函数都可以) 得到不定积分 $\int f dx$, 求导运算可以由函数 g 得到导数 g'. 我们这里的运算 S 与 Δ 是 $\int f dx$ 与 g' 的初等类比. 积分、求导运算的定义就涉及了求和与作差, 但在细节上非常复杂 (前面的 (2.14) 式就展示了当函数是多项式时, 作差运算是如何参与求导定义的). 就像 S 和 Δ 一样, 求积分与求导运算也是互逆的. 另外, 和这里的运算情况一样, 求导也比求积分要简单, 因此计算函数 $f(x)$ 的积分的更简单的方法是寻找一个函数, 使得它的导数等于 $f(x)$.

数列的运算和函数的运算不仅仅是简单的类比, 它们之间还有更深刻的联系. 比如, 计算函数 $f(x)$ 的积分等价于求由函数图像、x 轴、两条与 x 轴垂直的直线 $x = a$、$x = b$ 所围成区域的面积 (如图 2.1).

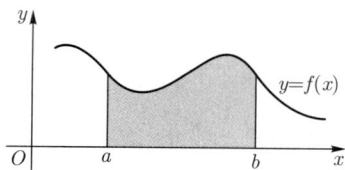

图 2.1

因为我们连积分都没定义, 所以这里当然不能证明这个结论. 但我们可以用一个简单的例子来说明面积计算和我们所关心的问题之间的联系. 令函数 $y = x^2$, 我们来计算函数图像 (抛物线)、x 轴以及 $x = 1$ 所围成区域的面积 (如图 2.2).

我们先把 0 到 1 之间的 x 轴分成 n 等份, 等分点横坐标分别为 $0, 1/n, 2/n, \cdots, (n-1)/n, 1$. 然后用函数 $y = x^2$ 分别算出它们对应的函数值 $0, (1/n)^2, (2/n)^2, \cdots, ((n-1)/n)^2, 1$. 以 x 轴上 i/n 与 $(i+1)/n$ 之间的线段为底边构造高为 $(i/n)^2$ 的矩形. 这些矩形合成的多边形包含在所求区域之内. 直觉告诉我们, 当 n 越来越大时, 多边形的面积 S_n 与所求区域的面积之间的

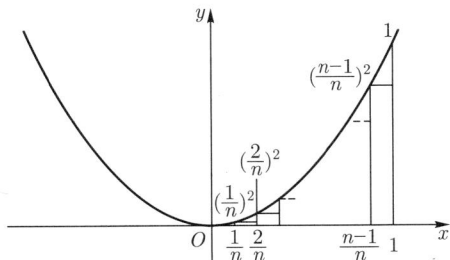

图 2.2

差值会越来越小 (目前不能说得更精确了, 因为我们还没阐明面积的概念). 多边形的面积等于所有矩形面积之和. 第 i 个矩形的面积等于底边长 $1/n$ 乘以高 $(i/n)^2$, 即 i^2/n^3. 因此多边形面积 S_n 为

$$S_n = \frac{0^2}{n^3} + \frac{1^2}{n^3} + \frac{2^2}{n^3} + \cdots + \frac{(n-1)^2}{n^3} = \frac{S_2(n-1)}{n^3}.$$

将前面得到的 $S_2(n) = n^3/3 + n^2/2 + n/6$ 应用到上式, 得出多边形的面积为

$$S_n = \frac{1}{3} - \frac{1}{2n} + \frac{1}{6n^2}.$$

显然当 n 越来越大时, $-1/(2n)$ 与 $1/(6n^2)$ 都逐渐变小, 因此多边形的面积越来越接近于 $1/3$. 这表示图中所求区域的面积就是 $1/3$.

　　从原理上看, 阿基米德在公元前 3 世纪就是用了同样的过程解决了这个问题. (阿基米德发明了一种用等比数列求和以替代这里的计算 $S_2(n)$ 的方法. 但阿基米德是知道计算 $S_2(n)$ 的公式的, 他曾借此求出其他几何图形的面积与体积.)

　　启蒙运动时期的数学家痴迷于 "超越先贤" (也就是古希腊的数学家), 阿基米德在他们眼里就是其中最杰出的代表. 因此他们花了极大的功夫来求解与函数 $y = x^n$ 有关的面积问题, 不过这里的 n 大于 2. 问题被法国数学家费马 (在 17 世纪) 最先解决, 他的方法与我们之前采用的类似 (因而比较简单). 我们前面提到的积分与求导的联系此时尚无人知晓, 积分 (也就是面积) 都是直接根据定义来计算的. 求导与求积分互为逆运算是之后才被注意到的. 这一事实是由牛顿的老师巴罗证实的. (牛顿在大学求学时与巴罗合作过, 并且后来接替了巴罗在大学的席位.) 通过选择恰当的函数 g 使其导数为 f 这种方法来系统地计算函数的积分是从牛顿开始的. 此后我们之前采用过的计算积分与面积的方法就没必要了. 如今, 一个高年级学生很容易就能对任意的 m 求出函数 x^m 的积分, 而无须计算 $S_m(n)$.

在第一章, 我们回顾了一些古希腊数学家 (毕达哥拉斯、泰阿泰德、欧几里得) 的思想, 本章我们则接触到了启蒙运动时期数学家的思想.

习　题

1. 对于本节末尾所求的多边形, 它因为总是包含在所求区域之内, 所以它的面积 S_n 是小于所求区域面积的. 现在以 x 轴上 i/n 到 $(i+1)/n$ 之间的线段为底边, 构造高为 $((i+1)/n)^2$ 的矩形. 它包含了所求区域, 因此所有矩形构成的多边形的面积 S_n' 大于所求区域的面积. 计算 S_n', 并证明当 n 越来越大时, 面积不断趋近于 1/3. 这就给出了所求区域面积为 1/3 的一个更可信 (或者说更 "严格") 的证明.

2. 我们在文中求出了函数 $y = x^2$ 的图像与其他线段围成的区域的面积. 如果将 $y = x^2$ 换成一般的 $y = x^m$, 相应的所求区域的面积又是多少呢? 为了得到所求的结果, 我们不必知道伯努利多项式 $g_m(x)$ 具体是多少, 只要知道首项 $a_{m+1}x^{m+1}$ 的系数即可. 确保自己能明白这一点. 证明 $a_{m+1} = 1/(m+1)$. 试借此求出由 $y = x^m$ 的图像、x 轴和直线 $x = 1$ 所围成的区域的面积.

3. 证明: 由 $y = x^m$ 的图像、x 轴和直线 $x = a$ 所围成区域的面积为 $a^{m+1}/(m+1)$. 注意到多项式 $x^{m+1}/(m+1)$ 的导数是 x^m, 这正好是求积分与求导互为逆运算的例证.

4. 证明下列两组二项式系数的和式是相等的, 并求出结果:

$$C_n^0 + C_n^2 + \cdots, \qquad C_n^1 + C_n^3 + \cdots.$$

5. 试利用

$$(1+x)^n (1+x)^m = (1+x)^{m+n}$$

给出一个新的关于二项式系数的关系式. 当 $n = m$ 时, 可以由此推导出二项式系数平方和的计算公式.

6. 证明: 若 p 是素数, 则当 $k \neq 0$ 且 $k \neq p$ 时, C_p^k 必能被 p 整除. 由此证明 $2^p - 2$ 能被 p 整除. 证明对于任意的整数 n, $n^p - n$ 都能被 p 整除. 费马首先证明了这个定理.

7. 如果数列 Δa 是常数列, 那么数列 a 有怎样的性质? (2.32) 式此时能给出什么样的结果?

8. 求出 $S_3(n)$, 并说明 $S_3(n) = (S_1(n))^2$.

9. 设 a 是任意一个数列 $a_0, a_1, a_2, \cdots$. 对数列 Δa 施以 Δ 操作得到一个新数列, 将其记作 $\Delta^2 a$. 通过归纳, 可将 $\Delta^k a$ 定义为 $\Delta(\Delta^{k-1} a)$. 对于数列 a, 何时存在次数不超过 m 的多项式 $f(x)$ 使得 $f(n) = a_n$ $(n = 0, 1, 2, \cdots)$? 试证明此问题有解等价于当 $n \geq m$ 时有 $(\Delta^{m+1} a)_n = 0$. 这一条件可以用下面的说法来解释: 我们将数列 a 的元素横着写, 然后将任意相邻元素之差写在下一行:

$$a_0 \qquad a_1 \qquad a_2 \qquad a_3 \qquad \cdots \qquad a_n \qquad a_{n+1}$$

$$a_1 - a_0 \qquad a_2 - a_1 \qquad a_3 - a_2 \qquad \cdots \qquad \cdots \qquad a_{n+1} - a_n$$

如此反复, 直至第 $m + 1$ 行全是 0. 是否存在多项式 $f(x)$ 使得对于所有的自然数 n 都有 $f(n) = 2^n$?

10. 证明: 若 $a_n = q^n$, 则 $(\Delta a)_n = (q - 1)a_{n-1}$. 试由此再次推导出 (1.12) 式.

11. 设 $m_1 < m_2 < \cdots < m_{n+1}$ 是一列自然数, $f(x)$ 是一个多项式, 其次数为 n 且 x^n 项的系数为 1. 证明: 至少存在一个 $f(m_k)$ 不小于 $n!/2^n$. (提示: 利用第 4 节习题 8 的结论. 注意到 $F_k(m_k) \geq k!(n-k)!$, 然后再结合二项式系数的有关性质.)

12. 对和式 $1 + (1 + x) + (1 + x)^2 + \cdots + (1 + x)^n$ 应用 (1.12) 式. 比较等式两边次数相同的项的系数, 然后由此计算

$$C_k^k + C_{k+1}^k + \cdots + C_n^k.$$

补充: 多项式与伯努利数

在第 6 节我们证明了连续自然数的方幂和 $S_m(n)$ 与伯努利多项式的取值 $g_m(n)$ 是相等的. 伯努利多项式 $g_m(x)$ 满足如下两个条件:

(1) $g_m(x) - g_m(x - 1) = x^m$. \hfill (2.35)

(2) 多项式 $g_m(x)$ 的常数项为零.

对于任意的 m, 存在唯一的 $m + 1$ 次多项式满足这些条件.

前面介绍过构造 $g_m(x)$ 的方法, 但我们希望得到一个更具体的表达式. 为此我们先尝试一下之前推导二项式公式的方法, 即对 (2.35) 式的左右两边同时求导. 但这需要我们先研究一下如何求多项式 $f(x - 1)$ 的导数 $f(x - 1)'$.

引理 6 $f(x - 1)' = f'(x - 1)$.

这个等式看上去好像是显然成立的, 但其实没那么简单. 这个命题的意思是, 如果将 $f(x)$ 中的 x 换成 $x-1$, 展开成 x 的方幂的形式, 然后再求导, 得到的结果刚好就是直接把 $f'(x)$ 中的 x 换成 $x-1$.

我们直接从定义出发来证明. 根据 (2.13) 式, 有

$$f(x) - f(\alpha) = (x - \alpha)g(x, \alpha).$$

将其中的 x 替换为 $x-1$, α 换为 $\alpha-1$, 得到

$$f(x-1) - f(\alpha-1) = (x - \alpha)g(x-1, \alpha-1).$$

按定义, $f(\alpha-1)' = g(\alpha-1, \alpha-1)$, $f'(\alpha) = g(\alpha, \alpha)$. 因此 $f(\alpha-1)' = f'(\alpha-1)$, 于是引理得证. ■

也可以将多项式分解为一系列单项式, 逐项利用 (2.17) – (2.20) 等公式得到引理 6. 请确保自己能写出整个过程.

现在可以对 (2.35) 式两边求导了. 根据引理 6 与 (2.16) 式, 有

$$g'_m(x) - g'_m(x-1) = mx^{m-1}. \qquad (*)$$

将 (2.35) 式中的 m 替换为 $m-1$, 则有

$$g_{m-1}(x) - g_{m-1}(x-1) = x^{m-1}. \qquad (**)$$

将 $(*)$ 式减去 $(**)$ 式的 m 倍. 令 $h_m = g'_m - mg_{m-1}$, 则有

$$h_m(x) = h_m(x-1).$$

通过代入 $x = 1, x = 2, \cdots$ 可以得到 $h_m(0) = h_m(1) = h_m(2) = \cdots$, 即对所有的自然数 n, 多项式 $h_m(x)$ 的取值都与 $h_m(0)$ 相同. 依据定理 15, $h_m(x) = h_m(0)$, 即 $h_m(x)$ 是一个常数, 记其为 α_m. (在定理 18 的证明中我们已经见过同样的论证了.) 根据 $h_m(x)$ 的定义, 我们有

$$g'_m = mg_{m-1} + \alpha_m. \qquad (2.36)$$

和之前推导二项式公式时一样, 我们将 $g_m(x)$ 写成 x 的若干方幂之和, 即

$$g_m(x) = A_m^1 x + A_m^2 x^2 + \cdots + A_m^k x^k + \cdots + A_m^{m+1} x^{m+1},$$

其中的系数 A_m^k 与之前的 C_m^k 类似, 下标 m 来自多项式 $g_m(x)$ 中的 m, 上标 k 来自 x^k 项的次数. (别忘了 $g_m(x)$ 的常数项为零.) 根据 (2.16) 式可以得到多项式 $g_m(x)$ 的导数:

$$g_m'(x) = A_m^1 + 2A_m^2 x + \cdots + kA_m^k x^{k-1} + \cdots + (m+1)A_m^{m+1} x^m.$$

将 m 换为 $m-1$, 可以得到 $g_{m-1}(x)$ 的类似展开式:

$$g_{m-1}(x) = A_{m-1}^1 x + A_{m-1}^2 x^2 + \cdots + A_{m-1}^k x^k + \cdots + A_{m-1}^m x^m.$$

将上面两个式子代入 (2.36) 式, 比较两侧 x^{k-1} 项的系数, 可得

$$kA_m^k = mA_{m-1}^{k-1} \quad (k \geqslant 2), \tag{2.37}$$

$$A_m^1 = \alpha_m \qquad (k=1, m \geqslant 0). \tag{2.38}$$

这个公式与二项式系数 C_m^k 几乎一致, 只不过 (2.37) 仅在 $k \geqslant 2$ 时成立, 对于 $k=1$ 的情形需要使用 (2.38) 式.

接下来的过程仍与二项式系数那里一致. 因为 $A_m^k = (m/k)A_{m-1}^{k-1}$, 所以

$$A_m^k = \frac{m(m-1)}{k(k-1)} A_{m-2}^{k-2}.$$

重复 $k-1$ 次这样的递推过程, 有

$$A_m^k = \frac{m(m-1)\cdots(m-k+2)}{k(k-1)\cdots 2} A_{m-k+1}^1 = \frac{m(m-1)\cdots(m-k+2)}{k(k-1)\cdots 2} \alpha_{m-k+1}$$

(第二步的依据是 (2.38) 式).

α_{m-k+1} 前面的系数非常像二项式系数. 它与 C_m^k (见 (2.24) 式) 的区别在于分子上没有因子 $m-k+1$ (分母上也少了因子 1, 但这不影响乘积的结果). 然而在 C_{m+1}^k 的公式中, 其分子上乘积的最后一项与我们这里相同,

但它的第一项 $m+1$ 我们这里没有. 因此我们可以把 α_{m-k+1} 的系数写成 $C_{m+1}^k/(m+1)$, 于是就有

$$A_m^k = \frac{1}{m+1} C_{m+1}^k \alpha_{m+1-k}.$$

(将 α_{m-k+1} 写作 α_{m+1-k} 看上去更顺眼一点.) 对于多项式 $g_m(x)$, 我们有

$$g_m(x) = \frac{1}{m+1}\Big(C_{m+1}^1\alpha_m x + C_{m+1}^2\alpha_{m-1}x^2$$
$$+ \cdots + C_{m+1}^k\alpha_{m+1-k}x^k + \cdots + C_{m+1}^{m+1}\alpha_0 x^{m+1}\Big). \tag{2.39}$$

这个公式很像二项式公式. 在本节余下的部分, 我们将使用一种能显著简化公式的记号, 不过这需要花一点时间来适应. 给定数列 $a : \alpha_0, \alpha_1, \cdots, \alpha_n, \cdots$ 以及多项式 $f(t) = a_0 + a_1 t + \cdots + a_k t^k$, 我们用 $f(a)$ 表示数 $a_0\alpha_0 + a_1\alpha_1 + \cdots + a_k\alpha_k$, 即将 $f(t)$ 中的每个 t^i 替换成 α_i. 当然, 这只是个新记号. 早先我们谈论 $f(c)$ 时, c 是一个数; 而现在的 $f(a)$ 是对数列 a 而言的. 设 $f(t)$ 是 k 次多项式, 那么按照新定义, 为了确定 $f(a)$ 的值, 我们只需知道数列 a 的前 $k+1$ 项即可. 后文中, 对给定的数列 a 和不同次数的多项式 $f(t)$, 我们将使用这一记号. 比如, 对于任意的 $m = 1, 2, \cdots$, 按照定义都有 $a^m = \alpha_m$.

现在把这个记号推广一下. 如果一个多项式在 t 之外还依赖于另一个未知量 x, 那么用 a 换掉 t 时, 我们把各个 t^i 仍旧换成 α_i, 但 x 的方幂保持不变. 比如, 若 a 是一个给定的数列, 那么 $(x+a)^m$ 是什么意思呢? 我们首先根据二项式定理将 $(x+t)^m$ 展开:

$$(x+t)^m = x^m + C_m^1 x^{m-1}t + \cdots + C_m^m t^m,$$

然后将上式中所有的 t^i 换成 α_i:

$$(x+a)^m = x^m\alpha_0 + C_m^1 x^{m-1}\alpha_1 + \cdots + C_m^m\alpha_m.$$

这与 (2.39) 式的右侧很接近了. 为了得到更准确的结果, 我们先将 m 换成 $m+1$, 然后引入括号前面的因子 $1/(m+1)$. 注意到 $(x+a)^{m+1}$ 的展开式中包含 $C_{m+1}^{m+1}\alpha_{m+1} = \alpha_{m+1}$, 而这是 (2.39) 式中没有的, 因此还需要减掉它. 因

为 $\alpha_{m+1} = a^{m+1}$, 所以 (2.39) 式就有了非常简洁的表达式

$$g_m(x) = \frac{1}{m+1} \left((x+a)^{m+1} - a^{m+1} \right). \tag{2.40}$$

这里有一点需要注意, 我们不能认为 (2.40) 式给出的多项式必然满足条件 (2.35). 我们是给出了满足条件 (2.36) 的多项式的一般形式, 但 (2.36) 只是 (2.35) 的推论. 事实上, (2.40) 式中的数列 α_m 是任意的, 但定理 18 表明对每个 m, 多项式 $g_m(x)$ 是唯一的. 因此我们的问题还有待解决.

在符合 (2.40) 式的若干多项式中, 我们必须选择那些符合 (2.35) 式的. 因为这样的多项式存在且唯一是已知的, 所以我们要做的就是找出那个唯一的数列 a. 而这是很简单的, 只要将 $x = 1$ 代入 (2.35) 式即可. 因为 $g_m(0) = 0$ (多项式 $g_m(x)$ 的常数项为零), 所以 $g_m(1) = 1$. 根据 (2.40) 式, 有 $(a+1)^{m+1} - \alpha_{m+1} = m+1$, 其中 $m = 0, 1, 2, \cdots$ 或

$$(a+1)^m - \alpha_m = m \quad (m = 1, 2, 3, \cdots).$$

定义 如果数列 B 满足

$$(B+1)^m - B_m = m \quad (m = 1, 2, 3, \cdots),$$

我们就称 $B_1, B_2, \cdots$ 为伯努利数.

伯努利数构成的数列由这些条件唯一确定. 实际上按照定义展开, 我们有

$$1 + mB_1 + C_m^2 B_2 + \cdots + mB_{m-1} = m \quad (m = 1, 2, 3, \cdots). \tag{2.41}$$

令 $m = 2$, (2.41) 给出 $B_1 = 1/2$. 如果所有的 $B_r \ (r < m-1)$ 都已知, 那么通过这个关系式可以求出 B_{m-1}.

若 B 是伯努利数构成的数列, 则多项式

$$B_m(x) = \frac{1}{m+1} \left((B+x)^{m+1} - B_{m+1} \right)$$

就是伯努利多项式. 前面我们已经证明了, 如果多项式 $g_m(x)$ 满足条件 (2.35), 它就可以写成 (2.40) 的形式, 且其中的数列 a 就是伯努利数构成的数列 B.

定理 18 说明这样的多项式是存在的, 因此这个多项式只能是伯努利多项式 $B_m(x)$, 即 $B_m(x) - B_m(x-1) = x^m$, 这意味着 $S_m(n) = B_m(n)$. 至此问题终于被彻底解决了.

我们的方法尽管合乎逻辑, 却很不同寻常. 我们需要的是满足 (2.35) 式的多项式. 从 (2.35) 出发我们得到了关系式 (2.36), 以及所有满足 (2.36) 的多项式 $g_m(x)$ (见 (2.40) 式). 这样的多项式很多, 它们中的每一个都取决于特定的数列 a. 我们需要将它们代回 (2.35) 式, 以找出其中满足要求的多项式. 之前我们已经证明了对于任意的 m, 满足条件的多项式 $g_m(x)$ 是存在且唯一的. 在 (2.35) 式中令 $x = 1$ 就能给出一个数列 a, 因此它必然与伯努利数构成的数列相同, 即多项式 $g_m(x)$ 就是伯努利多项式 $B_m(x)$.

伯努利数和伯努利多项式是由雅各布·伯努利发现的 (伯努利家族中出了许多数学家). 他的工作基本完成于 17 世纪下半叶, 但包含这个结论的著作在他去世后 (18 世纪早期) 才出版. 欧拉 (18 世纪) 将 B_n 命名为伯努利数, 他发现了伯努利数的许多应用.

在 (2.41) 中分别令 m 取值 1, 2, 3, 4, 5, 6, 7, 8, 9, 10, 11, 12, 就能得到下列这些伯努利数 (请自己动手计算一遍):

$$B_1 = \frac{1}{2}, \quad B_2 = \frac{1}{6}, \quad B_3 = 0, \quad B_4 = -\frac{1}{30},$$

$$B_5 = 0, \quad B_6 = \frac{1}{42}, \quad B_7 = 0, \quad B_8 = -\frac{1}{30},$$

$$B_9 = 0, \quad B_{10} = \frac{5}{66}, \quad B_{11} = 0, \quad B_{12} = -\frac{691}{2730}.$$

由此很容易得到

$$S_1(n) = \frac{n(n+1)}{2},$$

$$S_2(n) = \frac{n(n+1)(2n+1)}{6},$$

$$S_3(n) = \frac{n^2(n+1)^2}{4},$$

$$S_4(n) = \frac{n(n+1)(2n+1)(3n^2+3n-1)}{30},$$

$$S_5(n) = \frac{n^2(n+1)^2(2n^2+2n-1)}{12}.$$

习 题

1. 计算 $B_m(-1)$.

2. 证明: 当 $m \geqslant 2$ 时有 $B_m = (B-1)^m$.

3. 设 m 是大于等于 3 的奇数, 试推导关于 B_m 的类似于 (2.41) 式的关系式, 并证明 $B_m = 0$.

4. 计算 $S_6(n)$.

5. 设 $f(x)$ 与 $g(x)$ 是两个多项式, 证明:

$$[f(g(x))]' = f'(g(x))g'(x).$$

这是对引理 6 的推广, 那里的 $g(x) = x - 1$.

6. 如果数列 a 的通项为 $a_n = q^n$ (q 是一个常数), 求 $(a+x)^n$.

第三章 有限集

| 7 集合与子集

集合这个词通常暗示数目众多, 但数学中的集合可以包含任意多个对象 (个数可以是 2, 甚至更少), 不过它们必须具有某种明确的性质. 组成集合的对象称为元素. 我们通常用大写字母 (比如 S) 来表示集合, 其中的元素用小写字母表示 (比如 a, b, α, β). 如果 a 是集合 S 中的元素, 则称 a 属于 S, 记作 $a \in S$. 如果 S 由 $a_1, \cdots, a_n$ 组成, 则记作 $S = \{a_1, \cdots, a_n\}$.

包含有限多个元素的集合称为有限集, 包含无限多个元素的集合称为无限集. 有限集 S 中元素的个数记作 $n(S)$. 本章我们主要研究有限集. 如果两个有限集 S 和 S' 具有相同的元素个数, 即 $n(S) = n(S')$, 就称它们等势. 这里提一下通常是怎么用 "一一对应" 这个概念来描述两个集合等势的. 对于任意两个集合 S 与 S', 考虑元素对 (a, a'), 其中 $a \in S, a' \in S'$. 如果存在若干元素对, 它们满足: 每个 a 都出现在某个元素对之中, 且有唯一的 a' 与之配对; 与此同时, 每个 a' 也都出现在某个元素对之中, 且有唯一的 a 与之配对, 我们就说这两个集合之间存在一一对应. 可以设想一下, 一组配对元素被一条线连接起来, 那么 S 中每个元素只和 S' 中唯一的元素相连, 反之亦然 (见图 3.1).

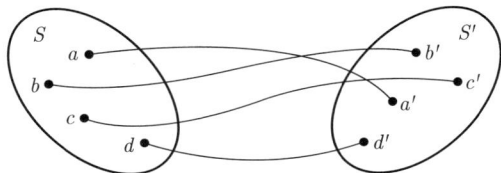

图 3.1

假如 $n(S) = n$，那么我们可以对其中的元素进行编号，因此不妨记作 $S = \{a_1, \cdots, a_n\}$. 这样我们就在 S 与包含数字 $1, 2, \cdots, n$ 的集合 N 之间建立了一个一一对应.

在直线上选定点 O 作为原点，线段 OU 作为长度单位，然后我们就可以给直线上的点 A 赋以一个实数，这个实数的绝对值等于 $|OA|/|OU|$，其符号规定如下：如果 A 与 U 在 O 点的同侧，那么就取正号；异侧就取负号. 由此我们就给出了直线上所有点的集合与实数集合 (通常记作 $\mathbb{R}$) 的一个一一对应. 后续章节会对此加以进一步的讨论.

如果集合 S 与 S' 之间有一个一一对应，元素 $a \in S$ 与 $a' \in S'$ 出现在同一个元素对之中，我们就说元素 a 对应 a'，元素 a' 对应 a.

两个有限集是等势的，当且仅当它们之间存在一个一一对应.

这个陈述是如此显然，以至于很难将它称作定理. 如果 $n(S) = n(S') = n$，那么我们可以对元素进行编号，不妨记作 $S = \{a_1, \cdots, a_n\}$，$S' = \{a_1', \cdots, a_n'\}$. 将下标相同的元素配对为 (a_i, a_i')，这就给出了集合间的一个一一对应. 反之，假如两个集合间存在一一对应，并且设 $S = \{a_1, \cdots, a_n\}$，那么 a_i 必与唯一的 $a' \in S'$ 配对. 不妨将这个元素记作 a_i'. 根据一一对应的定义，对于每个下标 i，S' 中都有唯一的元素与之对应，因此有 $S' = \{a_1', \cdots, a_n'\}$.

理查德·戴德金 (在 19 世纪下半叶) 做了大量的工作来说明集合这一概念在数学中的作用，甚至将上述命题作为自然数的内蕴定义. 按照他的观点，我们必须先定义一一对应这个概念，然后将自然数定义成所有相互之间可以建立一一对应的有限集的公有性质. 自然数这个概念在历史上可能就是这么出现的 (当然肯定没使用这里的术语). 比如，对两只眼睛、并行的两个人、船的两只桨以及所有可以与它们建立一一对应的对象进行抽象，就得到了"二"这个概念.

集合这一概念因此成了数学中最基本的概念，毕竟自然数的概念都是基于集合这一概念的.

对于任意两个集合 S_1 和 S_2，所有元素对 (a, b) (其中 $a \in S_1, b \in S_2$) 的集合称作 S_1 与 S_2 的积，记作 $S_1 \times S_2$.

比如 $S_1 = \{1, 2\}, S_2 = \{3, 4\}$，那么 $S_1 \times S_2$ 就是由元素对 $(1,3), (1,4), (2,3)$ 和 $(2,4)$ 构成的集合.

如果 S_1 与 S_2 都是实数集 $\mathbb{R}$，那么 $S_1 \times S_2$ 就是所有实数对的集合. 平面直角坐标系就给出了 $S_1 \times S_2$ 与平面点集之间的一个一一对应 (图 3.2).

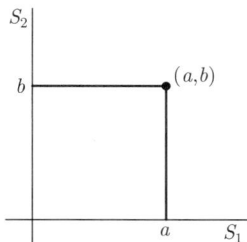

图 3.2

再举一个例子. 假设 $S_1 = \{1, \cdots, n\}, S_2 = \{1, \cdots, m\}$，我们引进两个未知数 x 和 y，考虑单项式 $x^k \ (k \in S_1)$ 与 $y^l \ (l \in S_2)$. 对于集合 $S_1 \times S_2$ 中的每个元素 (k, l)，我们将其与单项式 $x^k y^l$ 配对. 由此我们就在 $S_1 \times S_2$ 与由所有形如 $x^k y^l \ (k = 1, \cdots, n; l = 1, \cdots, m)$ 的单项式构成的集合 (即下式中右侧所有单项式构成的集合) 之间建立了一个一一对应:

$$(x + x^2 + \cdots + x^n)(y + y^2 + \cdots + y^m) = xy + x^2 y + xy^2 + \cdots + x^n y^m. \quad (3.1)$$

因此, 这些单项式构成的集合与 $S_1 \times S_2$ 等势.

同样地, 设 $S_1, S_2, \cdots, S_r$ 是任意集合, 它们的积由所有数组 $(a_1, \cdots, a_r)$ 构成, 其中 $a_i \in S_i$. 我们将这个积记作 $S_1 \times \cdots \times S_r$.

如果 $S_1 = S_2 = S_3$ 都是实数集, 那么空间直角坐标系就给出了 $S_1 \times S_2 \times S_3$ 与空间点集之间的一个一一对应.

再强调一下, 本章我们感兴趣的还是有限集.

定理 20 如果 $S_1, \cdots, S_r$ 都是有限集, 则 $S_1 \times \cdots \times S_r$ 也是有限集, 且

$$n(S_1 \times \cdots \times S_r) = n(S_1) \cdots n(S_r).$$

首先我们证明 $r = 2$ 的情形, 这是归纳基础. 设 $S_1 = \{a_1, \cdots, a_n\}, S_2 =$

$\{b_1, \cdots, b_m\}$, 我们将所有数对 (a_i, b_j) 写成如下形式:

$$
\begin{array}{ccc}
(a_1, b_1) & \cdots & (a_n, b_1) \\
(a_1, b_2) & \cdots & (a_n, b_2) \\
\vdots & & \vdots \\
(a_1, b_m) & \cdots & (a_n, b_m)
\end{array}
\tag{3.2}
$$

第 j 行的各数对中的第二个元素都是 b_j. 因为有 n 个 a_i, 所以有 n 个数对 (a_i, b_j). 因为行数等于所有 b_j 的个数 (即 m), 所以数对总数为 nm. 顺带提一句, "矩形" (3.2) 和图 3.2 还是有点像的. (另外一种推导途径: 不妨认为 S_1 与 $\{1, \cdots, n\}$ 或 $\{x, x^2, \cdots, x^n\}$ 等势, S_2 与 $\{y, y^2, \cdots, y^m\}$ 等势, 前面已知 $S_1 \times S_2$ 与 (3.1) 式右侧单项式构成的集合等势, 所以 $n(S_1 \times S_2)$ 等于右侧单项式的项数. 令 $x = y = 1$, 可知右侧的项数为 nm.)

对 r 作归纳来证明结论的一般情形. 将数组 $(a_1, \cdots, a_r)$ 写作 $((a_1, \cdots, a_{r-1}), a_r)$, 这显然不会改变数组的个数. 记 $x = (a_1, \cdots, a_{r-1}) \in S_1 \times \cdots \times S_{r-1}$, 则 $((a_1, \cdots, a_{r-1}), a_r)$ 就变成了数对 (x, a_r). 因此集合 $S_1 \times \cdots \times S_r$ 就与集合 $P \times S_r$ 等势, 其中 $P = S_1 \times \cdots \times S_{r-1}$. 我们已经证明了 $n(P \times S_r) = n(P)n(S_r)$ (即 $r = 2$ 的情形), 另外根据归纳假设有 $n(P) = n(S_1) \cdots n(S_{r-1})$, 所以 $n(S_1 \times \cdots \times S_r) = n(S_1) \cdots n(S_{r-1})n(S_r)$. 证毕. ∎

定理 20 给出了另一种求自然数 n 的因数个数的方法. 设 n 有如下素因数分解

$$
n = p_1^{\alpha_1} \cdots p_r^{\alpha_r}.
$$

在第 3 节, 我们知道 n 的任一因数都可以表示成如下形式

$$
m = p_1^{\beta_1} \cdots p_r^{\beta_r},
$$

其中 β_i 为 0 到 α_i 之间的任意整数 (见 (1.11) 式), 因此所有因数构成的集合与所有数组 $(\beta_1, \cdots, \beta_r)$ 构成的集合等势. 后者即是 $S_1 \times \cdots \times S_r$, 其中 $S_i = \{0, 1, \cdots, \alpha_i\}$. 因为 $n(S_i) = \alpha_i + 1$, 所以因数总数为 $(\alpha_1 + 1)(\alpha_2 + 1) \cdots (\alpha_r + 1)$. 这与第 3 节得到的结果相同.

如果 $S_1 = S_2 = \cdots = S_r = S$, 那么将 $S_1 \times \cdots \times S_r$ 简记作 S^r. 我们来考虑 $S_1 = \cdots = S_r = I$ 这一情形, 其中 I 是只包含 a 和 b 两个元素的集合. I^r 中的元素都是由 r 个符号构成的序列, 其中的每个符号不是 a 就是 b, 比如 $aababbba$ 就是其中一个元素 (为了表述方便, 这里去掉了括号与逗号). 这可以看作由只含两个字母的字母表所给出来的词语. 如此小的字母表在实际中是有的, 比如莫尔斯码, 其中 a 和 b 分别对应于点 $(\cdot)$ 和划 $(-)$. 因此 $n(I^r)$ 就是莫尔斯码中长度为 r 的电码的总数. 因为 $n(I) = 2$, 所以总数为 2^r.

随着 n 变大, 2^n 增长得非常迅速. 比如 $2^{10} = 1024$, 这已经大于 1000 了. (一些古代传说中已经有了这类记载. 比如下面这个故事. 一位智者教国王下棋, 作为酬金, 他要求在棋盘的第一格放一粒麦子, 第二格放两粒麦子, 下一格中的麦子数都是上一格中的双倍, 以此类推. 结果, 国王粮仓中所有麦子加起来都达不到这一要求. 按照规则, 国王应该给智者 $2^{64} - 1$ 粒麦子. 假设每粒麦子重于 0.01 克, 利用 $2^{10} > 10^3$, 易知 $2^{64} - 1$ 粒麦子的重量将超过一千亿吨.)

用只含两个字母的字母表也能写出非常多的不同词汇, 同时词汇的长度也不必很长. 若 $n(S)$ 大于 2 则 $n(S^r)$ 会更大. 俄文中有 32 个字母, 拉丁文中只有 26 个字母, 但我们却借此创造出了丰富的词汇, 它们支撑了人类的所有文学创作. 与此同时, 还有海量的形式上可以存在的词汇在实践中未被使用, 因为它们没有意义. 大自然也遵循这一原则, 有机体的染色体包含的所有遗传信息可以看作利用含有四个字母的字母表所书写的文本.

本章我们还会研究那些包含在 S 中的集合, 它们被称为 S 的子集. S 的子集 N 中的元素都在 S 中, 但未必包括 S 中的所有元素. 我们用记号 $N \subset S$ 表示 N 是 S 的一个子集. 集合 S 自身也是 S 的一个子集. 从后面的内容可以看出, 考虑 S 的一个不含任何元素的子集会极大地简化若干定义与定理的陈述. 我们把这种子集叫作空子集, 记作 $\varnothing$. 根据定义, 我们有 $n(\varnothing) = 0$.

如果 $N \subset S$, 那些属于 S 但不属于 N 的元素构成的集合称为 N 的补集, 记作 $\overline{N}$. 比如 S 是全体自然数的集合, N 是全体偶数的集合, 则 $\overline{N}$ 就是全体奇数的集合. 如果 $N = S$, 则 $\overline{N} = \varnothing$.

若 N_1 和 N_2 都是 S 的子集, 则将既属于 N_1 又属于 N_2 的元素构成的集合称为它们的交集, 记作 $N_1 \cap N_2$. 比如 S 是全体自然数的集合, N_1 是由所有能被 2 整除的自然数构成的集合, N_2 是由所有能被 3 整除的自然数构成的集合, 那么 $N_1 \cap N_2$ 就是由所有能被 6 整除的自然数构成的集合.

如果 N_1 和 N_2 没有公共元素, 那么由定义可知它们的交集是空集. 比如 S 和 N_1 的定义同上, N_2 是全体奇数的集合, 则 $N_1 \cap N_2 = \varnothing$.

所有那些或者属于 N_1 或者属于 N_2 的元素构成的集合称为它们的并集, 记作 $N_1 \cup N_2$. 比如 S 是全体自然数构成的集合, N_1 是所有偶数构成的集合, N_2 是所有奇数构成的集合, 则 $N_1 \cup N_2 = S$.

我们可以用图 3.3 中所示的图形来表示集合的交与并. 在图 3.3(a) 中, 整个曲线包围的部分表示 $M_1 \cup M_2$, 阴影部分表示 $M_1 \cap M_2$. 在图 3.3(b) 中, 阴影部分表示的是 $(M_1 \cup M_2) \cap M_3$.

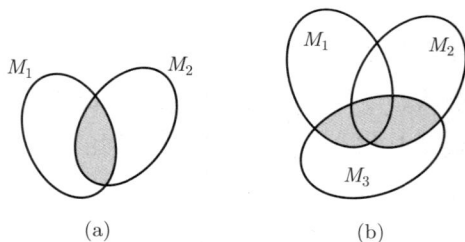

图 3.3

在本章中, 我们考虑的是有限集 S 中那些满足一个或多个条件的子集, 并且推导出关于子集数目的一些公式. 数学中研究这类问题的分支叫作组合学, 因此组合学是研究任意有限集的理论. 在这一理论中, 我们不需要诸如距离、角度、方程或方程的根等概念. 组合学只需要子集的概念以及子集中元素的个数. 让人惊奇的是, 只使用这些最朴素的材料我们就能发现许多不平凡的规律, 以及它们与其他数学分支之间出人意料的联系.

习 题

1. 令 $S = S'$ 表示全体自然数的集合, 如果 $a \in S$ 与 $b \in S'$ 满足 $b = 2a$, 那么我们就将其配对. 这能给出 S 与 S' 间的一个一一对应吗?

2. 设 N 是全体自然数的集合, $M = N \times N$, M' 是所有正有理数的集合, 如果 $(n_1, n_2) \in M$ 与 $a \in M'$ 满足 $a = n_1/n_2$, 那么就将其配对. 这能给出 M 与 M' 间的一个一一对应吗?

3. 如果 $n(S) = n(S') = 3$, 那么在 S 与 S' 间可以建立多少个不同的一一对应? 试画出如图 3.1 的示意图.

4. 对于 S 与 S' 间的任意一个一一对应, 组成这个一一对应的所有数对 (a, a') (其中 $a \in S$, $a' \in S'$) 构成了一个新的集合, 也就是说, 每个一一对应都定义了 $S \times S'$ 的一个子集 $\widetilde{A}$, 它被称为一一对应的图像. 设 $\widetilde{A_1}$ 和 $\widetilde{A_2}$ 分别是两个一一对应的图像, 求证: $\widetilde{A_1} \cap \widetilde{A_2}$ 是某个一一对应的图像, 当且仅当 $\widetilde{A_1} = \widetilde{A_2}$, 且给定的两个一一对应相同.

5. 设 $n(S) = n(S') = n$, Γ 是 S 与 S' 间一个一一对应的图像 (定义见习题 4), 求 $n(\Gamma)$.

6. 设 S 是全体自然数的集合, $N_1 \subset S$ 是所有能被自然数 a_1 整除的自然数构成的集合, $N_2 \subset S$ 是所有能被自然数 a_2 整除的自然数构成的集合, 试描述子集 $N_1 \cup N_2$ 和 $N_1 \cap N_2$.

7. 证明 $\overline{(\overline{N})} = N$, 即子集 N 的补集的补集就是 N 自身.

|8 组合

我们来考虑最简单的问题: 一个有限集共有多少个子集?

先对 $n(S)$ 比较小的集合 S 来数一数它们的子集 N 的总数. 按照 $n(S)$ 和 $n(N)$ 逐渐增大的顺序将若干简单情形列表如下:

表 3.1

1.	$n(S) = 1$	$S = \{a\}$
	$n(N) = 0$	$N = \varnothing$
	$n(N) = 1$	$N = S = \{a\}$

2.	$n(S) = 2$	$S = \{a, b\}$
	$n(N) = 0$	$N = \varnothing$
	$n(N) = 1$	$N = \{a\}, \quad N = \{b\}$
	$n(N) = 2$	$N = S = \{a, b\}$
3	$n(S) = 3$	$S = \{a, b, c\}$
	$n(N) = 0$	$N = \varnothing$
	$n(N) = 1$	$N = \{a\}, \quad N = \{b\}, \quad N = \{c\}$
	$n(N) = 2$	$N = \{a, b\}, \quad N = \{a, c\}, \quad N = \{b, c\}$
	$n(N) = 3$	$N = S = \{a, b, c\}$

由此可知, 当 $n(S) = 1$ 时, 子集总数为 2; 当 $n(S) = 2$ 时, 子集总数为 4; 当 $n(S) = 3$ 时, 子集总数为 8. 对于一般规律是什么样的, 这些例子给了我们一些启发.

定理 21 有限集 S 的子集总数为 $2^{n(S)}$.

研究任意有限集的常用方法是将研究对象从原集合转移到元素个数比较少的集合上去. 对于 S 的两个子集 S_1 和 S_2, 如果 $S_1 \cup S_2 = S$ 且 $S_1 \cap S_2 = \varnothing$, 那么就称 S 为 S_1 与 S_2 的和. 上述条件显然等价于 $S_2 = \overline{S_1}$ 与 $S_1 = \overline{S_2}$. 因此 S 中的每个元素都属于 (因为 $S_1 \cup S_2 = S$) 且仅属于 S_1 与 S_2 其中之一 (因为 $S_1 \cap S_2 = \varnothing$). 如果 S 是 S_1 与 S_2 的和, 那么就记作 $S = S_1 + S_2$. 这样的表示也被称为 S 的一个划分.

设 $S = S_1 + S_2$, N 是 S 的一个子集. 于是 N 中的元素 a 要么属于 S_1 (因而属于 $N \cap S_1$) 要么属于 S_2 (因而属于 $N \cap S_2$). 当然, 这两种情形不可能同时发生. 因此可知 $N = (N \cap S_1) + (N \cap S_2)$. 反过来, 如果任意子集 $N_1 \subset S_1, N_2 \subset S_2$, 则有 $N_1 \subset S, N_2 \subset S$, 以及 $N = N_1 \cup N_2 \subset S$. 进一步还有 $N \cap S_1 = N_1, N \cap S_2 = N_2$. 这样我们就在 S 的子集 N 与所有集合对 (N_1, N_2) (其中 $N_1 \subset S_1, N_2 \subset S_2$) 构成的集合之间建立了一个一一对应.

我们用集合的语言将这个结果重新表述一下. 令 $U(S)$ 表示集合 S 的所

有子集组成的集合. 原来的集合现在成了新集合里的元素, 对此不必惊讶. 表
3.1 已经描述了当 $n(S)$ 分别为 1, 2 和 3 时 $U(S)$ 是什么样的. 现在我们将
前面的结果表述如下: 如果存在 S 的一个划分 $S = S_1 + S_2$, 那么 $U(S)$ 与
$U(S_1) \times U(S_2)$ 之间就存在一个一一对应. 记 $v(S) = n(U(S))$, 这就是我们想
要知道的所有子集的总数. 应用定理 20, 可得

$$v(S_1 + S_2) = v(S_1)v(S_2). \tag{3.3}$$

等式 (3.3) 可以将 $v(S)$ 的计算化归为 $v(S_1)$ 与 $v(S_2)$ 的计算, S_1 与 S_2
中的元素要少得多. 为了得到最终的结果, 我们需要将 S 划分为多个子集, 而
不仅仅是两个子集. 我们可以借助归纳给出定义: 假设 $S_1 + \cdots + S_{r-1}$ 已经
定义好了, 如果 $S = (S_1 + \cdots + S_{r-1}) + S_r$, 我们就说 $S = S_1 + \cdots + S_r$.
简单来说, 如果 $S_1, \cdots, S_r$ 都是 S 的子集, 且 S 中任一元素都属于且仅属于
$S_1, \cdots, S_r$ 其中之一, 我们就有 $S = S_1 + \cdots + S_r$. 比如 S 是全体自然数的集
合, S_1 是能被 3 整除的自然数的集合, S_2 是可以表示成 $3r + 1$ 的所有自然数
的集合, S_2 是可以表示成 $3r + 2$ 的所有自然数的集合, 则有 $S = S_1 + S_2 + S_3$.

通过归纳法, 我们可以由 (3.3) 式得到

$$v(S_1 + \cdots + S_r) = v(S_1) \cdots v(S_r), \tag{3.4}$$

其中 S_i 都是有限集.

若 $n(S) = n$, 那么 S 的 "最合适" 的划分是将其划分为 n 个子集 S_i, 每
个 S_i 都只包含一个元素: $S = S_1 + \cdots + S_n$. 如果 $S = \{a_1, \cdots, a_n\}$, 则
$S_i = \{a_i\}$. 只含一个元素的子集 S_i 有两个子集: $\varnothing$ 和 S_i (参见表 3.1), 即
$v(S_i) = 2$. 对 $S = S_1 + \cdots + S_n$ 应用 (3.4) 式, 可得 $v(S) = 2^n$, 这就是定理
21 的结论. ■

这个关于给定集合的所有子集数目的问题碰巧与自然数方面的一些问题
有联系. 比如我们可以借此计算出一个给定的自然数可以用多少种方式写成
两个互素因数的乘积. 设 $n = ab$, 其中 a 与 b 互素. 如果 n 的标准分解形式
为 $n = p_1^{\alpha_1} \cdots p_r^{\alpha_r}$, 那么 a、b 作为 n 的因数, 它们都可以表示成 $p_1^{\beta_1} \cdots p_r^{\beta_r}$ 的
形式, 其中 $0 \leqslant \beta_i \leqslant \alpha_i$. 但因为 a 与 b 互素, 所以假如某个 p_i 能整除 a, 那么

它就不能整除 b, 因而 p_i 的所有次幂都只能是 a 的因数, 即 $p_i^{\alpha_i}$ 是 a 的因数. 因此为了得到需要的乘积 $n = ab$, 我们需要选择 $S = \{p_1, \cdots, p_r\}$ 的子集 N, 使得 a 等于所有 $p_i^{\alpha_i}$ 的乘积, 其中 $p_i \in N$. 因为 a 可以整除 n, 所以 b 也就得到了. 根据定理 21, 将 n 表示成两个互素因数的乘积的种数为 2^r, 这个 r 是 n 的不同素因数的个数.

这里有一点需要说明, 我们将 $n = ab$ 与 $n = ba$ 看作了两种不同的表示. 实际上, 如果 a (也就是 $n = ab$) 对应于子集 $N \subset \{p_1, \cdots, p_r\}$, 那么 b 对应的就是那些不属于 N 的所有 $p_i \in S$ 构成的集合, 即 N 的补集 $\overline{N}$. 从而在我们的计算中, N 与 $\overline{N}$ 对应于两个表示 $n = ab$ 与 $n = ba$. 如果我们不区分 $n = ab$ 与 $n = ba$, 那么必须将两个子集 N 与 $\overline{N}$ 当成一个集合来算. 这样算的话, 不同表示的种数会少掉一半, 即种数为 2^{r-1}.

现在来考虑更精细的问题: 有限集 S 有多少个只包含 m 个元素的子集? 为了讨论方便, 我们让所有满足 $n(N) = m$ 的子集 $N \subset S$ 组成一个新集合, 记为 $U(S, m)$. 令 $v(S, m) = n(U(S, m))$, 这就是我们的研究对象. 表 3.1 中我们将属于 $U(S, m)$ 的集合放在了同一行. 当 $n(S)$ 比较小时, 我们有如下的一些 $v(S, m)$ 的数值:

表 3.2

$n(S) = 1$	$v(S, 0) = 1$,	$v(S, 1) = 1$		
$n(S) = 2$	$v(S, 0) = 1$,	$v(S, 1) = 2$,	$v(S, 2) = 1$	
$n(S) = 3$	$v(S, 0) = 1$,	$v(S, 1) = 3$,	$v(S, 2) = 3$,	$v(S, 3) = 1$

定理 22 若 $n(S) = n$, 则 S 有 C_n^m 个只包含 m 个元素的子集, 即 $v(S, m) = C_n^m$.

证明思路与定理 21 相同, 也就是说, 我们假定集合 S 可以表示成 $S = S_1 + S_2$, 然后用 $v(S_1, m)$ 和 $v(S_2, m)$ 的相关信息来求出 $v(S, m)$. 如果有 $S = S_1 + S_2$, 那么每个子集 $N \subset S$ 都能表示成 $N = N_1 + N_2$ 的形式, 其中 $N_1 = S_1 \cap N, N_2 = S_2 \cap N$. 结合 $n(N) = m$ 就有 $n(N_1) + n(N_2) = m$. 我们来考虑满足 $k + l = m$ 的正整数 k 和 l. 为此考虑所有满足 $n(S_1 \cap N) = k$ 以

及 $n(S_2 \cap N) = l$ 的子集 N. 令 $U(S, k, l)$ 表示所有这样的子集构成的集合, 且记 $v(S, k, l) = n(U(S, k, l))$. 按照定理 21 的证明思路可知

$$v(S, k, l) = v(S_1, k)v(S_2, l). \tag{3.5}$$

对于所有满足 $k + l = m$ 的正整数对 (k, l), 集合 $U(S, m)$ 显然可以分拆成若干集合 $U(S, k, l)$, 因此其元素个数 $v(S, m)$ 等于所有 $v(S, k, l)$ 之和, 其中 $k + l = m$. 由 (3.5) 式可得

$$v(S, m) = v(S_1, m)v(S_2, 0) + v(S_1, m - 1)v(S_2, 1) + \cdots + v(S_1, 0)v(S_2, m), \tag{3.6}$$

如果乘积 $v(S_1, k)v(S_2, l)$ 中的 k 大于 $n(S_1)$, 那么就令 $v(S_1, k) = 0$; 对于 l 我们也遵循同样的设定.

尽管比较复杂, 但这个关系式与 (3.3) 式是类似的. 对于 (3.6) 式, 我们已经在一个完全不同的问题中遇见过了: 考虑多项式 $f(x)$ 和 $g(x)$ 的乘积中 x^m 的系数. 如果 $f(x)$ 中 x^k 项的系数为 $v(S_1, k)$, $g(x)$ 中 x^l 项的系数为 $v(S_2, l)$, 计算 x^m 项的系数 (参见 (2.1) 式) 就会得到关系式 (3.6). 为了将这两个命题联系起来, 对于给定的有限集 S, 我们定义一个次数为 $n = n(S)$ 的多项式 $f_S(x)$:

$$f_S(x) = v(S, 0) + v(S, 1)x + \cdots + v(S, n)x^n. \tag{3.7}$$

比如按照表 3.2, 当 $n(S) = 1$ 时有 $f_S(x) = 1 + x$; 当 $n(S) = 2$ 时有 $f_S(x) = 1 + 2x + x^2$; 当 $n(S) = 3$ 时有 $f_S(x) = 1 + 3x + 3x^2 + x^3$. 当 $S = S_1 + S_2$ 时, 比较 (3.6) 式与 (2.1) 式, 就有

$$f_S(x) = f_{S_1}(x) \cdot f_{S_2}(x). \tag{3.8}$$

通过引入多项式 $f_S(x)$, 我们得到了与 (3.3) 式完全相似的等式. 现在处理的问题虽然更加复杂, 但只需将 $v(S)$ 替换为 $f_S(x)$ 就能得到类似的规律. 这种情况我们会反复遇到. 比如我们要处理有限多个数 $(a_0, \cdots, a_n)$, 那么一个多项式 $a_0 + a_1 x + \cdots + a_n x^n$ 就能把它们反映出来. 后面会有例子说明这一点.

现在把定理 21 证明的最后部分也重复一遍. 如果 $S = S_1 + \cdots + S_r$, 那么根据 (3.8) 式用归纳法可得

$$f_S(x) = f_{S_1}(x) \cdots f_{S_r}(x).$$

若 $n(S) = n$, 我们将其写作 n 个一元子集之和: $S = S_1 + \cdots + S_n$, 其中 $n(S_i) = 1$. 每个一元集 S_i 都只有两个子集: $\varnothing$ 与 S_i, 因此 $v(S_i, 0) = 1$, $v(S_i, 1) = 1$, 当 $k > 1$ 时有 $v(S_i, k) = 0$, 所以 $f_{S_i}(x) = 1 + x$. 于是根据前面的关系式, 对于任意有限集 S, 我们有

$$f_S(x) = (1+x)^{n(S)}.$$

现在 $n(S) = n$, 利用二项式公式将上面的多项式完全展开即有

$$(1+x)^n = C_n^0 + C_n^1 x + C_n^2 x^2 + \cdots + C_n^n x^n,$$

其中 $C_n^m = n!/(m!(n-m)!)$ (参见 (2.21) 式与 (2.25) 式). 根据多项式 $f_S(x)$ 的定义 (参见 (3.7) 式), 我们就得到了

$$v(S, m) = C_n^m = \frac{n!}{m!(n-m)!}. \tag{3.9}$$

这就是我们想要探究的 $v(S, m)$ 的计算公式. ■

因为 $v(S, 0) + v(S, 1) + \cdots + v(S, n) = v(S)$, 利用定理 22 逐一计算 k $(k = 0, 1, 2, \cdots, n, n = n(S))$ 元集的数目, 再结合定理 21, 即可得到 $C_n^0 + C_n^1 + \cdots + C_n^n = 2^n$. 在第 6 节, 我们利用二项式公式同样很容易地得到了这一结论.

集合 $\{a_1, a_2, \cdots, a_n\}$ 的一个 m 元子集有时也被称为从 n 个元素中一次性选取 m 个得到的一个组合, 二项式系数 C_n^m 也因此被称为从 n 个元素中选取 m 个的组合数.

我们前面考虑了 n 元集 S 有多少个满足 $n(N) = m$ 的子集 N 的问题, 它与一些数论问题是有关联的. 比如, 对于给定的自然数 r, 自然数 n 有多少种方法可以写成 r 个自然数之和? 换句话说, 满足方程 $x_1 + \cdots + x_r = n$ 的有序自然数组 $(x_1, \cdots, x_r)$ 有多少个? 比如对于 $n = 4$ 和 $r = 2$ 的情形, 因

为 $4 = 1 + 3 = 2 + 2 = 3 + 1$, 所以 $x_1 + x_2 = 4$ 有三组自然数解: $(1, 3)$, $(2, 2)$ 和 $(3, 1)$.

考虑一条长为 n 的线段 AB. 我们将线段上到 A 点的距离为自然数的点称为整点. 显然方程 $x_1 + \cdots + x_r = n$ 的一组解就对应于将线段 AB 分成 r 段, 它们的长度分别为自然数 $x_1, x_2, \cdots, x_r$ (如图 3.4).

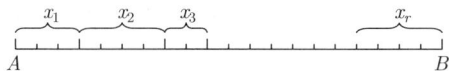

图 3.4

对线段 AB 的每个划分都确定了前 $r - 1$ 条线段的右端点 (最后一条线段的右端点永远是点 B). 记线段 AB 上除 B 之外的整点构成的集合为 S, 由划分定义的这些右端点组成的集合为 N. 显然有 $n(S) = n - 1$, $n(N) = r - 1$ 以及 $N \subset S$. 至此我们就在方程 $x_1 + \cdots + x_r = n$ 的自然数解与集合 N 之间建立了一个一一对应. 这说明方程解的个数就等于子集 N 的个数. 根据 (3.9) 式, 方程解的个数为 C_{n-1}^{r-1}. 如果我们不固定 r, 那么自然数 n 的所有可能划分数就等于所有二项式系数 C_{n-1}^{r-1} 之和, 即为 2^{n-1}. 这就是说, 我们有 2^{n-1} 种方法可以将自然数 n 表示成若干个自然数之和 (这里考虑了和式中各项的次序).

现在我们再回到 (3.9) 式的推导过程上. 引进 $f_S(x)$ 这一技巧在其他问题上也很有用, 下面会讲到这一点. 其实对于 (3.9) 式, 或者更准确地说, 对于 $v(S, m)$ 与二项式系数之间的联系, 我们可以不必引入 $f_S(x)$.

注意到 $(1 + x)^n$ 就是 n 个 $1 + x$ 的乘积:

$$(1 + x)^n = (1 + x)(1 + x) \cdots (1 + x). \tag{3.10}$$

我们来分析一下上式右侧去括号时会出现什么情况. 将这 n 个因式分别标号为 $1, 2, \cdots, n$, 并记 $S = \{1, 2, \cdots, n\}$. 右侧去括号时, 需要从 n 个因式中分别选 1 或者 x 出来作乘法. (3.10) 式的展开式中的每一项都是若干个 1 和 x 乘出来的, 因此知道了哪些因式选出 1、哪些因式选出 x, 就知道了它们的乘积. 对于给定的项 x^m, 我们设其中的 x 来自标号为 $i_1, i_2, \cdots, i_m$ 的因式, 那么 1 就来自其余 $n-m$ 个因式. 这样, (3.10) 式的展开式中的每一项都由 S 的一个子集 $N = \{i_1, \cdots, i_m\}$ 确定 (因为一旦确定了 x 出自哪些项, 那么 1 出自哪些项也就确定了). 因此 S 有多少个 m 元子集 N (这个数值其实就是 $v(S, m)$), (3.10) 的展开式中就有多少个 x^m 项. 于是 $(1 + x)^n$ 就有如下的展开式:

$$(1 + x)^n = v(S, 0) + v(S, 1)x + \cdots + v(S, n)x^n.$$

将其与 (2.21) 式作比较, 即有 $v(S, m) = C_n^m$.

这种方法可以推广到更一般的情形. 我们考虑将若干一次多项式 $x + a_i$ 的乘积

$$(x + a_1)(x + a_2) \cdots (x + a_n) \tag{3.11}$$

写成 x 的多项式. 和之前一样, 我们将这 n 个因式进行编号. 于是 (3.11) 展开式中的每一项都取决于乘出这一项的 x 与 a_i 分别来自哪些因式. 如果编号为 $i_1, i_2, \cdots, i_m$ 的因式选出了 $a_{i_1}, a_{i_2}, \cdots, a_{i_m}$, 其余 $n - m$ 个因式选出了 x, 我们就得到了展开式中 $a_{i_1} a_{i_2} \cdots a_{i_m} x^{n-m}$ 这一项. 将展开式中所有的 $n - m$ 次项合并, 就得到 $\sigma_m(a_1, \cdots, a_n)x^{n-m}$, 其中 $\sigma_m(a_1, \cdots, a_n)$ 是所有 $a_{i_1} a_{i_2} \cdots a_{i_m}$ 之和. 所有 $a_{i_1} a_{i_2} \cdots a_{i_m}$ 指的是 $\{i_1, \cdots, i_m\}$ 取遍 m 个不同下标的所有组合. 因此 $\sigma_m(a_1, \cdots, a_n)$ 中包含了 C_n^m 项. 比如

$$\sigma_1(a_1, \cdots, a_n) = a_1 + \cdots + a_n,$$

以及 $\sigma_2(a_1, \cdots, a_n) = a_1 a_2 + a_1 a_3 + \cdots + a_2 a_3 + \cdots + a_{n-1} a_n$, 它表示所有 $a_i a_j \ (i < j)$ 之和. 最后的 σ_n 为 $\sigma_n(a_1, \cdots, a_n) = a_1 \cdots a_n$. 这是我们第一次遇到含有 n 个未知数的多项式. 前面的这 n 个多项式 $\sigma_1, \cdots, \sigma_n$ 在代数中非常重要. 特别地, 我们证明了下述公式

$$(x + a_1) \cdots (x + a_n) = x^n + \sigma_1(a_1, \cdots, a_n)x^{n-1} + \sigma_2(a_1, \cdots, a_n)x^{n-2}$$
$$+ \cdots + \sigma_n(a_1, \cdots, a_n). \tag{3.12}$$

这个公式通常被称为韦达公式.

韦达公式揭示了多项式的一个重要性质. 设 $f(x)$ 是 n 次多项式, 它的 n 个根为 $\alpha_1, \cdots, \alpha_n$. 通过前面的知识, 我们知道 $f(x)$ 可以被乘积 $(x - \alpha_1) \cdots (x - \alpha_n)$ 整除. 因为 $f(x)$ 是 n 次多项式, 所以必有 $f(x) = c(x - \alpha_1) \cdots (x - \alpha_n)$, 其中 c 是一个常数. 如果假设 $f(x)$ 的首项系数为 1, 那么有 $c = 1$, 因而有

$$f(x) = (x - \alpha_1) \cdots (x - \alpha_n).$$

在韦达公式 (3.12) 中令 $a_i = -\alpha_i$, 因为多项式 σ_k 中的每一项都是 k 个未知数 a_i 的乘积, 因此以 $-\alpha_i$ 替换 a_i 后各项会出现因子 $(-1)^k$, 提取这个公因子即有

$$\sigma_k(-\alpha_1, \cdots, -\alpha_n) = (-1)^k \sigma_k(\alpha_1, \cdots, \alpha_n).$$

因此根据 (3.12) 式, 我们就有

$$(x - \alpha_1) \cdots (x - \alpha_n) = x^n - \sigma_1(\alpha_1, \cdots, \alpha_n) x^{n-1}$$
$$+ \cdots + (-1)^n \sigma_n(\alpha_1, \cdots, \alpha_n). \tag{3.13}$$

这个公式也被称为韦达公式. 二次方程的韦达公式是我们熟知的: 此时只有两个多项式 $\sigma_1 = \alpha_1 + \alpha_2$ 和 $\sigma_2 = \alpha_1 \alpha_2$.

我们再次考虑关于子集数目 (或者说组合数) 的 (3.9) 式. 在推导过程中我们利用了二项式公式, 而这个公式在第 6 节是借助导数的性质得到的. 整个推导过程有点长, 因此我们希望能有一个仅需要考虑组合的证明. 这里就给出一个这样的证明, 不仅如此, 我们还附带证明了一个更一般的公式. 我们知道, 对于集合 S 的任一子集 N, 都会有一个划分 $S = N + \overline{N}$, 这里 $\overline{N}$ 是 N 的补集. 现在考虑一个更一般的划分 $S = S_1 + \cdots + S_r$, 其中 $n(S_1) = n_1, \cdots, n(S_r) = n_r$. 我们将有序数组 $(n_1, \cdots, n_r)$ 称为划分 $S = S_1 + \cdots + S_r$ 的型. 假定各子集 S_i 都不是空集, 即所有的 n_i 都大于 0.

因为之前一直认为集合 S 满足 $n(S) = n$, 所以上文谈论记号时没再重复这一点. 记集合 S 具有型 $(n_1, \cdots, n_r)$ 的所有可能的划分数目为 $C(n_1, \cdots, n_r)$. 此时显然有 $n_1 + \cdots + n_r = n$. 另外还要注意, 这里各个子集 $S_1, \cdots, S_r$ 的顺序也是需要考虑的. 比如当 $r = 2$ 时, 若 $n(S_1) = n_1, n(S_2) = n_2$, 则 $S = S_1 + S_2$

和 $S = S_2 + S_1$ 是两个不同的划分. 如果 $n_1 \neq n_2$, 这两个划分的型也不同. 鉴于此, 每个划分 $S = S_1 + S_2$ 都确定了一个 (前面那一个) 子集 S_1, 因此问题就化归为前面考虑过的一个问题: $C(n_1, n_2) = v(S, n_1)$. 换句话说, 当 $m < n$ 时, $v(S, m) = C(m, n - m)$.

考虑具有型 $(n_1, \cdots, n_r)$ 的任一划分 $S = S_1 + \cdots + S_r$. 假定至少有一个 n_i 不等于 1, 不妨设 $n_1 > 1$. 假设 $a \in S_1$, 记 S_1' 为 S_1 中除 a 之外的所有元素构成的集合 (即 $\{a\}$ 在 S_1 中的补集). 于是就有划分 $S_1 = S_1' + \{a\}$, 原来的划分 $S = S_1 + \cdots + S_r$ 就对应于一个新的划分 $S = S_1' + \{a\} + S_2 + \cdots + S_r$, 其型为 $(n_1 - 1, 1, n_2, \cdots, n_r)$. 因此由所有型为 $(n_1, \cdots, n_r)$ 的划分, 我们得到了所有型为 $(n_1 - 1, 1, n_2, \cdots, n_r)$ 的划分, 划分 $S = S_1' + \{a\} + S_2 + \cdots + S_r$ 来自划分 $S = S_1 + \cdots + S_r$, 其中 $S_1 = S_1' + \{a\}$. 通过选取不同的元素 $a \in S_1$, 每个型为 $(n_1, \cdots, n_r)$ 的划分都能导出 n_1 个不同的具有型 $(n_1 - 1, 1, n_2, \cdots, n_r)$ 的划分, 因此我们得到了如下关系式

$$n_1 C(n_1, \cdots, n_r) = C(n_1 - 1, 1, n_2, \cdots, n_r). \tag{3.14}$$

对具有型 $(n_1 - 1, 1, n_2, \cdots, n_r)$ 的划分应用这个关系式, 可得

$$(n_1 - 1)C(n_1 - 1, 1, n_2, \cdots, n_r) = C(n_1 - 2, 1, 1, n_2, \cdots, n_r),$$

即

$$n_1(n_1 - 1)C(n_1, n_2, \cdots, n_r) = C(n_1 - 2, 1, 1, n_2, \cdots, n_r).$$

继续同样的操作 $n - 1$ 次, 就有

$$n_1! C(n_1, n_2, \cdots, n_r) = C\Big(\underbrace{1, \cdots, 1}_{n_1 \ \uparrow}, n_2, \cdots, n_r\Big).$$

现在对 $C(1, \cdots, 1, n_2, \cdots, n_r)$ 中的参数 n_2 进行同样的操作, 即可得到

$$n_2! C(1, \cdots, 1, n_2, n_3, \cdots, n_r) = C(1, \cdots, 1, n_3, \cdots, n_r),$$

其中右侧有 $n_1 + n_2$ 个位置上是 1. 由此即有

$$n_1! n_2! C(n_1, \cdots, n_r) = C\Big(\underbrace{1, \cdots, 1}_{n_1 + n_2 \ \uparrow}, n_3, \cdots, n_r\Big).$$

按次序继续对余下的各个参数 n_i 进行同样的操作, 最后可得

$$n_1!n_2!\cdots n_r!C(n_1,\cdots,n_r) = C\Big(\underbrace{1,\cdots,1}_{n\ \uparrow}\Big). \tag{3.15}$$

最终之所以有 n 个位置是 1, 是因为 $n_1+n_2+\cdots+n_r = n$. 现在只要计算出 $C(1,\cdots,1)$ 即可. 为此, 我们只要注意到上述公式对所有的型 $(n_1,\cdots,n_r)$ 都是成立的. 不妨对最简单的型 (n) 应用上述公式. 此时只有唯一的划分 $S=S$ 具有这样的型, 即 $C(n)=1$. 但根据 (3.15) 式, 有

$$n!C(n) = C\Big(\underbrace{1,\cdots,1}_{n\ \uparrow}\Big).$$

因此 $C(1,\cdots,1)=n!$. 将其代入 (3.15) 式, 就得到了最终的表达式

$$C(n_1,\cdots,n_r) = \frac{n!}{n_1!n_2!\cdots n_r!} \qquad (n=n_1+\cdots+n_r). \tag{3.16}$$

当 $r=2$ 时, 我们通常将 (n_1,n_2) 写作 $(m,n-m)$. 因为 $C(m,n-m) = v(S,m)$, 因此由 (3.16) 式可以得到前面的 (3.9) 式.

注 1 上述推理的最后我们遇到了表达式 $C(1,\cdots,1)$, 型 $(1,\cdots,1)$ 对应的划分是什么样的呢? 这就是把 S 划分成若干个一元子集. 回忆一下, 在划分 $S=S_1+\cdots+S_r$ 中, 各子集 S_i 的顺序是纳入考虑的. 因此划分 $S=\{a_1\}+\cdots+\{a_n\}$ 相当于给 S 中的各元素指定了一个下标. 因而 $C(1,\cdots,1)$ 就是计算可以有多少种方式来列举 S 中的元素. 我们通常用下标递增的方式将元素写作 $a_1,\cdots,a_n$, 因此 $C(1,\cdots,1)$ 即是 S 中元素所有不同排列的种数. 由前面的内容可知, 这样的排列总数为 $n!$. 比如对于 $S=\{a,b,c\}$, 此时 $n=3$, 故 S 中的元素有 6 种排列:

$$(a,b,c), \quad (a,c,b), \quad (b,a,c), \quad (b,c,a), \quad (c,a,b), \quad (c,b,a).$$

注 2 当 $r=2$ 时, $C(n_1,n_2)$ 与二项式系数相等, 对此我们给出过两个证明. 对于任意的 r, 表达式 $C(n_1,\cdots,n_r)$ 也有类似的解释. 设 $x_1,\cdots,x_r$ 是未知数, 可以证明 $(x_1+\cdots+x_r)^n$ 的完全展开式中的项皆形如 $x_1^{n_1}\cdots x_r^{n_r}$, 其中 n_i 都是非负整数, 且 $n_1+\cdots+n_r=n$. 还可以进一步证明, 项 $x_1^{n_1}\cdots x_r^{n_r}$

前面的系数是 $C(n_1, \cdots, n_r)$. 为此只需在最初考虑集合的划分时允许子集 S_i 为空集 $\varnothing$, 即数 n_i 可以取 0. 规定 $0! = 1$ 之后, 很容易看出 (3.16) 式仍然成立. 通过完全类似于前面 $v(S, m) = C_n^m$ 的第二个 (组合) 证明的思路, 可以证明二项式公式在 r 项情形下的推广.

比如根据这个公式, 我们可以知道 $(x_1 + x_2 + x_3)^3$ 等于所有 $C(n_1, n_2, n_3)$ $x_1^{n_1} x_2^{n_2} x_3^{n_3}$ 项之和, 其中 (n_1, n_2, n_3) 取遍所有满足 $n_1 + n_2 + n_3 = 3$ 的三元非负整数组. 由 (3.16) 式 (及补充条件 $0! = 1$) 可得

$$(x_1 + x_2 + x_3)^3 = x_1^3 + x_2^3 + x_3^3 + 3x_1^2 x_2 + 3x_1 x_2^2 + 3x_1^2 x_3$$
$$+ 3x_1 x_3^2 + 3x_2^2 x_3 + 3x_2 x_3^2 + 6x_1 x_2 x_3.$$

习 题

1. 集合 $I = \{p, q\}$ 是一个二元集, $S = \{a_1, \cdots, a_n\}$ 是一个 n 元集. 对于 S 的任意一个子集 N, 我们为其指定 I^n 中的一个元素 x: 如果 a_i 属于 N, 那么 x 的第 i 位就是 p, 否则 x 的第 i 位就是 q. 试证明由此在 $U(S)$ 与 I^n 之间建立了一个一一对应. 借此再次由定理 20 得到了定理 21.

2. 条件参考习题 1, 此时 S 的两个子集 N_1 与 N_2 的交集和并集所对应的 I^n 中的元素是什么样的?

3. 对于给定的 r, 试求出所有的型所对应的所有的划分 $S_1 + \cdots + S_r$ 的数目. 用 $r = 2$ 这一情形的结论验证一下, 看能否由此得出定理 21.

4. 给定 r 和 n, 对于所有满足 $n_1 + \cdots + n_r = n$ 的非负整数 n_i, 试计算所有 $C(n_1, \cdots, n_r)$ 之和. 分别由习题 3 和注 2 中的结论出发, 给出本习题的两种解法.

5. 将自然数 n 分解成 r 个因数之积 $n = a_1 \cdots a_r$, 其中各因数之间两两互素. 请问一共有多少种这样的分解方法?

6. 给定 n 和 r, 方程 $x_1 + \cdots + x_r = n$ 一共有多少组非负整数解? 下图改编自图 3.4, 请借由它给出问题的解答. 设 AB 是长为 $n + r - 1$ 的线段. 每一组解 $(x_1, \cdots, x_r)$ 都对应于线段的一个划分: 从 A 点出发, 取长为 x_1 的线段; 从后面紧接着的整点出发, 取长为 x_2 的线段, 以此类推. 在图 3.5 中, $x_3 = 0$.

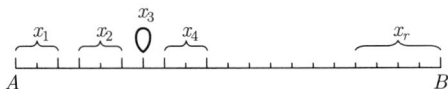

图 3.5

7. 若 $n(S) = 2m$, 试计算所有型为 (m, m) 的划分 $S = S_1 + S_2$ 的数目, 这里 $S = S_1 + S_2$ 与 $S = S_2 + S_1$ 不加以区分. 若 $n(S) = 3m$, 试计算所有型为 (m, m, m) 的划分 $S = S_1 + S_2 + S_3$ 的数目, 这里 S_1, S_2, S_3 的顺序不加以区分. 若 $n(S) = 2k + 3l$, 试计算所有型为 (k, k, l, l, l) 的划分的数目, 这里对等势子集间的顺序不加以区分.

8. 多项式 $(x_1 + \cdots + x_n)^2$ 的展开式中包含哪些项? 多项式 $(x_1 + \cdots + x_n)^3$ 的展开式中又包含哪些项?

9. 在合并同类项之后, 多项式 $(x_1 + \cdots + x_r)^n$ 的展开式中一共包含多少项?

10. 用多项式 σ_1 和 σ_2 表示出 $a_1^2 + \cdots + a_n^2$. 假设多项式 $x^n + ax^{n-1} + bx^{n-2} + \cdots$ 有 n 个实根, 求证 $a^2 \geqslant 2b$. 等式 $a^2 = 2b$ 何时成立? (提示: 应用第 4 节中的贝祖定理, 以及一个实数的平方不能为负数这一事实.)

11. 设 $n(S) = n$, 将 C_n^k 看作 $v(S, k)$, 试由此给出等式 $C_n^k = C_{n-1}^k + C_{n-1}^{k-1}$ (即 (2.27) 式) 的一个组合证明, 并将这个结论推广到 $C(n_1, \cdots, n_k)$ 的情形.

12. 试给出等式 $C_n^m = C_n^{n-m}$ 的一个组合证明.

|9 集代数

对于集合 S 的两个子集 S_1 与 S_2, 如果它们的交集是空集 (即 $S_1 \cap S_2 = \varnothing$), 那么 $S_1 \cup S_2$ 中的每个元素要么属于 S_1, 要么属于 S_2, 且每个元素只能属于 S_1 或 S_2 其中之一. 因此有 $S_1 \cup S_2 = S_1 + S_2$, 并由此可得

$$n(S_1 \cup S_2) = n(S_1) + n(S_2).$$

$S_1 \cap S_2$ 不是空集的情形可以化归为前面考虑的情形. 记 S_1' 为 $S_1 \cap S_2$ 在 S_1 中的补集, 于是根据上面的结论, 有

$$n(S_1) = n(S_1 \cap S_2) + n(S_1'). \tag{3.17}$$

同理可得

$$n(S_2) = n(S_1 \cap S_2) + n(S_2'), \tag{3.18}$$

其中 S_2' 是 $S_1 \cap S_2$ 在 S_2 中的补集. 将 (3.17) 式与 (3.18) 式相加, 有

$$n(S_1) + n(S_2) = 2n(S_1 \cap S_2) + n(S_1') + n(S_2').\qquad(3.19)$$

因为 $S_1 \cap S_2$、S_1' 和 S_2' 两两之间交集为空, 且它们的并集为 $S_1 \cup S_2$, 所以有 $S_1 \cup S_2 = S_1 \cap S_2 + S_1' + S_2'$, 这意味着 $n(S_1 \cup S_2) = n(S_1 \cap S_2) + n(S_1') + n(S_2')$. 将这一等式与 (3.19) 式相结合, 有

$$n(S_1) + n(S_2) = n(S_1 \cap S_2) + n(S_1 \cup S_2)$$

或

$$n(S_1 \cup S_2) = n(S_1) + n(S_2) - n(S_1 \cap S_2).\qquad(3.20)$$

这就是我们要探求的关系式. 我们进一步的目标是将其推广, 以计算任意多个集合的并集中元素的个数 $n(S_1 \cup \cdots \cup S_r)$. 关于多个集合的交集与并集, 它们有一些很显然的性质. 为了研究的需要, 这里将其明确陈述一下.

首先需要注意的是, 多个集合的并集 $S_1 \cup S_2 \cup \cdots \cup S_r$ 可以定义成两个子集的并集, 比如

$$S_1 \cup S_2 \cup S_3 = (S_1 \cup S_2) \cup S_3.$$

对任意 k 个子集的并, 我们同样有

$$S_1 \cup S_2 \cup \cdots \cup S_k = (S_1 \cup S_2 \cup \cdots \cup S_{k-1}) \cup S_k.$$

如果集合 S 的子集 $S_1, \cdots, S_k$ 中任意两个都没有公共元素, 那么 $S_1 \cup \cdots \cup S_k = S_1 + \cdots + S_k$, 且 $n(S_1 \cup \cdots \cup S_k) = n(S_1) + \cdots + n(S_k)$. 此外, 我们还需要下述公式

$$(S_1 \cup S_2 \cup \cdots \cup S_k) \cap N = (S_1 \cap N) \cup (S_2 \cap N) \cup \cdots \cup (S_k \cap N).$$

所有这些公式都显然成立. 问问自己一个元素 $a \in S$ 属于左边或者属于右边分别是什么意思就足够了. 比如, $a \in (S_1 \cup S_2 \cup \cdots \cup S_k) \cap N$ 表示 $a \in S_1 \cup S_2 \cup \cdots \cup S_k$ 且 $a \in N$. 后者表示 $a \in N$, 而前者表示 a 属于某个 S_i. 由此即有 $a \in S_i \cap N$, 这又说明 $a \in (S_1 \cap N) \cup (S_2 \cap N) \cup \cdots \cup (S_k \cap N)$. 推导出的

这个性质与数的分配律很相似: 如果用数 $a_1, \cdots, a_k$ 与 b 代替集合 $S_1, \cdots, S_k$ 与 N, 用 "+" 代替 "∪", "×" 代替 "∩", 就有 $(a_1 + \cdots + a_k)b = a_1 b + \cdots + a_k b$, 这就是我们熟知的乘法分配律. 集合的交集和并集方面还有一些性质也与数的乘法和加法运算相似 (见习题 1). 给定集合 S, 我们将对其子集之间的交与并运算方面的研究称为集代数.

现在我们来推导关于 $n(S_1 \cup S_2 \cup S_3)$ 的公式. 因为

$$S_1 \cup S_2 \cup S_3 = (S_1 \cup S_2) \cup S_3,$$

所以应用 (3.20) 式可得

$$n(S_1 \cup S_2 \cup S_3) = n((S_1 \cup S_2) \cup S_3) = n(S_1 \cup S_2) + n(S_3) - n((S_1 \cup S_2) \cap S_3).$$

对于 $n(S_1 \cup S_2)$, 直接使用 (3.20) 式即可. 对于最后一项, 根据前面的内容可知 $(S_1 \cup S_2) \cap S_3 = (S_1 \cap S_3) \cup (S_2 \cap S_3)$, 对此可以继续使用 (3.20) 式. 因此有

$$\begin{aligned} n(S_1 \cup S_2 \cup S_3) = {} & n(S_1) + n(S_2) + n(S_3) - n(S_1 \cap S_2) - n(S_1 \cap S_3) \\ & - n(S_2 \cap S_3) + n((S_1 \cap S_3) \cap (S_2 \cap S_3)). \end{aligned}$$

很明显有

$$(S_1 \cap S_3) \cap (S_2 \cap S_3) = S_1 \cap S_2 \cap S_3,$$

因此最后一项为

$$n(S_1 \cap S_2 \cap S_3).$$

至此我们就得到了公式

$$\begin{aligned} n(S_1 \cup S_2 \cup S_3) = {} & n(S_1) + n(S_2) + n(S_3) - n(S_1 \cap S_2) - n(S_1 \cap S_3) \\ & - n(S_2 \cap S_3) + n(S_1 \cap S_2 \cap S_3). \end{aligned}$$

现在你已经可以猜出 $n(S_1 \cup \cdots \cup S_r)$ 的公式是什么样的了. 公式中的项应形如 $n(S_{i_1} \cap \cdots \cap S_{i_k})$, 其中 S_{i_j} 来自集合 $S_1, \cdots, S_r$, k 取遍从 1 到 r 的自然数. 进一步, 如果 k 是偶数, 那么 $n(S_{i_1} \cap \cdots \cap S_{i_k})$ 前面是负号; 如果 k 是奇数, 这项前面是正号. 因此 $n(S_{i_1} \cap \cdots \cap S_{i_k})$ 前面的符号为 $(-1)^{k-1}$.

按照 $r = 3$ 这一情形的证明思路, 对 r 进行归纳即可证明公式. (3.20) 式是归纳基础. 将 $S_1 \cup \cdots \cup S_r$ 写作 $(S_1 \cup \cdots \cup S_{r-1}) \cup S_r$, 并应用 (3.20) 式, 可得

$$n(S_1 \cup \cdots \cup S_r) = n(S_1 \cup \cdots \cup S_{r-1}) + n(S_r) - n((S_1 \cup \cdots \cup S_{r-1}) \cap S_r).$$

根据归纳假设, $n(S_1 \cup \cdots \cup S_{r-1})$ 的公式已知. 对于最后一项, 我们有

$$(S_1 \cup \cdots \cup S_{r-1}) \cap S_r = (S_1 \cap S_r) \cup \cdots \cup (S_{r-1} \cap S_r).$$

对这个表达式继续应用归纳假设. 至于如下交集

$$(S_{i_1} \cap S_r) \cap \cdots \cap (S_{i_k} \cap S_r),$$

它显然等于 $S_{i_1} \cap \cdots \cap S_{i_k} \cap S_r$. 至此我们已经得到了公式中所有包含 S_r 的项. 另外, 如果 $n((S_1 \cap S_r) \cup \cdots \cup (S_{r-1} \cap S_r))$ 的公式中的某项有符号 $(-1)^{k-1}$, 那么它在 $n(S_1 \cup \cdots \cup S_r)$ 中的符号为 $(-1)^k$, 这取决于集合 $S_{i_1} \cap \cdots \cap S_{i_k} \cap S_r$.

将得到的 $n(S_1 \cup \cdots \cup S_r)$ 的公式转化为关于补集 $\overline{S_1 \cup \cdots \cup S_r}$ 的公式, 通常会比较方便一点. 对于任意子集 $N \subset S$, 总有 $S = N + \overline{N}$, 所以 $n(\overline{N}) = n(S) - n(N)$. 因此 $n(\overline{S_1 \cup \cdots \cup S_r})$ 就是所有的 $(-1)^k n(S_{i_1} \cap \cdots \cap S_{i_k})$ 之和, 其中 S_{i_j} 取自 $S_1, \cdots, S_r$. 假定 $k = 0$ 所对应的项为 $n(S)$, 于是就有

$$\begin{aligned} n(\overline{S_1 \cup \cdots \cup S_r}) = {}& n(S) - n(S_1) - \cdots - n(S_r) \\ & + n(S_1 \cap S_2) + \cdots + (-1)^r n(S_1 \cap \cdots \cap S_r). \end{aligned} \tag{3.21}$$

这个公式中有表达式 $n(S_{i_1} \cap \cdots \cap S_{i_k})$, 其中下标 $i_1, \cdots, i_k$ 取遍从 1 到 r 的所有自然数的组合. 这种情况我们在韦达公式 (3.13) 中已经遇到过了. 将这两个公式作比较是富有教益的. 在 (3.12) 式中代入 $x = 1$ 和 $a_i = -x_i$, 并将所有的 $x_{i_1} \cdots x_{i_k}$ 替换为 $n(S_{i_1} \cap \cdots \cap S_{i_k})$, 得到的式子和 (3.21) 式几乎一模一样. 对此, 有时候我们甚至采用如下的 "形式化" 写法

$$n(\overline{S_1 \cup \cdots \cup S_r}) = n(1 - S_1) \cdots (1 - S_r). \tag{3.22}$$

上式解释如下: 将右侧的诸 S_i 看作未知数, 用韦达公式展开右侧的乘积, 将其中 (意义不明) 的表达式 $n \cdot S_{i_1} \cdots S_{i_k}$ 替换为 $n(S_{i_1} \cap \cdots \cap S_{i_k})$ (用 $n = n(S)$ 替换 $n \cdot 1$).

这样的表达式可以帮助我们容易地回想起 (3.21) 式. 在代数中, 如果关乎不同问题的两个关系式具有完全相同的形式, 那么我们**总能**发明新的定义, 使得其中一个公式正好与另一个对应起来. 这里以 (3.21)式、(3.22) 式和韦达公式 (3.13)为例做一个展示.

为此我们需要考虑定义在集合 S 上的函数. 毫无疑问, 你肯定已经了解函数的概念了. 这里将函数理解为, 对每个元素 $a \in S$, 我们都为它赋予一个数. 为元素赋予数的这个操作记为 f, 因此元素 a 所对应的数就记为 $f(a)$, 它也被称为函数 f 在元素 a 处的值. 这个概念对任意的集合都是有意义的, 不过我们目前只对有限集 S 感兴趣. 函数由此可以明确为, 对任意元素 a, 都有数 $f(a)$ 与之对应. 在图 3.6 中, 集合 $S = \{a, b, c\}$, f 和 g 都是定义在 S 上的函数.

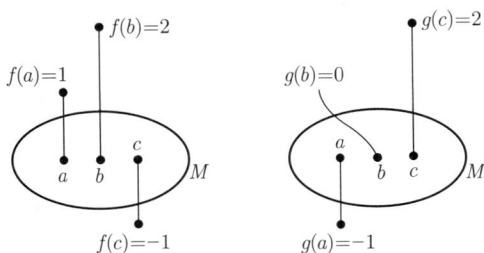

图 3.6

因此, 对于集合 $S = \{a_1, \cdots, a_n\}$, 函数不过就是个数组 $(f(a_1), \cdots, f(a_n))$. 通过对函数的取值进行加法和乘法运算, 我们可以定义函数的加法和乘法. 换句话说, 如果 f 和 g 是定义在同一个集合上的两个函数, 那么可以通过 $(f + g)(a) = f(a) + g(a)$ 以及 $(fg)(a) = f(a)g(a)$ 来定义函数 $f + g$ 和 fg. 对于图 3.6 中的函数 f 和 g, $f + g$ 和 fg 如图 3.7 所示.

因为函数的运算实质上是函数值的运算, 所以这些运算与数的运算具有相同的性质, 如交换律、结合律、分配律等. 对于任何关于数的等式, 我们都可

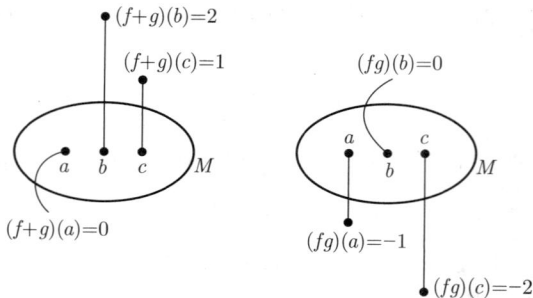

图 3.7

以将其中的量替换为集合 S 上的任意一个函数. 如果函数 $f_S(a)$ 将每个元素 $a \in S$ 都赋予 1, 那么就记其为 $\mathbf{1}$. 对于任意的函数 f, 显然有 $\mathbf{1} \cdot f = f$.

现在我们将函数的概念与子集的概念联系起来. 对于任意的子集 $N \subset S$, 我们将它与这样一个函数对应起来: 每个属于 N 的元素都取值 1, 每个不属于 N 的元素都取值 0. 这个函数称为子集 N 的特征函数, 记为 f_N. 简单来说, 如果 $a \in N$, 则 $f_N(a) = 1$; 如果 $a \notin N$, 则 $f_N(a) = 0$. 很显然函数 $f_N(a)$ 反过来也定义了一个集合 N: 所有满足 $f_N(a) = 1$ 的 $a \in S$ 构成的集合. (因此得到了子集 $N \subset S$ 与取值 1 和 0 的函数之间的一个一一对应. 就是这个对应使得从定理 20 推出定理 21 成为可能; 见第 8 节的习题 1, 将其中的 p 与 q 替换为 0 与 1.)

子集的若干性质可以通过它们的特征函数简单地表示出来. 比如对于全集 S, 它的特征函数在每个元素上都取值 1, 即有 $f_S = \mathbf{1}$. 因为 $\overline{N}$ 是 N 的补集, 所以有 $f_{\overline{N}} = \mathbf{1} - f_N$. 因为对于每个 $a \in N$, 都有 $f_N(a) = 1$, 即 $1 - f_N(a) = 0$, 这与 $f_{\overline{N}}$ 的取值一致; 对于 $a \in \overline{N}$ 也有同样的结果. 如果 N_1 与 N_2 是任意两个子集, 则 $f_{N_1 \cap N_2} = f_{N_1} f_{N_2}$: 因为如果 $a \in N_1$ 且 $a \in N_2$, 则 $f_{N_1} f_{N_2} = 1 \cdot 1 = 1$, 这正好是 $f_{N_1 \cap N_2}(a)$; 如果 a 不属于 N_1 和 N_2 其中一个, 则 $f_{N_1}(a)$ 与 $f_{N_2}(a)$ 中有一个为 0, 因此 $f_{N_1} f_{N_2}(a) = 0$, 这与 $f_{N_1 \cap N_2}(a)$ 相等.

显然这个关系式对任意有限多个子集都是成立的:

$$\text{如果 } N' = N_1 \cap \cdots \cap N_r, \text{ 那么就有 } f_{N'} = f_{N_1} \cdots f_{N_r}. \tag{3.23}$$

现在我们可以用特征函数的语言重写 (3.21) 式. 首先注意到 $\overline{S_1 \cup \cdots \cup S_r}$ 与 $\overline{S_1} \cap \cdots \cap \overline{S_r}$ 是相等的. 这是很明显的: 如果元素 a 属于所有的 $\overline{S_i}$, 即它不属于任意一个 S_i, 则它必然不属于 $S_1 \cup \cdots \cup S_r$. 现在用 (3.23) 式来写出 $\overline{S_1 \cup \cdots \cup S_r}$ 的特征函数

$$f_{\overline{S_1 \cup \cdots \cup S_r}} = f_{\overline{S_1} \cap \cdots \cap \overline{S_r}} = f_{\overline{S_1}} \cdots f_{\overline{S_r}}.$$

再因为 $f_{\overline{S_i}} = \mathbf{1} - f_{S_i}$, 所以有

$$f_{\overline{S_1 \cup \cdots \cup S_r}} = (\mathbf{1} - f_{S_1})(\mathbf{1} - f_{S_2}) \cdots (\mathbf{1} - f_{S_r}).$$

在韦达公式 (3.13) 中令 $x = \mathbf{1}, \alpha_i = f_{S_i}$. 我们在前面解释了为什么这个公式可以应用于函数. 因此可得

$$f_{\overline{S_1 \cup \cdots \cup S_r}} = \mathbf{1} - \sigma_1(f_{S_1}, \cdots, f_{S_r}) + \sigma_2(f_{S_1}, \cdots, f_{S_r}) - \cdots + (-1)^r \sigma_r(f_{S_1}, \cdots, f_{S_r}).$$

这里的 $\sigma_k(f_{S_1}, \cdots, f_{S_r})$ 是所有的乘积 $f_{S_{i_1}} \cdots f_{S_{i_k}}$ 之和. 已知 $f_{S_{i_1}} \cdots f_{S_{i_k}} = f_{S_{i_1} \cap \cdots \cap S_{i_k}}$, 故

$$f_{\overline{S_1 \cup \cdots \cup S_r}} = \mathbf{1} - f_{S_1} - \cdots - f_{S_r} + \cdots + (-1)^r f_{S_1 \cap \cdots \cap S_r}. \tag{3.24}$$

右侧即是所有的函数 $f_{S_{i_1} \cap \cdots \cap S_{i_k}}$ 之和, 不过每一项前面还有一个符号 $(-1)^k$.

需要注意的是, 我们得到的结论已经不仅仅是 (3.21) 式了. 我们得到的表达式并不是关于集合 $\overline{S_1 \cup \cdots \cup S_r}$ 的元素个数 $n(\overline{S_1 \cup \cdots \cup S_r})$, 而是关于集合的特征函数的. 特征函数不仅反映了子集中元素的数目, 更决定了整个子集. 再者, (3.21) 式只在全集 S 有限时有意义, 而 (3.24) 式对于任意集合 S 的有限多个子集都成立.

为了由此得到 (3.21) 式, 我们需要再从函数返回到数. 因为 S 是有限集, 所以对任意函数 f, 我们可以定义数 Sf 为所有 $f(a)$ 的和, 其中 $a \in S$: 若 $S = \{a_1, \cdots, a_n\}$, 则 $Sf = f(a_1) + \cdots + f(a_n)$. 比如对于图 3.6 中的函数 f 和 g, 我们有 $Sf = 2, Sg = 1$. 显然对任意两个函数 f 和 g 有 $S(f+g) = Sf + Sg$.

事实上, 因为函数 $f+g$ 在元素 a_i 处的值为 $f(a_i)+g(a_i)$, 所以

$$
\begin{aligned}
S(f+g) &= (f(a_1)+g(a_1))+\cdots+(f(a_n)+g(a_n)) \\
&= (f(a_1)+\cdots+f(a_n))+(g(a_1)+\cdots+g(a_n)) \\
&= Sf+Sg.
\end{aligned}
$$

如果 f_N 是子集 N 的特征函数, 则对于 $a \in N$ 有 $f_N(a)=1$, 而对于其余元素函数值为 0, 所以 $Sf_N = n(N)$.

现在对 (3.24) 式两边的函数同时考虑 Sf, 则根据上述性质即得 (3.21) 式.

这里给出 (3.21) 式的两个应用. 第一个应用所讨论的问题是欧拉曾经考虑过的, 它讨论的是集合排列的问题. 在上一节的末尾 (见注 1), 我们将集合 S 中的元素按一定次序进行摆放称为集合的一个排列. 如果 $n(S)=n$, 则所有排列数为 $n!$. 第 8 节末尾我们写出了集合 $S=\{a,b,c\}$ 的 6 种排列. 对于更一般的情况, 我们可以类似地写出所有 $n!$ 种排列. 通常我们将第一种排列记作 $(a_1,\cdots,a_n)$. 现在问题来了: 有多少种排列满足每个位置上的元素都与第一个排列中相应位置上的元素不同? 对于 $n=3$ 的情形, 请验证只有 (c,a,b) 和 (b,c,a) 这两种排列满足条件.

对于一般情形, 可以很容易地应用 (3.21) 式加以解决. 记 P 为集合 S 的所有排列构成的集合, 则 $n(P)=n!$. 我们考虑那些第 i 位为 a_i 的排列, 记所有这样的排列构成的集合为 P_i. 于是问题就变成了求 $n(\overline{P_1 \cup \cdots \cup P_n})$. (请确保自己能明白这两个问题是等价的.) (3.21) 式考虑的是全集 S 和子集 S_i, 我们这里是全集 P 与子集 P_i. 为了应用公式, 我们需要计算出 $n(P_{i_1} \cap \cdots \cap P_{i_k})$. 集合 $P_{i_1} \cap \cdots \cap P_{i_k}$ 包含的正好是那些第 i_1 位是 $a_{i_1}, \cdots$, 第 i_k 位是 a_{i_k} 的排列. 因此只需考虑其余位置上元素的排列即可, 其排列数等于集合 $\overline{\{a_{i_1},\cdots,a_{i_k}\}}$ 的排列总数. 因为 $n(\overline{\{a_{i_1},\cdots,a_{i_k}\}})=n-k$, 所以 $n(P_{i_1} \cap \cdots \cap P_{i_k})=(n-k)!$. 对于每个 k, 所有 $P_{i_1} \cap \cdots \cap P_{i_k}$ 在 (3.21) 式都产生相同的项 $(n-k)!$. 根据定理 22, 子集 $\{a_{i_1},\cdots,a_{i_k}\} \subset \{a_1,\cdots,a_n\}$ 共有 C_n^k 个, 所以 $P_{i_1} \cap \cdots \cap P_{i_k}$ 在 (3.21) 式会产生 C_n^k 个相同的项. 易知

$$
C_n^k(n-k)! = \frac{n!}{k!(n-k)!}(n-k)! = \frac{n!}{k!},
$$

所以由 (3.21) 式可得

$$n(\overline{P_1 \cup \cdots \cup P_n}) = n! - \frac{n!}{1!} + \frac{n!}{2!} - \cdots + (-1)^n \frac{n!}{n!}$$
$$= n!\Big(1 - \frac{1}{1!} + \frac{1}{2!} - \cdots + \frac{(-1)^n}{n!}\Big).$$

这就是欧拉发现的公式. 他对这些排列在所有排列中占的 "比例" (即上述结果与 $n!$ 的比值) 很感兴趣. 可以证明, 当 n 逐渐增大时, 比值 $1 - 1/1! + 1/2! - \cdots + (-1)^n/n!$ 接近于一个固定的值 $1/e$, 这个 e 就是自然对数的底. 无理数 $1/e$ 近似于 $0.36787\cdots$.

(3.21) 式的第二个应用与自然数的性质有关. 设 n 是一个自然数, $p_1, \cdots,$ p_r 是它的一些互不相同的素因数. 不超过 n 且因数中不含任一 p_i 的自然数有多少个? 记 S 为自然数 $1, 2, \cdots, n$ 构成的集合, S_i 为 S 中能被 p_i 整除的自然数构成的集合. 因此我们的任务就是计算出 $n(\overline{S_1 \cup \cdots \cup S_r})$. 为了应用公式, 我们需要计算出 $n(S_{i_1} \cap \cdots \cap S_{i_k})$. 集合 $S_{i_1} \cap \cdots \cap S_{i_k}$ 由不超过 n 且能被 $p_{i_1}, p_{i_2}, \cdots, p_{i_k}$ 整除的自然数构成. 这个性质等价于不超过 n 且能被乘积 $p_{i_1} \cdots p_{i_k}$ 整除. 换个一般的陈述, 假设 m 是自然数 n 的因数, 那么不超过 n 且能被 m 整除的自然数有多少个? 满足条件的数必形如 $t = mu$, 其中 u 也是自然数. 条件 $t \leqslant n$ 等价于 $u \leqslant n/m$. 因此 u 的可能取值为 $1, 2, \cdots, n/m$, 即这些数共有 n/m 个. 令 $m = p_{i_1} \cdots p_{i_k}$, 则 $n(S_{i_1} \cap \cdots \cap S_{i_k}) = n/(p_{i_1} \cdots p_{i_k})$, 因此由 (3.21) 式可得

$$n(\overline{S_1 \cup \cdots \cup S_r}) = n - \frac{n}{p_1} - \cdots - \frac{n}{p_r} + \frac{n}{p_1 p_2} + \cdots + (-1)^r \frac{n}{p_1 \cdots p_r}.$$

上式右侧可以写作

$$n\Big(1 - \frac{1}{p_1} - \frac{1}{p_2} - \cdots + \frac{1}{p_1 p_2} + \cdots + (-1)^r \frac{1}{p_1 \cdots p_r}\Big).$$

利用韦达公式 (在 (3.13) 中令 $x = 1$ 及 $\alpha_i = 1/p_i$) 可以将括号中的式子变形为

$$\Big(1 - \frac{1}{p_1}\Big)\Big(1 - \frac{1}{p_2}\Big) \cdots \Big(1 - \frac{1}{p_r}\Big).$$

因此, 不超过 n 且因数中不含任一 p_i 的自然数的个数为

$$n\Big(1 - \frac{1}{p_1}\Big)\Big(1 - \frac{1}{p_2}\Big) \cdots \Big(1 - \frac{1}{p_r}\Big). \tag{3.25}$$

比较特殊的一种情形是 $p_1, \cdots, p_r$ 是 n 的所有素因数. 此时一个自然数不超过 n 且因数中不含任一 p_i 就等价于这个数不超过 n 且与 n 互素. 如果自然数 t 与 n 有公因数 d, 则 d 必有某素因数 p_i, 即 p_i 能整除 t, 这与要求矛盾. 如果设 $p_1, \cdots, p_r$ 是 n 的所有素因数, 那么 (3.25) 式就给出了所有不超过 n 且与 n 互素的自然数的总数. 这种情形下的公式 (3.25) 是由欧拉发现的. 这个数目通常记为 $\varphi(n)$, 并被称为欧拉函数. 比如对于 $n = 675 = 3^3 \times 5^2$, 不超过 675 且与其互素的自然数共有 $675 \times (1 - 1/3)(1 - 1/5) = 360$ 个.

现在假定 $p_1, p_2, \cdots, p_r$ 不必整除 n, 那么不超过 n 且因数中不含任一 p_i 的自然数总共有多少个? 除了一个步骤之外, 其他的步骤都可以原封不动地沿袭之前的过程. 我们必须找出不超过 n 且能被 $p_{i_1} \cdots p_{i_k}$ 整除的自然数的个数. 设 m 是任一自然数, 则在不超过 n 的自然数中有多少个能被 m 整除? 令 $t = mu$, 则 $mu \leqslant n$. 设 u 是满足前述不等式的最大整数, 则 $r = t - mu < m$. 因此有 $n = mu + r$, 其中 $0 \leqslant r < m$. 这就是 n 除以 m 的带余除法得到的表达式 (见定理 5). 于是 u 就是 n 除以 m 得到的商数, 我们把这个商数记作 $[n/m]$. 现在重复之前的过程, 并应用 (3.21) 式可得, 不超过 n 且因数中不含素数 $p_1, p_2, \cdots, p_r$ 的自然数的个数为

$$n - \left[\frac{n}{p_1} \right] - \left[\frac{n}{p_2} \right] - \cdots + \left[\frac{n}{p_1 p_2} \right] + \cdots + (-1)^r \left[\frac{n}{p_1 \cdots p_r} \right]. \qquad (3.26)$$

上式不如 (3.25) 式简洁, 但可以近似地写成同样的形式. 为此我们回到带余除法: $n = mu + r$, 其中 $0 \leqslant r < m, u = [n/m]$ 是商. 将 $n = mu + r$ 两边同除以 m, 可得 $n/m = u + r/m$. 因为 $0 \leqslant r < m$, 所以 $n/m - 1 < [n/m] \leqslant n/m$. 因此若将 $[n/m]$ 用 n/m 来代替, 两者的误差不超过 1. 如果将 (3.26) 式中的项都做这样的替换, 那最终的误差会有多大? (3.26) 式中的每一项都对应 $\{1, \cdots, r\}$ 的一个子集 $\{i_1, \cdots, i_k\}$. 根据定理 21, 子集的总数为 2^r. 因此 (3.26) 式中共有 2^r 项代数式. 因为每一项替换产生的误差不超过 1, 因此整个替换产生的误差不超过 2^r. 即 (3.26) 式与

$$n - \frac{n}{p_1} - \cdots - \frac{n}{p_r} + \frac{n}{p_1 p_2} + \cdots + (-1)^r \frac{n}{p_1 \cdots p_r} \qquad (3.27)$$

的误差不超过 2^r. 已知上式等于

$$n\left(1 - \frac{1}{p_1}\right) \cdots \left(1 - \frac{1}{p_r}\right),$$

若设不超过 n 且因数中不含给定的素数 $p_1, \cdots, p_r$ 的自然数的个数为 N, 则有

$$\left| N - n\left(1 - \frac{1}{p_1}\right) \cdots \left(1 - \frac{1}{p_r}\right) \right| \leqslant 2^r. \tag{3.28}$$

比如我们有三个素数 p, q, r, 则 N 与 $n(1 - 1/p)(1 - 1/q)(1 - 1/r)$ 之间的误差不超过 8.

习 题

1. 确保自己能断定关系式 $S_1 \cap \cdots \cap S_k = (S_1 \cap \cdots \cap S_{k-1}) \cap S_k$ 和 $(S_1 \cap \cdots \cap S_k) \cup N = (S_1 \cup N) \cap \cdots \cap (S_k \cup N)$ 都是正确的. 后一个关系式类似于数的乘法分配律 $(a_1 + \cdots + a_k)b = a_1 b + \cdots + a_k b$, 但此时并运算相当于乘法, 交运算相当于加法.

2. 确保自己能明白下述结论: 一般地, 对于每个关于子集间交与并运算的关系式, 都有一个调换了交与并运算的关系式与之相对应. 比如, $\overline{S_1 \cup S_2} = \overline{S_1} \cap \overline{S_2}$, $\overline{S_1 \cap S_2} = \overline{S_1} \cup \overline{S_2}$.

3. 设 a 和 b 都是自然数, 且 $0 < a < b$, 则在区间 $[0, 2\pi b]$ 上有多少个 x 可以使得函数 $\sin ax$ 的值为 0?

4. 对于自然数 $a_1, \cdots, a_m$, 用 $\max(a_1, \cdots, a_m)$ 表示它们中最大的数, $\min(a_1, \cdots, a_m)$ 表示它们中最小的数. 记 $N = \max(a_1, \cdots, a_m)$. 对于集合 $S = \{1, \cdots, N\}$, 定义 S_i 为所有满足 $a_j < a_i$ 的 j 构成的子集. 试应用 (3.21) 式找出 $\max(a_1, \cdots, a_m)$ 和各 $\min(a_{i_1}, \cdots, a_{i_k})$ 之间的一个关系式, 其中 $\{a_{i_1}, \cdots, a_{i_k}\}$ 是 $\{a_1, \cdots, a_m\}$ 的子集.

5. 对 $S_i = \overline{\{a_i\}}$ 应用 (3.21) 式, 直接计算其中的各项, 以此得到关系式

$$n - C_n^1 (n-1) + C_n^2 (n-2) - \cdots + (-1)^{n-1} C_n^{n-1} \cdot 1 = 0.$$

6. 设 S 是有限集, h 是 S 上的任一函数. 对于子集 $N \subset S$, 我们定义数 $S_h(N)$ 为所有 $h(a)$ 之和, 其中 $a \in N$. 试找到一个类似于 (3.21) 式的公式, 其中处处以 $S_h(N)$ 替换 $n(N)$.

7. 试求出不超过 n 且与 n 互素的所有自然数的和. (提示: 在习题 6 中令 $h(k) = k$.)

8. 对满足上题条件的那些自然数, 试求出它们的平方和.

9. 证明: 不等式 (3.28) 右侧的 2^r 可以替换为 2^{r-1}.

| 10　概率的语言

概率论和其他数学分支一样, 有它自己的无须定义的基本概念 (比如点或数). 第一个这样的概念是事件. 本节我们只考虑事件总数有限的情形. 通常一个事件是若干最简单的事件发生的结果, 这些最简单的事件被称为基本事件. 比如掷骰子会产生 6 个基本事件: 掷出的数字分别是 1, 2, 3, 4, 5 和 6. 掷出的数字是偶数这一事件由三个基本事件组成: 掷出的数字是 2 或 4 或 6. 所有基本事件显然构成一个集合 (本节中都是有限集), 其中的元素有个新称呼 (基本事件). 一个事件就是这个集合的一个子集.

第二个基本概念是概率, 它为每个基本事件赋予一个实数. 若 $S = \{a_1, \cdots, a_n\}$ 是一个由基本事件构成的集合, 那么定义一个概率就意味着为每个基本事件 $a_i \in S$ 赋予一个实数 p_i, p_i 被称为事件 a_i 的概率. 概率的定义需要满足两个条件: 它们必须是非负的, 并且所有基本事件的概率之和为 1:

$$p_i \geqslant 0, \qquad p_1 + p_2 + \cdots + p_n = 1. \tag{3.29}$$

换句话说, 概率是定义在基本事件的集合 S 上的一个实值函数 p, 对于每个 $a \in S$, 都有 $p(a) \geqslant 0$, 并且所有 $p(a)$ 之和等于 1. 这些条件相当于概率论的公理.

如果 N 是任意一个事件 (即它是 S 的一个子集), 则所有 $p(a)$ $(a \in N)$ 之和称为事件 N 的概率, 记为 $p(N)$. 若 $N = S$, 则称这一事件为必然事件. 条件 (3.29) 表明必然事件的概率为 1. 条件 $p(S) = 1$ 不是本质要求, 重要的是 $p(S) > 0$. 通过将所有概率除以 $p(S)$, 可以将任意情形转化为 $p(S) = 1$ 的情形. 对于必然事件的概率, 随便选择一个即可, 然后以它为单位去度量其他事件的概率. 再次强调一遍, 概率论的研究对象是被赋予给定概率的基本事件的 (有限) 集合. 这个集合与概率是由特定的问题产生的. 它们一旦给定, 那就可以计算其他事件的概率了. 概率论专家说他们的工作就是通过其他事件的概率来计算某些特定事件的概率.

如果两个事件给定了 (即 N_1 与 N_2 是 S 的两个子集), 那么它们的并 $N_1 \cup N_2$ 与交 $N_1 \cap N_2$ 也是事件. 按定义有 $p(N_1 \cup N_2) \leqslant p(N_1) + p(N_2)$. 这

里的等号有可能取不到, 因为如果 $a \in N_1 \cap N_2$, 那么 $p(a)$ 在 $p(N_1) + p(N_2)$ 中会被计算两次. 说得更准确一点, 我们有

$$p(N_1 \cup N_2) = p(N_1) + p(N_2) - p(N_1 \cap N_2).$$

我们之前碰到过这个关系式 (见第 9 节的习题 6). 特别地, 如果 $N_1 \cap N_2 = \varnothing$, 即 N_1 与 N_2 不相交, 则称事件 N_1 与 N_2 互斥. 此时有 $p(N_1 \cup N_2) = p(N_1) + p(N_2)$. 再特别一点, 如果 $N_1 = N$ 是任一事件, $N_2 = \overline{N}$ 是它的补, 则 $p(N_1) + p(N_2) = 1$ 或 $p(\overline{N}) = 1 - p(N)$. 事件 $\overline{N}$ 称为事件 N 的对立事件.

集合 S 以及定义在 S 上且满足概率公理 (3.29) 式的函数 p 构成一个概率模型, 记为 $(S; p)$.

概率模型中有一种情形非常重要, 那就是集合 S 中的所有元素都是等可能的 (比如某给定问题具有对称性). 由 (3.29) 式可知此时有 $p_i = 1/n$. 若 $N \subset S$ 是任一事件, 则 $p(N) = n(N)/n$. 如果骰子是对称的, 那么掷骰子就属于这种情形. 因此 6 个基本事件的概率都是 1/6, 掷出的数字为偶数这一事件的概率为 $3 \times 1/6 = 1/2$.

如果骰子不对称, 那么我们就不能再认为各个基本事件具有相同的概率. 此时我们通过试验 (反复投掷骰子, 并记录结果) 来决定各自的概率. 投掷次数 n 充分大之后, 如果掷出数字 i 出现了 k_i 次, 那么我们就假定掷出数字 i 这一基本事件的概率为 k_i/n. 这一假定显然满足 (3.29) 式. 数字 n 由我们所希望达到的准确度决定. 这样就得了一个不同的概率模型 $(S; p)$.

除了掷骰子外, 概率论中另一个备受欢迎的问题是从罐子里取球. 设罐子里装有 n 个不加区分的球. 从中任意选取一个球, 这就是一个基本事件. "不加区分" 在数学上就意味着所有基本事件的概率是相同的, 即都是 $1/n$. 现在设罐子里装有不同颜色的球: a 个黑球, b 个白球, $a + b = n$. 此时事件 "从罐子中取到一个白球" 就是白球构成的子集 $N \subset S$. 因为 $n(N) = b$, 所以取到白球的概率是 $p(N) = b/n$.

如果将一个骰子投掷两次, 情况就要复杂些了. 设第一次掷出的数字是 a, 第二次掷出的数字是 b, 则此时的一个基本事件由两个数 (a, b) 给出, 其中

$1 \leqslant a \leqslant 6, 1 \leqslant b \leqslant 6$. 因此基本事件的总数为 36, 它们可以由图 3.8 中的网格来表示.

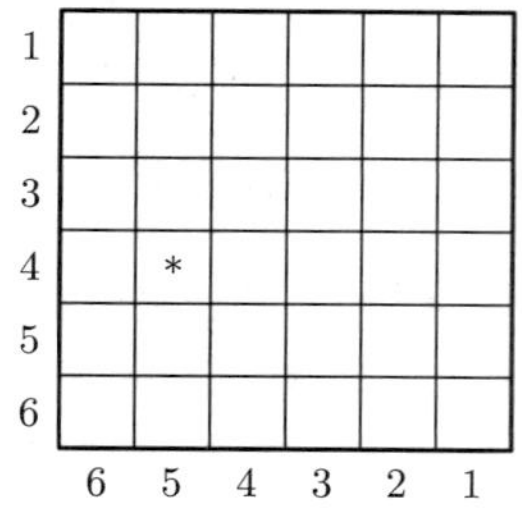

图 3.8

横着写的数字表示第一次的结果, 竖着写的数字表示第二次的结果. 比如第一次掷出的数字是 5, 第二次是 4, 则这一事件对应于图中用星号标出的方格. 第一次掷出数字 5 的概率是 1/6. 但这一事件现在不再是基本事件了: 它包含了数字 5 上方的方格所对应的 6 个基本事件. 这些数字 i $(1 \leqslant i \leqslant 6)$ 即是第二次掷出的数字. 因为第一次投掷的结果不会影响第二次投掷, 并且骰子仍假定是对称的, 因此所有这 6 个基本事件的概率是一样的. 因为包含这 6 个基本事件的事件的概率为 1/6, 所以这 6 个基本事件的概率都是 1/36. 根据同样的推理, 我们可以知道所有基本事件的概率都是 1/36.

考虑事件 N_k: "两次掷出的数字之和为 k" (或者说 "总点数是 k"). 取遍所有数对 (a,b), 算出每个方格所对应的 $a+b$ (见图 3.9).

a \ b	6	5	4	3	2	1
1	7	6	5	4	3	2
2	8	7	6	5	4	3
3	9	8	7	6	5	4
4	10	9	8	7	6	5
5	11	10	9	8	7	6
6	12	11	10	9	8	7

图 3.9

可以看到, 数字 12 只出现在一个方格中, 因此 $n(N_{12}) = 1$. 与此类似, $n(N_{11}) = 2$, $n(N_{10}) = 3$, $n(N_9) = 4$, $n(N_8) = 5$, $n(N_7) = 6$, $n(N_6) = 5$,

$n(N_5) = 4$, $n(N_4) = 3$, $n(N_3) = 2$, 以及 $n(N_2) = 1$. $n(N_k)$ 中的最大值是 $n(N_7)$. 因为 $p(N_k) = n(N_k)/36$, 所以 $p(N_7)$ 是所有 $p(N_k)$ 中的最大值. 换句话说, 投掷两次骰子, 最可能出现的总点数是 7.

如果投掷 n 次会有什么样的结果呢? 此时基本事件由 n 个数 $(a_1, \cdots, a_n)$ 给出, 每个数的取值可能为 $1, 2, \cdots, 6$. 根据同样的推理可知每个基本事件的概率都等于 $1/6^n$. 事件 "总点数为 k" 包括了所有满足 $a_1 + \cdots + a_n = k$ 的数组. 因此我们需要确定哪个数 k 有最多的如下表示

$$k = a_1 + \cdots + a_n, \qquad 1 \leqslant a_i \leqslant 6. \qquad (3.30)$$

为此我们考虑多项式 $F(x) = (x + x^2 + \cdots + x^6)^n$. 去括号时, 我们从每个括号中取一项 x^{β_i} 进行相乘, 最后得到 $x^{\beta_1 + \cdots + \beta_n}$. 这样的项会有许多个, 我们将同类项进行合并. 于是不同的表示 (3.30) 的数目与多项式 $F(x)$ 中 x^k 的系数相等. 因此我们的问题就变成了探究多项式中哪一项的系数最大. 令 $G(x) = (1 + x + \cdots + x^5)^n$, 则有 $F(x) = x^n G(x)$, 因而 $F(x)$ 中 x^k 的系数等于 $G(x)$ 中 x^{k-n} 的系数. 所以只要找出 $G(x)$ 中哪一项系数最大即可.

上述问题的答案可以通过多项式 $G(x)$ 的两个性质得到.

对于任意的多项式 $f(x) = c_0 + c_1 x + \cdots + c_n x^n$, 如果其系数满足 $c_k = c_{n-k}$, 那么称这个多项式是自反多项式. 如果将点 (i, c_i) 在坐标系中画出来, 则这个性质意味着这些点关于中间的直线 $x = n/2$ 对称. n 为偶数的情形见图 3.10(a), n 为奇数的情形见图 3.10(b).

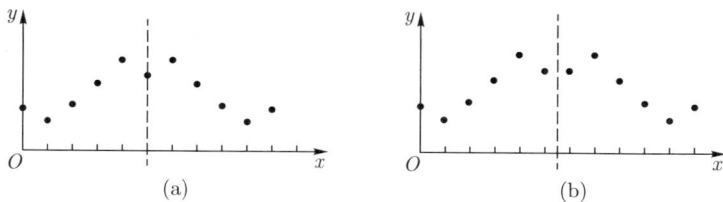

图 3.10

多项式 $x^n f(1/x)$ 与 $f(x)$ 具有相同的系数, 只不过顺序颠倒了一下. 事实上, 如果 $f(x) = a_0 + a_1 x + \cdots + a_n x^n$, 则 $f(1/x) = a_0 + a_1/x + \cdots + a_n/x^n$, $x^n f(1/x) = a_0 x^n + a_1 x^{n-1} + \cdots + a_n$. 如果 $f(x)$ 是自反多项式, 则

$x^n f(1/x) = f(x)$. 由此可得两个自反多项式的乘积仍是自反多项式. 事实上, 如果 $f(x)$ 和 $g(x)$ 是两个自反多项式, 次数分别是 n 和 m, 则 $x^n f(1/x) = f(x)$, $x^m g(1/x) = g(x)$. 两式相乘可得 $x^n f(1/x) x^m g(1/x) = f(x)g(x)$, 即 $x^{n+m} f(1/x) g(1/x) = f(x)g(x)$. 这说明 $f(x)g(x)$ 是自反多项式. 通过归纳法可以证明, 任意有限多个自反多项式的乘积仍是自反多项式. 因为 $1 + x + \cdots + x^5$ 是自反多项式, 所以 $G(x) = (1 + x + \cdots + x^5)^n$ 也是自反多项式.

对于多项式 $f(x) = c_0 + c_1 x + \cdots + c_n x^n$, 如果存在不大于 n 的自然数 m 使得 $c_0 \leqslant c_1 \leqslant \cdots \leqslant c_m \geqslant c_{m+1} \geqslant \cdots \geqslant c_n$, 那么就称 $f(x)$ 是单峰多项式. 条件中的不等式的意思是, 起初诸系数 c_i 不降, 然后从某位置开始, 系数又不升. 如果还用点 (i, c_i) 来表示, 图像中会出现 "一座山峰" (见图 3.11).

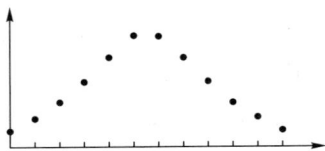

图 3.11

多项式 $(1+x)^n$ 的系数满足 $C_n^m = C_n^{n-m}$, 所以它是自反多项式. 同时它也是单峰多项式, 所依据的二项式系数的性质在第 6 节已经证明过了 (见 (2.28) 式上方的内容).

可以证明, 如果多项式 $f(x)$ 和 $g(x)$ 的系数都是非负的, 并且都是自反、单峰多项式, 那么 $f(x)g(x)$ 是单峰多项式. 证明很初等, 但比较长. 根据这个结论, $G(x)$ 是单峰多项式. 然而你也可以对特定的多项式 $G(x)$ 直接证明这个结论 (见习题 3). 对于自反、单峰多项式, 很容易确定哪一项的系数最大. 如果 $c_k x^k$ 的系数最大, 那么根据自反多项式的定义有 $c_k = c_{n-k}$. 因此有了对称项 $c_k x^{n-k}$. 不妨设 $k \leqslant n/2$ 且 $n - k \geqslant n/2$. 根据单峰多项式的定义, 对于所有满足 $k \leqslant i \leqslant n-k$ 的 $i, c_i x^i$ 项的系数都不能更小, 否则图像中会出现 "两座山峰". 因此, 如果 n 是偶数, 那么中间系数 $c_{n/2}$ 最大; 如果 n 是奇数, 那么两个中间系数 $c_{(n-1)/2}$ 和 $c_{(n+1)/2}$ 最大 (当然, 可能会有其他系数与它们相等). 特别地, 对于多项式 $G(x)$, 如果 n 是偶数, 那么 $x^{5n/2}$ 项具有最大系数;

如果 n 是奇数, 那么 $x^{(5n-1)/2}$ 和 $x^{(5n+1)/2}$ 这两项共有最大系数.

对于多项式 $F(x)$, 由于每一项还需再乘以 x^n, 因此当 n 是偶数时, 具有最大系数的那一项的次数就变成了 $5n/2 + n = 7n/2$; 当 n 是奇数时, 两项的次数变成了 $(5n-1)/2 + n = (7n-1)/2$ 和 $(5n+1)/2 + n = (7n+1)/2$. 因此投掷 n 次骰子时, 若 n 是偶数, 那么总点数 $7n/2$ 最可能出现; 若 n 是奇数, 那么总点数 $(7n-1)/2$ 和 $(7n+1)/2$ 出现的可能性相同, 且概率最大.

再考虑一个类似的问题. 假设有 n 台仪器来捕捉 m 个物理粒子, 每个粒子都会被某台仪器捕捉, 且每个粒子被每台仪器捕捉的可能性是相同的. 请问每台仪器都能捕捉至少一个粒子的可能性有多大? 此时一个基本事件是一个记录, 其中说明了某个粒子被某台仪器捕捉到了. 记 S 为所有仪器的集合, 其中的元素用 a 表示. 因此 $n(S) = n$. 将各粒子分别标记为 $1, 2, \cdots, m$, 于是一个基本事件就是一个数组 $(a_1, \cdots, a_m)$ $(a_i \in S)$, 这个数组表示第 i 号粒子被仪器 a_i 捕捉到了. 用第 7 节中的符号, 所有基本事件的集合就是 S^m. 问题中的那个 "可能性相同" 条件意味着所有这些基本事件都有相同的概率. 由定理 20 可知 $n(S^m) = n^m$, 因此每个基本事件的概率都等于 $1/n^m$. 我们感兴趣的是子集 $N \subset S^m$, 它由那些 S 中所有元素都至少出现一次的数组 $(a_1, \cdots, a_m)$ 组成. 比如 $S = \{a, b, c\}, m = 4$, 则 $(a, b, c, a) \in N$, 而 (a, b, a, b) 不属于 N, 因为其中 c 未出现. 我们的目标是计算出 $n(N)$.

将 S^m 中任意 a_i 都不等于 a 的数组 $(a_1, \cdots, a_m)$ 所构成的集合记为 N_a. 显然有 $N = \overline{\cup N_a}$, 其中 a 取遍 S 中所有元素. 因此 $n(N) = n(\overline{\cup N_a})$, 而 $n(\overline{\cup N_a})$ 可由 (3.21) 式计算. 现在只要计算出 $n(N_{a_1} \cap N_{a_2} \cap \cdots \cap N_{a_r})$ 即可, 其中 $a_i \in S$. 也就是说, 我们的对象是 $(c_1, \cdots, c_m)$, 每个 c_i 都与 $a_1, \cdots, a_r$ 中任一元素不相等, 即每个 c_i 都属于集合 $\overline{\{a_1, \cdots, a_r\}}$. 这些数组构成了集合 $(\overline{\{a_1, \cdots, a_r\}})^m$, 根据定理 20, 其元素总数为 $(n(\overline{\{a_1, \cdots, a_r\}}))^m$. 因为

$$n(\{a_1, \cdots, a_r\}) = r, \qquad n(S) = n,$$

所以

$$n(\overline{\{a_1, \cdots, a_r\}}) = n - r,$$

以及
$$n(N_{a_1} \cap N_{a_2} \cap \cdots \cap N_{a_r}) = (n-r)^m.$$

由此可知, 对于我们这个问题, (3.21) 中的每一项 $n(S_{i_1} \cap S_{i_2} \cap \cdots \cap S_{i_r})$ 都等于 $(n-r)^m$. 对于固定的 r, 这些项的总数为 C_n^r. 因此由 (3.21) 式可得

$$n(N) = n^m - C_n^1(n-1)^m + \cdots + (-1)^{n-1}C_n^{n-1} \cdot 1^m.$$

所求的概率为

$$\frac{n(N)}{n^m} = 1 - C_n^1\Big(\frac{n-1}{n}\Big)^m + \cdots + (-1)^{n-1}C_n^{n-1}\Big(\frac{1}{n}\Big)^m. \tag{3.31}$$

在前面讨论过的每个例子中, 所有基本事件都是等概率的. 如果有 n 个基本事件, 那么每个基本事件的概率就是 $1/n$. 因此在计算其他事件的概率时, 我们转为考虑相应子集中基本事件的数目, 即考虑一个组合问题. 现在我们来分析一些更典型的概率论问题.

设 $(M; p)$ 和 $(N; q)$ 是两个概率模型, 我们假定它们各是由一系列重复试验决定的. 记决定 $(M; p)$ 的为试验 A, 决定 $(N; q)$ 的为试验 B. 现在考虑一个新试验, 它由试验 A 和试验 B 组成, 先执行试验 A, 再执行试验 B. 我们想根据这个新试验来确定出一个新的概率模型. 前面重复掷骰子其实就是这种情况 (见图 3.8). 设 $n(M) = m$, $M = \{a_1, \cdots, a_m\}$, $p(a_i) = p_i$; $n(N) = n$, $N = \{b_1, \cdots, b_n\}$, $q(b_i) = q_i$. 新试验给出了新的基本事件: 如果试验 A 给出了事件 $a \in M$, 试验 B 给出了事件 $b \in N$, 则新的基本事件就是元素对 $(a, b) \in X = M \times N$. 我们怎么为这些事件赋予概率呢? 如果额外补充一个假设, 那么合理的做法便只有一种. 我们假定试验 A 与试验 B 是独立的, 意思是说试验 B 的结果不受试验 A 的影响. 加上这个条件之后, 我们来定义基本事件 (a, b) 的概率 $p((a, b))$. 推理过程与掷两个骰子的情形很接近.

与之前一样, 我们将集合中的元素以表格的形式给出 (见图 3.12).

第一次试验给出包含事件 a_i 的事件发生的概率为 p_i. 不过它不是基本事件, 而是包含了 n 个基本事件 $(a_i, b_1), \cdots, (a_i, b_n)$, 即图 3.12 中的第 i 列. 根据独立性假设, 这些事件发生的概率与概率模型 $(N; q)$ 中的事件 $b_1, \cdots, b_n$ 发

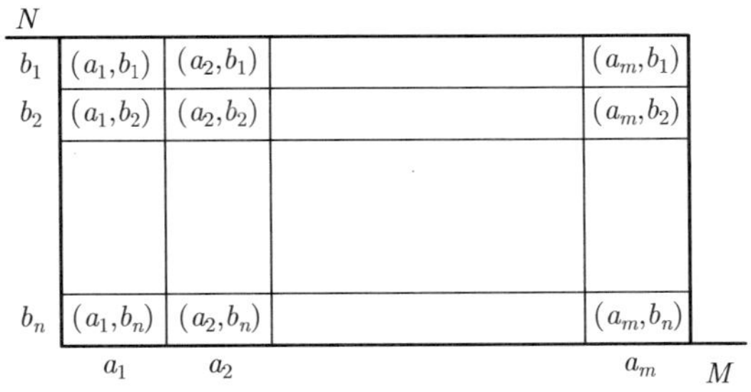

图 3.12

生的概率应该是一样的. 但这里会出现一个矛盾: 所有事件 $(a_i, b_1), \cdots, (a_i, b_n)$ 的概率之和为 p_i, 而事件 $b_1, \cdots, b_n$ 的概率之和为 1. 换句话说, 如果第 i 列的事件组成一个概率模型的话, 那么它应该与模型 $(N; q)$ 是一样的. 但概率模型定义中的条件 (3.29) 此时在这个模型中却得不到满足. 为此我们需要做一些 "修正": 将所有那些基本事件的概率都除以整个事件的概率 p_i. 由此我们得到了一个新的概率模型, 其中各事件的概率为 $p((a_i, b_j))/p_i$. 由于这个概率模型应当与 $(N; q)$ 相同, 所以有 $p((a_i, b_j))/p_i = q_j$, 即 $p((a_i, b_j)) = p_i q_j$. 因此我们可以规定

$$p((a_i, b_j)) = p_i q_j. \tag{3.32}$$

这样我们就得到了一个新的概率模型: 图 3.12 中第 i 列上所有基本事件的概率之和为

$$p_i q_1 + \cdots + p_i q_n = p_i (q_1 + \cdots + q_n) = p_i,$$

所有基本事件的概率之和为

$$p_1 + \cdots + p_m = 1.$$

这样 (3.29) 式的条件就得到了满足.

这个新的概率模型 $(X; p)$ 称为概率模型 $(M; p)$ 与 $(N; q)$ 的乘积. 它的意思是这样的: 如果有两个概率模型 $(M; p)$ 和 $(N; q)$, 则 $X = M \times N$, $p((a, b)) = p(a)q(b)$. 相继执行两个试验, 并且它们相互独立, 概率模型的乘积与我们对此过程的直观感觉是相符合的.

上述推理解释了为何如此定义概率. 如果要给出形式定义的话, 只写出 (3.32) 式就可以了.

通过归纳我们可以定义多个概率模型 $(M_1; p_1), \cdots, (M_r; p_r)$ 的乘积:

$$M_1 \times \cdots \times M_r = (M_1 \times \cdots \times M_{r-1}) \times M_r, \tag{3.33}$$

其中 $M_1 \times \cdots \times M_{r-1}$ 根据归纳假设是已经有定义的, 而两个模型 $(M_1 \times \cdots \times M_{r-1})$ 和 M_r 的乘积我们刚刚给出了定义. 我们给出这个概率模型的一个显式表示. 集合 $M_1 \times \cdots \times M_r$ 在第 7 节已经定义好了, 它的元素形如 $(a_1, \cdots, a_r)$, 其中 $a_i \in M_i$. 基本事件 $(a_1, \cdots, a_r)$ 的概率等于

$$p((a_1, \cdots, a_r)) = p_1(a_1)p_2(a_2) \cdots p_r(a_r). \tag{3.34}$$

可以通过对 r 进行归纳来验证这个等式. 依据 (3.33) 和 (3.32), 有

$$p((a_1, \cdots, a_r)) = p(((a_1, \cdots, a_{r-1}), a_r)) = p((a_1, \cdots, a_{r-1}))p_r(a_r),$$

再结合归纳假设

$$p((a_1, \cdots, a_{r-1})) = p_1(a_1)p_2(a_2) \cdots p_{r-1}(a_{r-1})$$

即可得到 (3.34) 式. 这个公式可以这么表述: 将 $(a_1, \cdots, a_r)$ 中的每个元素都换成相应的概率, 然后将这些数乘起来, 就得到了这个元素组的概率.

我们将这一构造应用于一个特殊的概率模型 I^n, 其中 $I = \{a, b\}$ 是一个概率模型, 它包含两个基本事件, 其各自的概率为 $p(a) = p, p(b) = q$. 根据概率模型的要求, $p \geqslant 0, q \geqslant 0$, 且 $p + q = 1$. 在第 7 节我们已经讨论过集合 I^n 了, 它包含所有长度为 n、形如 $aabbbab$ 的 "词". 这些就是这里的基本事件. 它们的概率定义如下: 如果字母 a 在 "词" 中出现了 k 次, 字母 b 出现了 $n - k$ 次, 那么这个 "词" 的概率就是 $p^k q^{n-k}$. 这样的概率模型称为伯努利概型. 正如看到的那样, 这反映了在 n 次重复试验中事件 a 或 b 发生的概率, 每次 a 发生的概率为 p, b 发生的概率为 q. 这里也假设了每次试验的结果都不影响随后各试验的结果.

比如 $n = 3$ 时, 我们有 8 个基本事件: (a, a, a), (a, a, b), (a, b, a), (b, a, a), (a, b, b), (b, a, b), (b, b, a) 和 (b, b, b), 各自的概率分别为 p^3, p^2q, p^2q, p^2q, pq^2, pq^2, pq^2 和 q^3. 提醒一下, 这里字母 p 不表示概率, 而是一个特定的数, 且满足 $0 < p < 1$. 含有 k 个 a 和 $n - k$ 个 b 的基本事件的概率等于 p^kq^{n-k}. 这些记号太基本了, 很难改变, 我们必须时刻关注 p 所代表的意义.

我们用 A_k 代表在 n 次重复试验中, 事件 a 出现 k 次的事件. 这个事件包括了很多基本事件, 在每个基本事件中 a 恰好出现 k 次. 易知剩余的 $n - k$ 次出现的是事件 b. 因为每个这样的基本事件的概率都是 p^kq^{n-k}, 只要知道 A_k 中包含多少个这样的基本事件即可. 这个数目正好等于从 n 个指标 $1, \cdots, n$ 中取 k 个指标的方法总数, 即 n 元集中 k 元子集的个数. 根据定理 22, 这个数等于二项式系数 C_n^k. 因此事件 A_k 的概率就等于

$$p(A_k) = C_n^k p^k q^{n-k} = \frac{n!}{k!(n-k)!} p^k q^{n-k}. \tag{3.35}$$

由此我们来求出事件 a 最可能出现的次数, 也就是找出哪个 k 可以使得 (3.35) 式中的数取到最大值. 我们将这些数按顺序写出来:

$$1q^n, \quad npq^{n-1}, \quad \frac{n(n-1)}{2}p^2q^{n-2}, \quad \cdots \quad, 1p^n.$$

考虑相邻两个数的比值

$$\frac{p(A_{k+1})}{p(A_k)} = \frac{\frac{n!}{(k+1)!(n-k-1)!}p^{k+1}q^{n-k-1}}{\frac{n!}{k!(n-k)!}p^kq^{n-k}} = \frac{(n-k)p}{(k+1)q}.$$

(其中省略的化简过程你应该很容易补充出来.)

如果这个数大于 1, 那么第 $k + 1$ 个数就大于第 k 个数; 如果等于 1, 那么这两个数相等; 如果小于 1, 那么第 $k + 1$ 个数就小于第 k 个数. 如果 $(n-k)p/((k+1)q) > 1$, 即 $(n-k)p > (k+1)q$, 那么这个数就大于 1. 因为 $p + q = 1$, 所以相应的不等式变为 $np > k + 1 - p$ 或 $(n+1)p - 1 > k$. 如果 $k > (n+1)p - 1$, 那么比值 $p(A_{k+1})/p(A_k)$ 就小于 1. 如果 $k = (n+1)p - 1$, 那么 $p(A_{k+1}) = p(A_k)$. 因此只要 k 的取值小于 $(n+1)p - 1$, 则第 $k + 1$ 个数总是大于第 k 个数. 这里会出现两种情况:

第一种情况: 数字 $(n+1)p-1$ 不是整数. 如果 m 是不大于 $(n+1)p$ 的最大整数, 则 $p(A_m)$ 取到最大值. 进一步, 因为 $m \neq (n+1)p-1$, 则对于更大的 k, 每个数 $p(A_k)$ 都会小于前一个数. 这说明 a 最可能出现的次数只有一个, 就是不超过 $(n+1)p$ 的最大整数 m.

第二种情况: 数字 $(n+1)p-1$ 是整数. 此时当 $k < m = (n+1)p-1$ 时, $p(A_k)$ 递增; $p(A_{m+1}) = p(A_m)$; 当 $k > m+1$ 时, $p(A_k)$ 递减.

因此数字 $p(A_k)$ 开始逐渐递增, 直到取得最大值, 最大值可能出现一次也可能出现两次, 然后又逐渐递减. 换句话说, 相应的图像中会出现 "一座山峰" (如图 3.11). 这意味着多项式

$$q^n + npq^{n-1}t + \frac{n(n-1)}{2}p^2 q^{n-2}t^2 + \cdots + p^n t^n$$

是单峰多项式. 借助二项式公式可以将其写作 $(q+pt)^n$. 怎么从这个简单的表达式看出它的单峰性呢? 我不知道.

对于 $p = q = 1/2$ 这种最简单的情形, 如果 $(n+1)/2 - 1$ 不是整数, 即 n 是偶数, 则 $(n+1)/2 - 1 = n/2 - 1/2$, $m = n/2$. 因此事件 a 最可能出现的次数只有一个, 即 $m = n/2$. 这意味着最可能出现的情况是 a 出现 $n/2$ 次, b 也出现 $n/2$ 次. 这没有什么可惊讶的, 毕竟从对称性考虑就该是这样的结果. 如果 n 是奇数, 则 $m = (n+1)/2 - 1 = (n-1)/2$ 是偶数, 因此事件 a 最可能出现的次数有两个: $(n-1)/2$ (因此 b 出现了 $(n+1)/2$ 次) 和 $(n+1)/2$ (因此 b 出现了 $(n-1)/2$ 次). 这个结果也是很自然的. 对于其他的 p 值, 最终的结果就很难预测了. 下面的问题取自一本概率论教材.

通过对某地多年的观测, 发现 7 月 4 日下雨的概率为 4/17. 试算出之后 50 年中 7 月 4 日下雨最可能发生的次数.

这里 $n = 50$, $p = 4/17$, 所以 $m = (n+1)p - 1 = 11$. 由此可知 7 月 4 日下雨最可能发生的次数是 11 和 12 (这两者可能性相同).

概率值 $C_n^k p^k (1-p)^{n-k}$ $(k = 0, 1, \cdots, n)$ 具有很多不可思议的性质. 图 3.13 取自一本概率论教材, 它们分别展示的是 $p = 1/3$, $n = 4, 9, 16, 36, 100$ 的情形.

可以看到, 当 n 变大时, 整个分布并不随意, 而是逐渐接近某条光滑曲线.

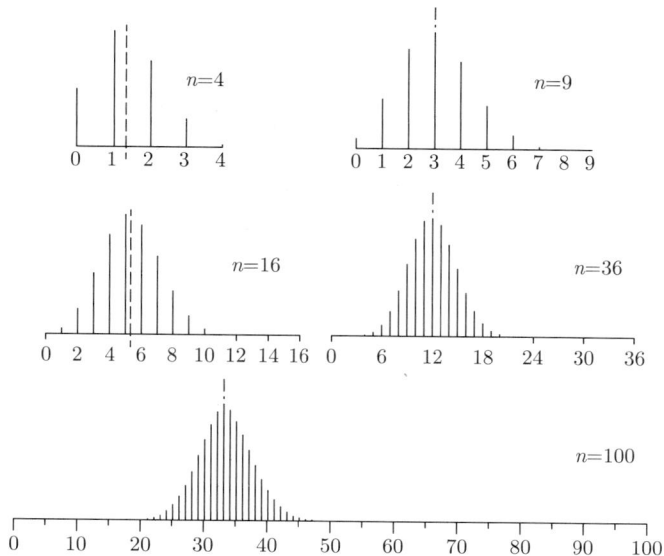

图 3.13

为了看出这一点, 我们需要调整图像: 将最大数值 m 移到 y 轴上, 缩短 x 轴上相邻刻度之间的距离 (从图 3.13 中可以看出这一点), 最后按适当比例减小所有数值, 以便最大数值 m 都处于差不多的高度. 完成这一切之后, 就可以看出当 n 不断增大时, 图中的点逐渐接近一条特定的曲线 —— 函数

$$y = \frac{1}{\sqrt{2\pi}} c^{x^2}$$

的图像, 其中 π 是圆周率, 而 c 等于 $1/\sqrt{e}$ (e 是自然对数的底).

这一命题被称为拉普拉斯定理, 它刻画了二项式系数的更精细的性质. 要严格证明的话, 就需要说明 "越来越接近" 到底是什么意思, 这就涉及了极限的概念, 对此我们不打算进一步展开.

习 题

1. 对于任一概率模型 $(M; p)$, 给定 k 个事件: $M_1 \subset M, \cdots, M_k \subset M$. 试通过事件 $M_{i_1} \cap \cdots \cap M_{i_r}$ 的概率 $p(M_{i_1} \cap \cdots \cap M_{i_r})$ 计算出事件 $M_1 \cup \cdots \cup M_k$ 的概率 $p(M_1 \cup \cdots \cup M_k)$.

2. 证明: 如果多项式 $f(x)$ 是自反、单峰多项式, 则多项式 $f(x)(1 + x)$ 也具有这两个性质.

3. 证明: 如果多项式 $f(x)$ 是自反、单峰多项式, 则多项式 $f(x)(1 + x + x^2 + x^3 + x^4 + x^5)$ 也具有这两个性质. 试由此证明多项式 $(1 + x + x^2 + x^3 + x^4 + x^5)^n$ 是单峰多项式.

4. 对于 m 个粒子和 n 台仪器的问题, 确保自己能明白当 $n = m$ 时, 结果是 $n!/n^n$. 将 (3.31) 式应用到这里, 可以得到哪些关于二项式系数的关系式?

5. 罐子里装有 n 个形状相同的球, 其中 m 个红球, $n - m$ 个黑球. 从中随机取 r 个球. 请问取出 k 个红球和 $r - k$ 个黑球的概率是多少? (提示: "随机" 的意思是从 n 个球中任取 r 个球的所有不同结果都具有相同的概率.)

6. 证明: 如果伯努利概型中的概率 p 是无理数, 那么事件 a 最可能出现的次数是唯一的.

7. 在伯努利概型中, 事件 a 最可能出现的次数与 n 的比值被称为最可能的比例. 当 n 不断增大时, 最可能的比例会越来越接近事件 a 发生的概率 p.

补充: 切比雪夫不等式

在第 10 节最后我们讨论了一个关于伯努利概型的问题. 如果有个试验只可能有两种结果, 将这个试验重复多次, 就会得到伯努利概型. 比如一枚硬币, 两面不对称, 那么抛掷之后是正面向上还是反面向上呢? 为此我们需要将其抛掷若干次, 比如抛了 1000 次. 如果有 k 次是正面向上, 那么正面向上的概率就可以认为是 $p = k/1000$. 在此基础上, 我们就可以运用伯努利概型 $(I^n; p)$ 去计算其他事件的概率了, 比如运用 (3.35) 式计算 A_k 发生的概率. 但这一抽象模型就让人满意了吗? 对于我们最开始面对的境况, 将一系列独立试验操作多次, 我们的抽象处理能足够准确地将现实情况反映出来吗?

在我们的抽象模型 (也就是伯努利概型) 中, 我们不能问事件 a 在 I^n 中到底会出现多少次, 我们只能用概率的语言来处理, 因此只有问某事件发生的概率才是有意义的. 概率这一概念与实际相联系时通常默认了一个观念: 极小概率事件在现实中不会发生. 也就是说, 如果某个特定事件的概率足够小, 那么在实际操作时我们就默认事件不可能发生. 显然, 在每个具体情形中, "足够小" 这个说法应该有个准确的表述. 基于此, 我们固定一个数 $\epsilon > 0$, 事件 A_ϵ 表示伯努利概型 $(I^n; p)$ 中事件 a 发生了 k 次, 其中 k 满足 $|k/n - p| > \epsilon$.

换句话说, 事件 A_ϵ 发生意味着事件 a 发生的 "频率" k/n 与假定的概率 p 之间的误差超过了 ϵ. 很自然地, 我们希望对任意固定的 ϵ, 随着 n 不断增大, 事件 A_ϵ 的概率 $p(A_\epsilon)$ 会足够小. 这意味着对于足够大的 n, 频率 k/n 与概率 p 之间的偏差可以忽略不计.

18 世纪初雅各布·伯努利就遇到了这个问题, 并且意识到计算概率 $p(A_\epsilon)$ 是一个与二项式系数的性质有关的纯数学问题. 他证明了随着 n 的增大, $p(A_\epsilon)$ 确实会变得足够小. 这个命题被称为大数定律. 到了 19 世纪, 切比雪夫不仅证明了伯努利的这个简单的定性论断, 还找到了 $p(A_\epsilon)$ 满足的一个简单的显式不等式. 我们将他的定理在这里陈述出来. (这是本书中我们第一次碰到俄罗斯数学家的工作. 切比雪夫 (1821—1894) 是圣彼得堡数学学派的奠基人.)

我们将表达式写成代数公式的形式. 在第 10 节, 我们研究过伯努利概型 $(I^n; p)$ (事件 a 发生的概率为 p) 以及事件 A_k (在一系列重复试验中事件 a 发生了 k 次), 并且计算出

$$p(A_k) = C_n^k p^k q^{n-k}. \tag{3.36}$$

对于给定的 ϵ, 我们感兴趣的是那些下标 k 满足 $|k/n - p| > \epsilon$ 的 A_k 所构成的事件 A_ϵ, 我们想算出它的概率 $p(A_\epsilon)$. 回忆一下, 一个事件就是集合 I^n 的一个子集. 显然当 k 不同时各子集 A_k 之间是不相交的, A_ϵ 就是下标 k 满足 $|k/n - p| > \epsilon$ 的那些子集 A_k 的并集. 因此所求概率 $p(A_\epsilon)$ 就是所有那些 A_k 的概率 $p(A_k)$ 之和. 因为 $p(A_k)$ 已经由 (3.36) 式给出了, 所以我们已经得到了 $p(A_\epsilon)$ 的一个略复杂的显式表示. 将条件 $|k/n - p| > \epsilon$ 写成

$$|k - np| > \epsilon n \tag{3.37}$$

会更方便一点. 对于所有满足

$$1 \leqslant k \leqslant n \tag{3.38}$$

以及 (3.37) 式的 k, 将它们对应的所有 $C_n^k p^k q^{n-k}$ 的和式记为 S_ϵ. 容易看出事件 A_ϵ 的概率 $p(A_\epsilon)$ 等于 S_ϵ.

现在我们来陈述切比雪夫定理.

定理 23 (切比雪夫定理) 在伯努利概型 $(I^n; p)$ 中, 记事件 A_k 为事件 a 发生了 k 次. 对于任意给定的 $\epsilon > 0$, 满足 $|k/n - p| > \epsilon$ 的所有事件 A_k 组成的事件记为 A_ϵ, 则事件 A_ϵ 的概率 $p(A_\epsilon)$ 满足下列不等式

$$p(A_\epsilon) \leqslant \frac{pq}{\epsilon^2 n}. \tag{3.39}$$

不等式 (3.39) 有时候也写成

$$p\left(\left|\frac{k}{n} - p\right| > \epsilon\right) \leqslant \frac{pq}{\epsilon^2 n}.$$

这里注意一点, 左侧的 p 是表示事件概率的符号, 右侧的 p 是伯努利概型的定义中给出的一个数.

显然对于给定的 p (因此 $q = 1 - p$ 也给定) 与 ϵ, (3.39) 式的右侧随着 n 的增大而逐渐减小, 这正是我们想证明的. 这个定性结果就是我们前面提过的伯努利大数定律.

切比雪夫定理的证明基于若干和式的显式计算, 我们以引理的形式将其列出.

引理 7 由 (3.36) 式给出的概率 $p(A_k)$ 满足下列等式

$$p(A_0) + p(A_1) + p(A_2) + \cdots + p(A_n) = 1, \tag{3.40}$$

$$p(A_1) + 2p(A_2) + 3p(A_3) + \cdots + np(A_n) = np, \tag{3.41}$$

$$p(A_1) + 2^2 p(A_2) + 3^2 p(A_3) + \cdots + n^2 p(A_n) = n^2 p^2 + npq. \tag{3.42}$$

对任意的 $r \geqslant 0$, 记 σ_r 为所有项 $k^r p(A_k)$ $(k = 0, 1, \cdots, n)$ 之和, 记 $f_r(t)$ 为所有项 $k^r C_n^k t^k$ $(k = 0, 1, \cdots, n)$ 之和所得到的多项式. 根据 (3.36) 式有 $p(A_k) = C_n^k p^k q^{n-k}$, 记 $\alpha = p/q$, 则在和式 σ_r 中提出 q^n 可得

$$\sigma_r = q^n f_r(p/q) = q^n f_r(\alpha). \tag{3.43}$$

根据二项式公式有

$$f_0(t) = (t + 1)^n. \tag{3.44}$$

(这里提一点, 多项式 $f_0(t)$ 的常数项为 1; 当 $r > 0$ 时, $f_r(t)$ 的常数项为 $0^r C_n^0 = 0$.) 利用导数的性质, 可以容易地相继算出多项式 $f_r(t)$. 我们这里对 $r = 0, 1, 2$ 应用这个方法.

考虑多项式 $f_r(t)$ 的导数 $f_r'(t)$. 因为

$$f_0(t) = 1 + C_n^1 t + C_n^2 t^2 + \cdots + t^n,$$

$$f_r(t) = 1^r C_n^1 t + 2^r C_n^2 t^2 + \cdots + n^r C_n^n t^n \quad (r > 0),$$

根据 (2.16) 式有

$$f_r'(t) = 1^{r+1} C_n^1 + 2^{r+1} C_n^2 t + \cdots + n^{r+1} C_n^n t^{n-1}.$$

右侧乘以 t, 可得到多项式 $f_{r+1}(t)$. 因此有

$$f_{r+1}(t) = f_r'(t) t. \tag{3.45}$$

这个关系式允许我们计算多项式序列 $f_r(t)$, 其中 $r = 1, 2, \cdots$ ($f_0(t)$ 已经由 (3.44) 式给出了). 对 (3.44) 式应用求导法则 (2.20), 因为 $(t + 1)' = 1$, 故有

$$f_0'(t) = n(t+1)^{n-1}. \tag{3.46}$$

结合 (3.45) 式可得

$$f_1(t) = n(t+1)^{n-1} t. \tag{3.47}$$

将 $f_1(t)$ 看作 $(t+1)^{n-1}$ 与 nt 的乘积, 则根据 (2.18) 可得

$$f_1'(t) = \big((t+1)^{n-1}\big)' nt + (t+1)^{n-1}(nt)'. \tag{3.48}$$

因为 $\big((t+1)^{n-1}\big)' = (n-1)(t+1)^{n-2}$, $(nt)' = n$, 再结合 $f_2(t) = f_1'(t) t$, 可得

$$f_2(t) = n(n-1)(t+1)^{n-2} t^2 + n(t+1)^{n-1} t. \tag{3.49}$$

为得到 σ_0, σ_1 和 σ_2 的值, 我们依照 (3.43) 式作替换 $t = \alpha = p/q$. 因为 $p + q = 1$, 所以 $\alpha + 1 = p/q + 1 = (p+q)/q = 1/q$. 于是有

$\sigma_0 = q^n (\alpha+1)^n = q^n (1/q)^n = 1$,

$\sigma_1 = q^n f_1(\alpha) = q^n n(\alpha+1)^{n-1}\alpha = q^n n(1/q)^{n-1} \cdot p/q = np$,

$\sigma_2 = q^n f_2(\alpha) = q^n \big(n(n-1)(\alpha+1)^{n-2}\alpha^2 + n(\alpha+1)^{n-1}\alpha\big) = n(n-1)p^2 + np$.

利用 $1 - p = q$, 可以将最后一个等式换个形式:

$$\sigma_2 = n^2 p^2 - np^2 + np = n^2 p^2 + np(1 - p) = n^2 p^2 + npq.$$

至此我们就证明了引理中的三个等式. ∎

现在来证明切比雪夫定理. 切比雪夫的技巧在于将 (3.37) 式变形为

$$\left| \frac{k - np}{\epsilon n} \right| > 1,$$

即

$$\left(\frac{k - np}{\epsilon n} \right)^2 > 1,$$

然后将和式 S_ϵ 中的每一项 $p(A_k)$ 都乘以 $\left((k - np)/(\epsilon n) \right)^2$, 由此得到的结果将大于原来的和式. 此后他计算了完全和式 $\overline{S_\epsilon}$, 即对从 0 到 n 的所有的 k, 求所有 $\left((k - np)/(\epsilon n) \right)^2 p(A_k)$ 之和. 这就突破了 (3.37) 式的限制. 因为新加的项都是正的, 所以 $S_\epsilon \leqslant \overline{S_\epsilon}$. 紧接着, 一个基于引理的初等变换使得 $\overline{S_\epsilon}$ 可以被准确计算出来, 由此就得到了关于 S_ϵ 的不等式.

现在我们只需对 $k = 0, 1, \cdots, n$ 计算出所有 $\left((k - np)/(\epsilon n) \right)^2 p(A_k)$ 之和 $\overline{S_\epsilon}$ 即可. 公因式 $(\epsilon n)^2$ 可以提出来, $(k - np)^2$ 可以展开为 $k^2 - 2npk + n^2 p^2$. 这样 $\overline{S_\epsilon}$ 中的每一项 (公因式 $(\epsilon n)^2$ 已经单独提出来了) 就裂成了三项. 所有第一项之和即是 σ_2 (见 (3.42) 式); 提出公因式 $-2np$ 之后, 所有第二项之和恰好是 σ_1 (见 (3.41) 式); 提出 $n^2 p^2$ 之后, 所有第三项之和为 σ_0 (见 (3.40) 式). 将得到的结果综合起来, 就得到了 $\overline{S_\epsilon}$:

$$\overline{S_\epsilon} = \frac{1}{\epsilon^2 n^2} \left(\sigma_2 - 2np\sigma_1 + n^2 p^2 \sigma_0 \right).$$

利用引理对 σ_0, σ_1 和 σ_2 作替换, 可得

$$\overline{S_\epsilon} = \frac{1}{\epsilon^2 n^2} \left(n^2 p^2 + npq - 2n^2 p^2 + n^2 p^2 \right) = \frac{pq}{\epsilon^2 n}. \tag{3.50}$$

因为 $S_\epsilon \leqslant \overline{S_\epsilon}$, 所以 $S_\epsilon \leqslant (pq)/(\epsilon^2 n)$. 这就证明了切比雪夫定理. ∎

现在重点关注一下证明中的核心技巧. 和式 S_ϵ 中的项形式都很简单, 但困难在于和式中的那些项都受限于一个有点奇怪的规则 (也就是下标需满足

(3.37) 式). 随之而来的第一个念头就是忽略这个限制, 直接求出所有项的和. 这个和式比较容易计算: 根据引理, 和为 1. 这个范围太大了, 根据它得不到想要的不等式. 切比雪夫的想法是额外引进一个因式 $\left((k-np)/(\epsilon n)\right)^2$, 在此基础上再求所有项的和. 这个过程中, 那些参与 S_ϵ 求和的项被放大了, 但与此同时, 那些不参与 S_ϵ 求和的项被缩小得太厉害了 (对于这些项, 我们有 $\left((k-np)/(\epsilon n)\right)^2 < 1$), 以至于最后的结果 $\overline{S_\epsilon}$ 仍然足够小.

这种情况在数学中经常出现. 即通常从某个等式出发, 可以通过很平凡的估计得到一个重要、有趣的不等式. 我们这里的那个平凡的估计就是 $S_\epsilon \leqslant \overline{S_\epsilon}$, 那个等式就是 (3.50), 它以显式形式给出了 $\overline{S_\epsilon}$. 绝大多数在数学中有重要地位的不等式都是通过这种方式得到的. 但有些时候它们是由其他方法得到的, 此时或许暗示着某个隐藏其后的等量关系有待发掘.

再回到切比雪夫定理上去. 正如我们解释过的, 我们所研究的那些事件 (在伯努利概型 I^n 中, 事件 a 发生了 k 次), 要么满足 $k > np + n\epsilon$, 要么满足 $k < np - n\epsilon$. 换句话说, 我们没考虑的那些事件 (事件 a 发生了 k 次, 但此时 k) 满足 $np - n\epsilon \leqslant k \leqslant np + n\epsilon$. 定理告诉我们, 第一类事件 (在 n 很大时) 发生的概率很小, 不超过 $pq/(\epsilon^2 n)$, 这意味着第二类事件发生的概率很大, 不小于 $1 - pq/(\epsilon^2 n)$. 举个例子, 假如我们在固定条件下将某试验重复若干次. 假设每次试验的结果都是 a 和 b 其中之一, 其中 a 发生的概率为 p. 假设试验重复了 n 次, 我们此时就可以用伯努利概型 $(I^n; p)$ 来描述整个试验. 试验可能是测试一大类对象是否具有某种特定的性质, 已知占比为 p 的对象具有这种性质. 集合 I^n 描述了 n 次试验所有可能的结果. 依据切比雪夫定理, 事件 a 发生的次数介于 $np - n\epsilon$ 和 $np + n\epsilon$ 之间的概率不小于 $1 - p(1-p)/(\epsilon^2 n)$. 这里的 ϵ 可以是任意的数. 比如 $p = 3/4$ 时, 选 $\epsilon = 1/100$, 那么事件 a 发生的次数 k 介于 $3n/4 - n/100$ 和 $3n/4 + n/100$ 之间的概率不小于

$$1 - \frac{\dfrac{3}{4} \times \dfrac{1}{4}}{\left(\dfrac{1}{100}\right)^2 n}.$$

因为 $3/4^2 < 2/10$, 所以这一概率不小于

$$1 - \frac{\dfrac{2}{10}}{\left(\dfrac{1}{100}\right)^2 n} = 1 - \frac{2000}{n}.$$

若设定 $n = 200000$, 则这个概率不小于 0.99. 这说明, 在 200000 次重复试验中, 事件 a 发生的次数 k 将以如此大的概率落在 148000 和 152000 之间 (易求得 $3n/4 = 150000$, $n/100 = 2000$, $np - n\epsilon = 148000$, $np + n\epsilon = 152000$).

反过来, 我们可以用切比雪夫定理来估计为了得到足够准确的概率 p, 我们需要做多少次试验. 假定我们要求概率精确到 $1/10$, 并且它等于所得到的数的概率不小于 0.99. 依据切比雪夫定理, 我们必须令 $\epsilon = 1/10$, 且要求下列不等式成立

$$\frac{pq}{\left(\dfrac{1}{10}\right)^2 n} < 0.01.$$

因为 $q = 1 - p$, 且对于满足 $0 \leqslant p \leqslant 1$ 的任意的 p, 我们都有 $pq = p(1-p) \leqslant 1/4$. 这一不等式的依据是, p 和 q 的几何平均值不超过它们的算术平均值 $1/2$. 由此只要 n 满足下式即可

$$\frac{\dfrac{1}{4}}{\left(\dfrac{1}{10}\right)^2 n} < 0.01,$$

解得 $n > 2500$.

习 题

1. 假定一大类对象中只有大约 5% 的对象具有某种特定的性质. 证明: 在 200000 个对象中, 具有给定性质的对象的数目落在 9000 和 11000 之间的概率不小于 0.99.

2. 情境类似于习题 1, 不过具有某种特定性质的对象所占的比例并不知道. 现在检查了 100 个对象, 我们能将这个比例精确到 0.1 的概率有多大?

3. 设自然数 $r \leqslant n$, $p(A_k)$ 由 (3.36) 式给出. 对于 $k = 0, 1, \cdots, n$, 试求出所有 $k(k-1)\cdots(k-r+1)p(A_k)$ 的和.

4. 求出由项 $k^r p(A_k)$ $(k = 1, 2, 3, 4)$ 组成的和式 σ_r 在 $r = 1, 2, 3, 4$ 时的值. 用两种方法求值, 并验证它们是相等的: (1) 重复引理的证明过程; (2) 用习题 3 中的式子来表示 σ_r.

5. 试通过将切比雪夫定理证明中引进的乘式 $\big((k - np)/(\epsilon n)\big)^2$ 换成 $\big((k - np)/(\epsilon n)\big)^4$, 将切比雪夫定理加以改进. 这一改进将原不等式右侧分母上的 n 换成了 n^2.

第四章　素数

| 主题: 数 |

| 11　素数的个数是无限的

在第一章中我们知道, 每个自然数都有唯一的素因数分解. 从乘法运算的角度来看, 素数就是最简单的对象, 由它们出发我们可以得到所有自然数. 这和由数字 1 通过加法得到所有自然数类似. 从这个角度来看, 我们希望得到所有素数就很合理了. 前 10 个自然数中有 4 个素数: 2, 3, 5, 7. 我们还可以找到更多的素数: 对于后面的每个自然数, 我们用所有已知的素数去除, 以判断它是否为素数. 前 100 个自然数中有 25 个素数:

$$2,\ 3,\ 5,\ 7,\ 11,\ 13,\ 17,\ 19,\ 23,\ 29,\ 31,\ 37,\ 41,$$
$$43,\ 47,\ 53,\ 59,\ 61,\ 67,\ 71,\ 73,\ 79,\ 83,\ 89,\ 97.$$

这个素数数列后面还有多少数呢?

这个问题很早之前就已经出现了, 我们可以在欧几里得的《几何原本》中找到答案. 我们将这个答案总结为下述定理:

定理 24　*素数的个数是无限的.*

这个定理我们多给几个证明. 第一个证明取自《几何原本》. 假定我们已经找到了 n 个素数: $p_1, p_2, \cdots, p_n$. 考虑自然数 $N = p_1 p_2 \cdots p_n + 1$. 第 2 节中已知每个数都至少有一个素因数, 因此 N 有一个素因数. 但这个素因数不能是 $p_1, p_2, \cdots, p_n$ 中的任何一个. 假如这个素因数是 p_i, 那么 $N - p_1 p_2 \cdots p_n$ 必定能被 p_i 整除. 但 $N - p_1 p_2 \cdots p_n = 1$, 因此出现了矛盾. 由此可知 N 有与诸 p_i 都不等的素因数. 这意味着对于任意给定的 n 个素数, 总还有其他素

数. 定理由此得证. ∎

第二个证明. 第 9 节 (见 (3.25) 式) 已经证明, 不超过 N 且与 N 互素的自然数的个数为

$$N\left(1 - \frac{1}{p_1}\right)\left(1 - \frac{1}{p_2}\right)\cdots\left(1 - \frac{1}{p_n}\right), \tag{4.1}$$

这里 $p_1, p_2, \cdots, p_n$ 是 N 的所有素因数.

假定我们已经找到了 n 个素数: $p_1, p_2, \cdots, p_n$. 令 $N = p_1 p_2 \cdots p_n$, 将其代入 (4.1) 式. 由 $p_i(1 - 1/p_i)$ 可得 $p_i - 1$, 因此 (4.1) 式变成了

$$(p_1 - 1)(p_2 - 1) \cdots (p_n - 1).$$

因为存在素数大于 2 (比如 3), 所以上式是一个大于 1 的数. 即存在一个大于 1、小于 N 的数 a, 它与 N 互素. 因此 a 至少有一个素因数不与诸 p_i 相等. 我们由此得到了一个新素数, 这就证明了定理. ∎

素数的无穷数列在整个自然数中分布得非常稀疏. 比如相邻两个素数间的 "间隙" 可以任意大. 也就是说, 我们可以找到任意多个连续的自然数, 其中一个素数都没有. 下列 n 个数

$$(n + 1)! + 2, \ (n + 1)! + 3, \ \cdots, \ (n + 1)! + n + 1$$

都不是素数: 第一个数能被 2 整除, 第二个数能被 3 整除, 最后一个数能被 $n + 1$ 整除. 曾经人们试着找出一个表示素数的公式. 欧拉找到了一个不可思议的多项式 $x^2 + x + 41$, 它在 x 的取值为从 0 到 39 的自然数时都能得到素数. 显然当 $x = 40$ 时, 多项式的值为非素数 41^2. 容易证明, 不存在一个整系数多项式 $f(x)$, 它在 $x = 0, 1, 2, \cdots$ 处的取值都是素数 (更别提多项式的值能恰好取到所有素数了). 我们以二次多项式 $ax^2 + bx + c$ (系数 a, b, c 都是整数) 为例简单说明一下.

假设当 $x = 0$ 时多项式的值 c 是素数. 那么对任一正整数 k, 我们取 $x = kc$. 此时多项式的值 $ak^2c^2 + bkc + c$ 显然能被 c 整除. 因此它要么不是素数, 要么就是 c. 你可以验证, 对于给定的 a 和 b, 至多有一个正整数 k 可以使得 $ak^2c^2 + bkc + c$ 等于 c. 因此除了两个可能的例外, 这些值都不是素数.

更进一步, 对任意次数的整系数多项式 $f(x)$ 以及任意正整数 m, 从 $x = m$ 开始, 它在之后每个整数 x 处的取值也不可能全是素数. 实际上, 假设当 x 取大于等于 m 的所有整数时多项式 $f(x) = a_0 + a_1 x + \cdots + a_n x^n$ 的取值都是素数. 令 $x = y + m$, $f(y + m) = g(y)$. 在去括号和合并同类项之后, 不妨设

$$g(y) = b_0 + b_1 y + \cdots + b_n y^n.$$

易知 $g(y)$ 的各系数 b_i 仍是整数, 且多项式对 $y \geqslant 0$ 的所有 (整数处的) 取值都是素数. 特别地有 $g(0) = b_0 = p$ 为素数. 于是对任意正整数 k, $g(kp) = p + b_1 kp + \cdots + b_n(kp)^n$ 能被 p 整除. 仅当 $p + b_1 kp + \cdots + b_n(kp)^n = p$, 即

$$b_1 + b_2 kp + \cdots + b_n(kp)^{n-1} = 0$$

时, $g(kp)$ 的值才等于 p. 上式是 k 的 $n - 1$ 次多项式, 根据定理 14, 多项式方程最多只有 $n - 1$ 个根. 对于其余的 k, 数 $g(kp)$ 都能被 p 整除且不等于 p, 因此它们不是素数.

可以证明, 对任意正整数 k, 不存在 k 元整系数多项式在所有自然数处的取值都是素数. 然而存在一个 26 元 25 次多项式, 它有下述性质: 将这个多项式在各未知数取非负整数时得到的那部分正值组成一个集合, 则这个集合就是全体素数构成的集合. 因为拉丁字母正好有 26 个, 所以未知数就用字母 $a, b, c, \cdots, x, y, z$ 来表示. 这个多项式为

$$
\begin{aligned}
&F(a,b,c,d,e,f,g,h,i,j,k,l,m,n,o,p,q,r,s,t,u,v,w,x,y,z) \\
&= (k+2)\Big\{ 1 - (wz + h + j - q)^2 - [(gk + 2g + k + 1)(h + j) + h - z]^2 \\
&\quad - (2n + p + q + z - e)^2 - \left[16(k+1)^2(k+2)(n+1)^2 + 1 - f^2\right]^2 \\
&\quad - \left[e^3(e+2)(a+1)^2 + 1 - o^2\right]^2 - \left[(a^2 - 1)y^2 + 1 - x^2\right]^2 \\
&\quad - \left[16r^2 y^4(a^2 - 1) + 1 - u^2\right]^2 - (n + l + v - y)^2 \\
&\quad - \left[\left((a + u^2(u^2 - a))^2 - 1\right)(n + 4dy)^2 + 1 - (x + cu)^2\right]^2 \\
&\quad - \left[(a^2 - 1)l^2 + 1 - m^2\right]^2 - \left(ai + k + 1 - l - i\right)^2 \\
&\quad - \left[p + l(a - n - 1) + b(2an + 2a - n^2 - 2n - 2) - m\right]^2
\end{aligned}
$$

$$- \left[q + y(a - p - 1) + s(2ap + 2a - p^2 - 2p - 2) - x\right]^2$$
$$- \left[z + pl(a - p) + t(2ap - p^2 - 1) - pm\right]^2\Big\}.$$

我们把这个公式写在这里只是想让读者印象深刻. 未知数的个数太多了. 可以证明这个公式也能得到负值 $-m$, 这里 m 不是素数. 因此它并不能给出素数数列的表示.

长久以来的种种努力让多数数学家相信, 一个可以描述素数数列的比较简单的公式并不存在. 描述素数的 "显式公式" 是存在的, 但其中涉及一些我们知之甚少 (比对于素数的知识还少) 的数学对象. 因此数学家将研究的焦点集中于素数的 "群体" 性质, 而不再是 "个体" 性质. 下一节我们将对这一点做些阐述.

习 题

1. 证明形如 $3s + 2$ 的素数有无限多个.

2. 证明形如 $4s + 3$ 的素数有无限多个.

3. 证明: 当 $m \neq n$ 时, $2^{2^n} + 1$ 和 $2^{2^m} + 1$ 互素. 由此我们也能证明素数的个数是无限的. (提示: 假设 p 是这两个数的公因数, 计算 2^{2^n} 和 2^{2^m} 除以 p 的余数.)

4. 设 $f(x)$ 是一个整系数多项式, 试证明 $f(1), f(2), \cdots$ 的素因数中有无限多个 (不同的) 素数. (如果你不能一下子解决整个问题, 不妨先解决多项式为一次、二次的情形.)

5. 将素数按从小到大的顺序排列, 记 p_n 为第 n 个素数. 证明 $p_{n+1} < p_n^n + 1$.

6. 记号同习题 5, 证明 $p_n < 2^{2^n}$. 利用习题 3 的结果证明 $p_{n+1} \leqslant 2^{2^n} + 1$.

7. 记号同习题 5, 证明 $p_{n+1} < p_1 p_2 \cdots p_n$.

|12 欧拉关于素数有无限多个的证明

关于素数有无限多个这一结论, 我们再给出一个证明. 这一证明来自欧拉, 它阐明了关于素数数列的一些一般性质.

我们从 "史前史" 说起, 也就是看看在欧拉解决这个问题之前我们已经了

解的一个简单事实. 这涉及下述和式数列

$$1, \quad 1 + \frac{1}{2}, \quad 1 + \frac{1}{2} + \frac{1}{3}, \quad \cdots, \quad 1 + \frac{1}{2} + \cdots + \frac{1}{n}, \quad \cdots.$$

用第 6 节中的记号来表述的话, 它们就是和式 $(Sa)_n$, 这里 a 是自然数的倒数组成的数列: $1, 1/2, 1/3, \cdots$. 借助 (2.29) 式, 我们可以将这些和式记作 $S_{-1}(n)$.

这里出现了一个后面将被反复提及的概念, 因此不妨多做一点讨论. 这个概念与由正数组成的无穷数列 $s_1, s_2, \cdots, s_n, \cdots$ (我们这里的数列是作为另一个数列的和式出现的, 但这无关紧要) 的性质有关. 如果存在一个数 C, 使得对于所有的 n 都有 $s_n < C$, 我们就称这个数列是有界数列. 如果一个数列不具有这个性质, 就被称为无界数列. 这意味着对于任意的 C, 都能找到一个 n 使得 $s_n \geqslant C$. 甚至可能出现这么一种情况, 对于任意的 C, 都能找到一个 n, 使得对于所有的 $m = n, n+1, \cdots$ 都有 $s_m \geqslant C$. 换句话说, 只要 n 充分大, 数 s_n 可以变得任意大. 我们称这种数列为递增无界数列. 考虑数列 $1, 1, 1, 2, 1, 3, \cdots$, 其奇数项都是 1, 偶数项是自然数依次排列. 它是一个无界数列, 但并不是递增无界数列, 因为无论数列多往后, 数字 1 总会出现.

给定正数数列 $a = a_1, a_2, \cdots, a_n, \cdots$, 记 $s = Sa$, 则 $s_{n+1} > s_n$ (因为 $s_{n+1} = s_n + a_{n+1}, a_{n+1} > 0$), 以及更一般地, 只要 $m > n$ 就有 $s_m > s_n$. 因此这个数列如果无界的话就是一个递增无界数列. 假如所有的 a_i 都等于 1, 那么 $s_n = n$, 这就是一个无界数列. 也有有界的情形. 如图 4.1, 我们先把从 0 到 1 的线段一分为二, 记 $a_1 = 1/2$; 然后将从 0 到 $1/2$ 的线段一分为二, 记 $a_2 = 1/4$; 以此类推, 最后得到数列 $a_n = 1/2^n$. 这些数加起来得到的值 s_n 仍在这条线段上: 因为 s_2 是从 s_1 到 1 的线段的中点, s_3 是从 s_2 到 1 的线段的中点, 以此类推, 即始终有 $s_n < 1$. 通过计算也很容易看出这一点. 若

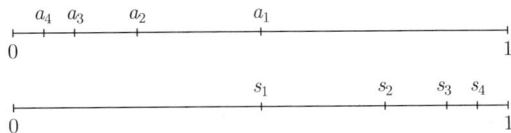

图 4.1

$a_n = 1/2^n$, 则

$$(Sa)_n = \frac{1}{2} + \frac{1}{4} + \cdots + \frac{1}{2^n} = \frac{1}{2}\left(1 + \frac{1}{2} + \cdots + \frac{1}{2^{n-1}}\right).$$

由 (1.12) 式可得

$$(Sa)_n = \frac{1}{2} \times \frac{1/2^n - 1}{1/2 - 1} = 1 - \frac{1}{2^n}.$$

因此对于所有的 n 都有 $(Sa)_n < 1$.

我们现在来证明对于数列 $1, 1/2, 1/3, \cdots$, $s = Sa$ 是无界数列. 尽管数列中每一项都在减小, 但它们减小得不够快, 因此整个和式 (即 $S_{-1}(n)$) 最终递增无界.

引理 8 只要 n 充分大, 和式 $S_{-1}(n)$ 总能大于任意给定的数.

记 k 为给定的数, 我们来证明存在自然数 n (因此 n 之后的所有数都满足要求) 使得 $S_{-1}(n) > k$. 取 $n = 2^m$, 将和式作如下分解

$$S_{-1}(n) = 1 + \left(\frac{1}{2}\right) + \left(\frac{1}{3} + \frac{1}{4}\right) + \left(\frac{1}{5} + \frac{1}{6} + \frac{1}{7} + \frac{1}{8}\right) + \cdots + \left(\frac{1}{2^{m-1}+1} + \cdots + \frac{1}{2^m}\right).$$

每个括号中的和式都形如

$$\frac{1}{2^{t-1}+1} + \frac{1}{2^{t-1}+2} + \cdots + \frac{1}{2^t},$$

一共有 m 个括号. 对于每个括号中的和式, 我们将其中的每一项都替换为它们之中最小的项, 也就是最后一项. 因为第 t 个括号中的项数为 $2^t - 2^{t-1} = 2^{t-1}$, 所以第 t 个括号中的和式大于 $2^{t-1}/2^t = 1/2$. 因此有 $S_{-1}(n) > 1 + m/2$. 若 $1 + m/2 = k$, 则 $m = 2k - 1$. 所以当我们取 $n = 2^{2k-1}$ 时有 $S_{-1}(n) > k$. ∎

现在回到欧拉的证明. 他的想法与第 3 节中计算自然数的所有因数的方幂之和的方法 (见 (1.13) 式) 有关. 自然数 n 的所有因数 (包括 1 和 n) 的 k 次幂之和记为 $\sigma_k(n)$. 如果 $n = p_1^{\alpha_1} \cdots p_r^{\alpha_r}$, 依据 (1.13) 式有

$$\sigma_k(n) = \frac{p_1^{k(\alpha_1+1)} - 1}{p_1^k - 1} \frac{p_2^{k(\alpha_2+1)} - 1}{p_2^k - 1} \cdots \frac{p_r^{k(\alpha_r+1)} - 1}{p_r^k - 1}. \tag{4.2}$$

很久之前人们就知道 (4.2) 式了, 不过大家都默认其中的 k 是正数. 欧拉后来对此产生了兴趣, 并且提问: "如果 k 是一个负整数会有什么结果呢?"

当然结果没有任何差别, (4.2) 式的推导完全适用于 k 为负数的情形. 特别是 $k = -1$ 这一情形. 我们将 -1 次幂时的和式记为 $\sigma_{-1}(n)$, 则根据 (4.2) 式有

$$\sigma_{-1}(n) = \frac{1 - 1/p_1^{\alpha_1+1}}{1 - 1/p_1} \cdots \frac{1 - 1/p_r^{\alpha_r+1}}{1 - 1/p_r}.$$

(我们交换了各分数中分子和分母里两项的次序.) 因为所有的分子都小于 1, 所以

$$\sigma_{-1}(n) < \frac{1}{(1 - 1/p_1)(1 - 1/p_2)\cdots(1 - 1/p_r)}. \tag{4.3}$$

现在将 n 换成 $n!$, $p_1, \cdots, p_r$ 为 $n!$ 的素因数 (也就是所有小于 n 的素因数). n 的因数中显然包括 $1, 2, \cdots, n$, 因此 $1, 1/2, 1/3, \cdots, 1/n$ 都被包括在和式 $\sigma_{-1}(n!)$ 之中. 这些项的和式是 $S_{-1}(n)$. 引理 8 告诉我们, 只要 n 充分大, 和式 $S_{-1}(n)$ 将会大于任意给定的数 k. 因为 $\sigma_{-1}(n!)$ 中的其他项都是正的, 所以引理 8 的结论对和式 $\sigma_{-1}(n!)$ 也适用. 如果 $p_1, \cdots, p_r$ 就是全部的素数 (即素数只有有限多个), 则有

$$\frac{1}{(1 - 1/p_1)(1 - 1/p_2)\cdots(1 - 1/p_r)} > k,$$

其中 k 是任意给定的数. 这显然不可能. ∎

这个证明的价值不仅仅在于它说明了如果素数个数有限就会产生矛盾, 它还给出了素数数列的一个量化性质. 我们将得到的结果重新表述一下: 如果 $p_1, p_2, \cdots, p_n, \cdots$ 是素数数列, 则当 n 充分大时

$$\frac{1}{(1 - 1/p_1)(1 - 1/p_2)\cdots(1 - 1/p_n)}$$

将大于任意给定的数. 这等价于说当 n 充分大时, 分母的值会小于任意给定的正数. 这样我们就证明了定理 25.

定理 25 若 $p_1, p_2, \cdots, p_n, \cdots$ 是素数数列, 则乘积 $(1 - 1/p_1)(1 - 1/p_2)\cdots$ $(1 - 1/p_n)$ 在 n 充分大时将小于任意给定的正数.

这是我们迈向目标的第一步. 下面我们将证明一个形式更常见的结果.

定理 26 若 $p_1, p_2, \cdots, p_n, \cdots$ 是素数数列, 则和式数列 $1/p_1 + 1/p_2 + \cdots + 1/p_n$ 是递增无界数列.

从定理 25 到定理 26 完全是形式推导. 它不依赖于素数数列的性质. 只要一个数列满足定理 25 的条件, 那么定理 26 就对它适用.

引理 9 对任意大于 1 的自然数 n, 不等式

$$1 - \frac{1}{n} \geqslant \frac{1}{4^{1/n}} \tag{4.4}$$

都成立.

因为不等式两边都是正数, 所以同时 n 次方, 得到等价的不等式

$$\left(1 - \frac{1}{n}\right)^n \geqslant \frac{1}{4}. \tag{4.5}$$

我们来证明这个等价的不等式. 利用二项式公式展开上式的左边,

$$\left(1 - \frac{1}{n}\right)^n = 1 - n\frac{1}{n} + \frac{n(n-1)}{2!}\frac{1}{n^2} - \frac{n(n-1)(n-2)}{3!}\frac{1}{n^3} + \cdots + (-1)^n\frac{1}{n^n}. \tag{4.6}$$

上式右侧各项的绝对值构成了数列 C_n^k/n^k. 我们在第 10 节研究过伯努利概型与这个数列的关系 (见 (3.35) 式). 说得更准确一点, 在公式中令 $p = 1/(n+1)$, $q = 1 - 1/(n+1) = n/(n+1)$, 则 $p + q = 1$, $p^k q^{n-k} = (n+1)^{-n}n^{n-k}$. 于是我们按公式得到的数与 (4.6) 式中的各项相差一个公因数 $(n/(n+1))^n$. 我们这里有 $(n+1)p - 1 = 0$. 在第 10 节中我们已经证明, 若 $k > (n+1)p - 1$ (我们这里其实就是 $k > 0$), 则第 $k+1$ 项小于第 k 项. 由此可知数列 C_n^k/n^k 逐渐递减. (建议复习第三章, 以便明白我们考虑的这些问题是怎么联系在一起的. 如果直接计算第 $k+1$ 项与第 k 项的比值, 很容易得到相应的结论.)

易知 (4.6) 式前两项可以抵消. 计算再后面两项可得 $1/3 - 1/(3n^2)$. 当 $n \geqslant 2$ 时, 这个数不小于 $1/4$ (自行验证一下). 余下的项 (相邻) 两两配对, 其中第一项为正, 第二项为负. 前面已知第二项的绝对值小于第一项的绝对值, 所以每对计算的结果都是正数. 如果 n 是奇数, 则 (4.6) 式右侧有偶数个项 (即 $n+1$ 项), 故可以恰好配出 $(n+1)/2$ 对. 如果 n 是偶数, 则两两配对后还剩下 $1/n^n$ 这一项. 因此无论是哪种情况, 右侧总等于一个不小于 $1/4$ 的项与若干正项之和. (4.5) 式以及引理由此得证. ∎

现在定理 26 就很显然了. 对任意的 p_i, 依据引理我们有

$$1 - \frac{1}{p_i} \geqslant \frac{1}{4^{1/p_i}}.$$

将这些不等式连乘, 可得

$$\left(1 - \frac{1}{p_1}\right)\left(1 - \frac{1}{p_2}\right) \cdots \left(1 - \frac{1}{p_n}\right) \geqslant \frac{1}{4^{1/p_1 + 1/p_2 + \cdots + 1/p_n}}.$$

如果对于所有的 n, 和式 $1/p_1 + \cdots + 1/p_n$ 都不超过某个值 k, 则

$$\left(1 - \frac{1}{p_1}\right)\left(1 - \frac{1}{p_2}\right) \cdots \left(1 - \frac{1}{p_n}\right) \geqslant \frac{1}{4^k}.$$

这与定理 25 矛盾. ∎

依照定理 26, 对于任意给定的数 C, 都有某个依赖于 C 的数 N, 记所有不超过 N 的素数为 $p_1, p_2, \cdots, p_n$, 则有 $1/p_1 + 1/p_2 + \cdots + 1/p_n$ 大于 C. 然而计算表明和式数列 $1/p_1 + 1/p_2 + \cdots + 1/p_n$ 增长得极其缓慢, 也就是说, 对于一个很小的数 C, N 都会非常大. 第一项得到值 $1/2$, 前三个素数 $2, 3, 5$ 所对应的和式的值为 $31/30 > 1$. 但要让和式大于 2, 必须计算不超过 277 的所有素数的倒数和. 不超过 10000 的所有素数的倒数和小于 3; 即使计算不超过 10^7 的所有素数的倒数和, 结果仍小于 3. 即便取 $N = 10^{18}$ 这么巨大的数, 不超过 N 的所有素数的倒数和仍小于 4. 不管怎样, 和式终究会大于任意给定的数 C, 即使所对应的 N 巨大无比. 这个古怪的例子表明数值实验可能会暗示完全错误的答案, 物理实验同样可能如此.

我们考虑与定理 26 有关的另一类问题. 若 N 是有限集 S 的子集, 那么通过比较两者的元素个数 (比如计算比值 $n(N)/n(S)$) 我们可以知道 N 比 S "小" 多少. 现在我们有两个无限集: 全体自然数的集合与全体素数的集合, 我们如何比较它们呢? 定理 26 提供了一种可能性, 乍看之下并不简单. 这个方法对任意自然数数列 $a = a_1, a_2, \cdots, a_n, \cdots$ 都是可行的. 根据引理 8, 所有自然数的倒数之和 (即 $S_{-1}(n)$) 递增无界. 如果某个自然数数列 a 也有这样的性质, 即和式数列

$$\frac{1}{a_1}, \quad \frac{1}{a_1} + \frac{1}{a_2}, \cdots, \frac{1}{a_1} + \frac{1}{a_2} + \cdots + \frac{1}{a_n}, \quad \cdots$$

递增无界, 那么就认为这个数列在全体自然数中的分布是 "稠密" 的. 这说明数列 a 中保留了足够多的自然数, 否则其倒数和比起 $S_{-1}(n)$ 来就会小得多. 如果数列 a 对应的倒数和数列是有界的, 我们就认为它在全体自然数中的分

布是 "稀疏" 的. 定理 26 保证了素数数列在自然数中是 "稠密" 的. 最极端的 "稀疏" 情形是数列 a 中只有有限多项.

也存在一些介于其间的情形, 比如平方数数列: $1, 4, 9, \cdots, n^2, \cdots$, 它对应的和式 $1 + 1/4 + 1/9 + \cdots + 1/n^2$ 很自然地记为 $S_{-2}(n)$. 我们来证明不论 n 是多少, 这个和式都是有界的. 证明方法类似于引理 8. 取 m 使得 $2^m \geqslant n$, 则 $S_{-2}(n) \leqslant S_{-2}(2^m)$. 将 $S_{-2}(2^m)$ 作划分:

$$(1) + \left(\frac{1}{2^2} \right) + \left(\frac{1}{3^2} + \frac{1}{4^2} \right) + \cdots + \left(\frac{1}{(2^{m-1}+1)^2} + \cdots + \frac{1}{2^{2m}} \right).$$

每一部分

$$\frac{1}{(2^{k-1}+1)^2} + \cdots + \frac{1}{2^{2k}}$$

都包含 2^{k-1} 项, 且其中第一项都是最大的, 因此每一部分都不超过

$$\frac{2^{k-1}}{(2^{k-1}+1)^2} < \frac{2^{k-1}}{(2^{k-1})^2} = \frac{1}{2^{k-1}}.$$

于是有

$$S_{-2}(2^m) \leqslant 1 + 1 + \frac{1}{2} + \frac{1}{2^2} + \cdots + \frac{1}{2^{m-1}} = 1 + \frac{1 - 1/2^m}{1 - 1/2} \leqslant 1 + \frac{1}{1 - 1/2} = 3,$$

即 $S_{-2}(n)$ 不超过 3.

结合定理 26 可知素数数列在自然数中的分布比平方数数列更稠密.

习 题

1. 证明: 对于任意大于 1 的自然数 k, 以及任意自然数 n, 和式

$$S_{-k}(n) = \frac{1}{1^k} + \frac{1}{2^k} + \cdots + \frac{1}{n^k}$$

都是有界的.

2. 设数列 a 是等差数列: $a_0 = p, a_1 = p + q, a_2 = p + 2q, \cdots, a_n = p + nq, \cdots$, 其中 p

和 q 都是自然数. 证明数列 [1]

$$\frac{1}{a_0}, \quad \frac{1}{a_0} + \frac{1}{a_1}, \cdots, \frac{1}{a_0} + \frac{1}{a_1} + \cdots + \frac{1}{a_n}, \quad \cdots$$

递增无界.

3. 设数列 a 是等比数列: $a_0 = c, a_1 = cq, a_2 = cq^2, \cdots, a_n = cq^n, \cdots$, 其中 c 和 q 都是自然数. 请问这个数列在自然数中是 "稠密的" 还是 "稀疏的"?

4. 设 $p_1, p_2, \cdots, p_n, \cdots$ 是全体素数的数列, 证明: 对于任意的 n,

$$\frac{1}{\left(1 - \frac{1}{p_1^2}\right)\left(1 - \frac{1}{p_2^2}\right) \cdots \left(1 - \frac{1}{p_n^2}\right)}$$

都是有界的.

|13　素数的分布

在本节我们再次努力估计素数数列与全体自然数数列有多大差别. 上一节中引进的比较 "稠密" 与 "稀疏" 的更精细的方法, 来自欧拉的证明. 现在我们用一个非常自然、非常朴素的方法来代替它. 也就是说, 我们试图回答一个直接的问题 "素数在自然数中占多大比例". 小于 10 的自然数中有多少个素数? 小于 100 呢? 小于 1000 呢? 对于任意自然数 n, 记 $\pi(n)$ 为不超过 n 的素数的个数. 易知 $\pi(1) = 0, \pi(2) = 1, \pi(4) = 2, \cdots$. 当 n 越来越大时, 比例 $\pi(n)/n$ 有什么性质呢?

先来看看表格能告诉我们什么. 任意关于自然数的论断都可以用不超过某个界限 N 的自然数来检验. 在数论研究中, 这种工作类似于物理中用实验来检验理论的合理性. 特别地, 我们可以计算出 $\pi(n)$, 这里取 $n = 10^k$ ($k = 1, 2 \cdots, 10$), 由此得到了下面的表格.

---

[1] 原文中下列各项是从 $1/a_1$ 开始的, 但如此一来原数列第一项 a_0 就显得多余. 这里根据另一个英译本以及俄文原文进行了修改. 题目的实质并没有改变. —— 译者注

n	$\pi(n)$	$\dfrac{n}{\pi(n)}$
10	4	2.5
100	25	4.0
1000	168	6.0
10000	1229	8.1
100000	9592	10.4
1000000	78498	12.7
10000000	664579	15.0
100000000	5761455	17.4
1000000000	50847534	19.7
10000000000	455059512	22.0

我们可以看到 $n/\pi(n)$ 持续增大, 这意味着 $\pi(n)/n$ 不断变小. 也就是说, 当 n 越来越大时, 素数在自然数中所占的比例越来越接近 0. 因此我们不妨说 "素数由占比为 0 的自然数构成". 欧拉曾经提及这一点, 但并没有给出一个完整的证明. 我们把这一点明确陈述出来, 并予以证明.

定理 27 当 n 足够大时, 比值 $\pi(n)/n$ 将小于任意给定的正数.

为了证明定理, 我们需要对 $\pi(n)$ 加以估计. 实际计算时, 我们从素数 2 开始, 然后排除掉不超过 n 且能被 2 整除的所有其他数. 接着从余下的第一个数 (即 3) 开始, 再排除掉不超过 n 且能被 3 整除的所有其他数. 重复这个过程, 直到不超过 n 的所有数都被检查了一遍. 余下的这些数 (比如 2, 3 等) 就是不超过 n 的所有素数. 这个方法很早之前就出现了, 通常被称为埃拉托色尼筛法.

现在对我们的问题使用这个方法. 假设我们已经找到了 r 个素数 $p_1, p_2, \cdots, p_r$, 则余下的素数就是不超过 n 且 "未被排除掉" 的那些数. 换句话说, 它们不超过 n 且不能被 p_i 中的任意一个整除. 第三章中我们计算过不超过 n 且不能被任一 p_i 整除的数的个数 (见 (3.25) 式). 正如那里所证明的, 公式的表达式可以替换为更简单的 $n(1 - 1/p_1) \cdots (1 - 1/p_r)$, 误差不超过 2^r (见 (3.28) 式). 因此不超过 n 且不能被任一 p_i 整除的自然数的个数 s 满足下列不等式

$$s \leqslant n\left(1 - \frac{1}{p_1}\right) \cdots \left(1 - \frac{1}{p_r}\right) + 2^r. \tag{4.7}$$

不超过 n 的所有 $\pi(n)$ 个素数, 要么与 r 个素数 p_i 中的某一个相等, 要么包含在满足 (4.7) 的那 s 个数中. 总之有 $\pi(n) \leqslant s + r$, 即

$$\pi(n) \leqslant n\left(1 - \frac{1}{p_1}\right) \cdots \left(1 - \frac{1}{p_r}\right) + 2^r + r. \tag{4.8}$$

不等式 (4.8) 是至关重要的, 因为其中的乘积 $(1 - 1/p_1) \cdots (1 - 1/p_r)$ 可以用定理 25 来处理.

现在我们直接证明定理 27. 设任意给定的小正数为 ε. 我们需要找到一个自然数 N, 使得对于所有的 $n \geqslant N$ 都有 $\pi(n)/n < \varepsilon$. 将不等式 (4.8) 中最后的 r 替换为更大的数 2^r (见第 2 节的习题 6), 则得到一个形式上简单一点的不等式

$$\pi(n) \leqslant n\left(1 - \frac{1}{p_1}\right) \cdots \left(1 - \frac{1}{p_r}\right) + 2^{r+1}. \tag{4.9}$$

不等式 (4.9) 右侧有两项, 我们选择这样的 N, 它满足当 $n \geqslant N$ 时这两项都小于 $\varepsilon n/2$. 由此不等式 (4.9) 变为 $\pi(n) < \varepsilon n$, 因而有 $\pi(n)/n < \varepsilon$. 回忆一下, 在前面的过程中数 r 是任意选择的. 因此我们选择恰当的 r 使得第一项小于 $\varepsilon n/2$, 选择恰当的 N 使得第二项小于 $\varepsilon n/2$. 根据定理 25, 第一种情形是可以达到的. 定理说的是当 r 足够大之后, 乘积 $(1 - 1/p_1) \cdots (1 - 1/p_r)$ 将小于任意给定的数. 我们不妨设给定的数为 $\varepsilon/2$, 于是就有第一项小于 $\varepsilon n/2$. 再来处理第二项. 现在 r 已经选好了, 我们取 N 满足 $2^{r+1} < \varepsilon N/2$. 为此必须有 $N > 2^{r+2}/\varepsilon$. 于是当 $n \geqslant N$ 时有 $2^{r+1} < \varepsilon N/2 \leqslant \varepsilon n/2$. 至此就证明了定理 27. ■

最后再加一点说明. 对于等差数列 $am + b$ (公差 b 可以非常大, 从而等差数列在全体自然数中的分布更加稀疏), 其中不超过 n 的项的数目等于满足 $am \leqslant n - b$ 的正整数 m 的个数, 即 $[(n - b)/a]$. 由第 9 节的内容可知, $[(n - b)/a]$ 与 $(n - b)/a$ 的差不超过 1, 因而等差数列中不超过 n 的项的个数

不小于 $(n-b)/a - 1$, 因此它与 n 的比值不小于

$$\frac{1}{n}\left(\frac{n-b}{a} - 1\right) = \frac{1}{a} - \frac{b}{na} - \frac{1}{n}.$$

当 n 变大时, 这个数接近 $1/a$, 因而不可能任意小. 如果将定理 27 中的数列换成等差数列, 结论将不再成立. 这说明素数的分布比任一等差数列都要稀疏.

习　题

1. 记 p_n 为第 n 个素数, 试证明对于任意大的正数 C, 当 n 足够大时总有 $p_n > Cn$. (提示: $\pi(p_n) = n$.)

2. 考虑那些十进制表示中不包含某个特定数码 (比如 0) 的自然数. 将这些数按由小到大的顺序排列为 $q_1, q_2, \cdots, q_n, \cdots$, 记 $\pi_1(n)$ 为这些数中不超过 n 的数的个数. 试证明当 n 足够大时, 比值 $\pi_1(n)/n$ 将小于任意给定的正数. 另外, 证明和式数列

$$\frac{1}{q_1}, \quad \frac{1}{q_1} + \frac{1}{q_2}, \quad \cdots, \quad \frac{1}{q_1} + \cdots + \frac{1}{q_n}, \quad \cdots$$

是有界的. (提示: 不要试着照搬定理 27 的证明. 将和式进行划分, 使得分母介于 10^k 和 10^{k+1} 之间, 找出这个范围中 q_i 的个数. 最后的结果依赖于开始时不包含的那个数码是否为 0.)

补充: 关于 $\pi(n)$ 的切比雪夫不等式

我们将这段材料放在补充部分有一个很正式的理由: 这里需要使用对数, 但本书余下部分并不需要读者熟悉这块知识. 如果

$$a^y = x,$$

我们就说 x 的以 a 为底的对数是 y, 记作

$$y = \log_a x.$$

下文我们假定 $a > 1$, 并且 x 是正数. 对数的基本性质可以由定义直接得到

$$\log_a(xy) = \log_a x + \log_a y, \quad \log_a c^n = n \log_a c, \quad \log_a a = 1.$$

易知 $\log_a x > 0$ 当且仅当 $x > 1$. 对数函数是单调的, 即 $\log_a x \leqslant \log_a y$ 当且仅当 $x \leqslant y$.

如果对数的底没有写出来, 那么默认底是 2: $\log x$ 表示 $\log_2 x$.

将这段材料独立出来的第二个原因是, 本书其余部分的逻辑非常清晰, 内容如何发展是很明确的 (至少我是这么希望的). 但这里我们遇到了另一种情况, 某些新想法好像是凭空出现的, 甚至作者也解释不了它是怎么来的. 这在数学研究中并不罕见. 对于这种情况, 欧拉说道: "有时候我的笔好像比我还聪明." 我们可以将其理解为多时沉思、无数试验并经由潜意识作用的结果.

我们继续研究比值 $\pi(n)/n$ 在 n 不断变大时的问题. 我们对前面关于 $\pi(n)$ 的那个表格再做一些深入的研究, 重点在于最后一列的值. 我们观察到, 当 n 由 10^k 变为 10^{k+1} 时, $n/\pi(n)$ 的变动大致是稳定的. 也就是说, 第一个数是 2.5, 第二个数与之相差 1.5; 后续的差依次是 2, 2.1, 2.3, 2.3, 2.3, 2.4, 2.3 和 2.3. 可以看到这些数值都很接近 2.3. 这里我们不准备解释为什么会出现这个值, 而是将这个现象一般化: 当 n 从 10^k 变为 10^{k+1} 时, $n/\pi(n)$ 的变化会接近一个固定的常数 α. 这意味着当 $n = 10^k$ 时, $n/\pi(n)$ 很接近 αk. 若 $n = 10^k$, 则 $k = \log_{10} n$. 因此更合适的说法是, $n/\pi(n)$ 很接近 $\alpha \log_{10} n$. 这又表明 $\pi(n)$ 接近 $cn/\log_{10} n$, 其中 $c = \alpha^{-1}$.

许多数学家对素数的分布很着迷, 试着借助表格发现其中的规律. 高斯还是个小孩子的时候就对这个问题产生了兴趣. 他对数学的兴趣在他对数字感兴趣并自己制作各种表格的时候就已经初露端倪了. 通常伟大的数学家都有高超的计算能力, 能够处理庞大的计算, 有时候甚至可以靠心算完成工作. (欧拉甚至以此与失眠作斗争!) 高斯 14 岁时制作了一张素数表 (不过不如我们前面那个表全面), 然后提出了我们得到的那个结论. 后来有很多数学家继续在这方面工作, 但第一个得到证明的结果是由切比雪夫在 1850 年得到的, 这已经是半个世纪之后了.

定理 28 存在两个常数 c 和 C 使得对于所有的自然数 n 都有

$$c\frac{n}{\log n} \leqslant \pi(n) \leqslant C\frac{n}{\log n}. \tag{4.10}$$

我们这里的证明来自后世的数学家对切比雪夫原证明的简化, 但证明中的主要想法并没有改变. 在证明之前我们再对定理的陈述补充几句. 不等式中对数的底是多少呢? 答案是任何数都行. 直接根据定义就能看出这一点: $\log_b x = \log_b a \log_a x$ (在关系式 $a^{\log_a x} = x$ 中将 a 换为 $b^{\log_b a}$ 即有 $b^{\log_b a \log_a x} = x$, 这就是 $\log_b x = \log_b a \log_a x$). 因此若对 $\log_a n$ 证明了不等式 (4.10), 那么不等式也对 $\log_b n$ 成立, 只需将 c 换为 $c/\log_b a, C$ 换为 $C/\log_b a$.

前面我们说过, 表格暗示 $\pi(n)$ "接近" $cn/\log n$ (c 是某常数), 受此启发就有了不等式 (4.10). 我们的假设中只有一个常数 c, 为什么不等式中出现了两个常数 (c 与 C) 呢? 难道不能把定理中的两个常数变成一个吗? 定理得到证明之后我们再来探讨这些问题.

证明切比雪夫定理的关键在于二项式系数 C_n^k 的性质, 主要是它们皆是整数以及素数对它们的整除性. 下面我们将证明所需的性质列举出来.

第一个性质是所有二项式系数 C_n^k 之和等于 2^n (第 6 节已证明). 因为每项系数都是正的, 所以有

$$C_n^k \leqslant 2^n. \tag{4.11}$$

较大的二项式系数尤其有用. 在第二章我们知道当 $n = 2m$ 时, 系数 C_{2m}^m 比其余的二项式系数都大. 当 $n = 2m+1$ 时, 二项式系数 C_{2m+1}^m 和 C_{2m+1}^{m+1} 相等且大于其余的系数. 对这些数我们加以特别关注. 特别地有

$$C_{2n}^n = \frac{2n(2n-1)\cdots(n+1)}{1 \cdot 2 \cdots n}. \tag{4.12}$$

将分母中的因数顺序反过来, 然后与分子中的因数进行配对, 可得

$$C_{2n}^n = \frac{2n}{n}\frac{2n-1}{n-1}\cdots\frac{n+1}{1}.$$

易知每组因数都不小于 2, 故有

$$C_{2n}^n \geqslant 2^n. \tag{4.13}$$

现在来考虑二项式系数关于素数的整除性. 由 (4.12) 式可知, 分子显然可以被大于 n 且不超过 $2n$ 的所有素数整除. 同时这些素数不能整除分母. 因此这些素数在 C_{2n}^n 中保留了下来, 即它们都是 C_{2n}^n 的因数. 易知这些素数共有 $\pi(2n) - \pi(n)$ 个, 且每个数都大于 n, 因此有

$$C_{2n}^n \geqslant n^{\pi(2n)-\pi(n)}. \tag{4.14}$$

对于二项式系数 $C_{2n+1}^n = C_{2n+1}^{n+1}$ 也有类似的结论. 将其展开, 有

$$C_{2n+1}^n = \frac{(2n+1)\cdots(n+2)}{1 \cdot 2 \cdots n}.$$

大于 $n+1$ 且不超过 $2n+1$ 的素数有 $\pi(2n+1) - \pi(n+1)$ 个, 它们可以整除分子但不能整除分母, 因而在作除法后得以保留. 因为这些数都大于 $n+1$, 所以有

$$C_{2n+1}^n > (n+1)^{\pi(2n+1)-\pi(n+1)}. \tag{4.15}$$

(4.14) 和 (4.15) 式揭示了二项式系数和素数间令人惊讶的联系.

现在来介绍证明所需的二项式系数的最后一个性质. 与前面的性质相比, 它虽然很简单, 但并不那么显然.

引理 10 对于任意的二项式系数 C_n^k, 在其素因数分解中, 任一素因数的幂都不超过 n.

这里需要注意的是, 我们说的不是幂的次数, 而是整个数幂. 也就是说, 如果 p^r 整除 C_n^k, 其中 p 是素数, 那么必有 $p^r \leqslant n$. 比如 $C_9^2 = 9 \times 4$, 则 9 和 4 都不超过 9.

将二项式系数写成如下形式

$$C_n^k = \frac{n(n-1)\cdots(n-k+1)}{1 \cdot 2 \cdots k}. \tag{4.16}$$

我们在乎的素数 p 必定能整除分子. 记 m 为分子中包含 p 的最高次幂 p^r 的因数 (或其中一个因数). 对 $k \geqslant 1$, 显然有 $n \geqslant m \geqslant n-k+1$. 记 $a = n-m, b = m-(n-k+1)$, 则 $a+b = k-1$, C_n^k 可以写作

$$C_n^k = \frac{(m+a)(m+a-1)\cdots(m+1)m(m-1)\cdots(m-b)}{k!}. \tag{4.17}$$

因数 m 现在就很关键了, 它的左边有 a 个因数, 右边有 b 个因数. 类似地, 我们将分母也做一下变形

$$k! = (1 \cdot 2 \cdots a)(a+1) \cdots (a+b)(a+b+1).$$

因为 $(a+1)(a+2) \cdots (a+b)$ 是 b 个连续自然数的乘积, 因而能被 $b!$ 整除, 故可将 $k!$ 写作 $a!b!l$, 这里 l 是个整数.

再将 C_n^k 写作下列形式

$$C_n^k = \frac{m+a}{a} \frac{m+a-1}{a-1} \cdots \frac{m+1}{1} \frac{m-1}{1} \cdots \frac{m-b}{b} \frac{m}{l}, \tag{4.18}$$

这里我们将因数 m/l 移到了最后.

现在前面的每个因数都形如 $(m+i)/i$ 或 $(m-j)/j$, 其中 $i = 1, \cdots, a; j = 1, \cdots, b$. 易知在这些因数中, 分子中的 p 的幂都能和分母进行约分, 因此在约分后只有分母可能被 p 整除 (它当然也可能与 p 互素). 我们以 $(m+i)/i$ (因数 $(m-j)/j$ 可以同样论证) 为例说明一下. 设 i 恰好被 p^s 整除, 也就是说 i 可以表示成 $i = p^s u$, 其中 u 与 p 互素. 若 $s < r$, 则 $m+i$ 仍恰好被 p^s 整除: 设 $m = p^r v$, 则 $m+i = p^s(u + p^{r-s}v)$. 若 $s \geqslant r$, 则同样有 $m+i$ 被 p^r 整除. 回忆一下 m 的性质 (从 $n-k+1$ 到 n 的各数包含的 p 的幂次不会超过 r, $m+i$ 也在这个范围内), 可知 $m+i$ 中包含的 p 的幂次不超过 r. 因此分子与分母中的 p^r 约分之后, 新分数的分子不再能被 p 整除. 由此可知 (4.18) 式的各因数中, 只有最后一项的分子还可能被 p 整除. 这意味着 (4.18) 中的乘积不能被比 p^r 更大的 p 的幂整除. 因为 p^r 整除 m, 且 $m \leqslant n$, 所以 $p^r \leqslant n$. 引理由此得证. ∎

我们来看看这告诉了我们关于素因数分解 $C_n^k = p_1^{\alpha_1} \cdots p_m^{\alpha_m}$ 的什么信息. 首先这些素数 p_i 只可能来自 (4.16) 的分子, 这表明 $p_i \leqslant n$, 因此 $m \leqslant \pi(n)$. 依据引理 10, 对任意的 $i = 1, \cdots, m$, 都有 $p_i^{\alpha_i} \leqslant n$. 于是我们就得到了

$$C_n^k \leqslant n^{\pi(n)}. \tag{4.19}$$

现在终于可以开始证明切比雪夫定理了. 事实上我们只需证明, 对于不小于某个固定的 n_0 的所有 n, 不等式都成立就可以了. 对于那些小于 n_0 的 n,

我们依情况将 c 缩小和将 C 放大即可. 如果想更便捷地求出常数的具体值, 可以通过构造素数表来对 $n \leqslant n_0$ 的情形进行验证 (就我们这里的要求而言, n_0 并不是很大).

结合 (4.13) 和 (4.19), 可得 $2^n \leqslant C_{2n}^n \leqslant (2n)^{\pi(2n)}$, 因此有

$$2^n \leqslant (2n)^{\pi(2n)}. \tag{4.20}$$

两边取对数 (注意我们规定了 $\log_2 a = \log a$), 借助对数函数的单调性, 可得 $n \leqslant \pi(2n) \log 2n$, 这意味着

$$\pi(2n) \geqslant \frac{n}{\log 2n} = \frac{1}{2} \frac{2n}{\log 2n},$$

因此不等式 (4.10) 的左边可取 $c = 1/2$. 但到目前为止, 我们只对偶数 n 证明了结论. 对于形如 $2n+1$ 的奇数, 我们需要对数函数和 $\pi(n)$ 的单调性, 即有

$$\pi(2n+1) \log(2n+1) \geqslant \pi(2n) \log 2n.$$

用前面得到的不等式替换上式中的 $\pi(2n)$, 得

$$\pi(2n+1) \geqslant \frac{n}{\log 2n} \frac{\log 2n}{\log(2n+1)} = \frac{n}{\log(2n+1)}.$$

因为总有 $n \geqslant (2n+1)/3$, 所以

$$\pi(2n+1) \geqslant \frac{1}{3} \frac{2n+1}{\log(2n+1)}.$$

这样就对奇数 n 证明了不等式 (4.10) 的左侧, 其中 $c = 1/3$. 综上所述, 不等式 (4.10) 的左侧对所有的 n 及 $c = 1/3$ 成立.

现在来证明 (4.10) 的右侧. 我们对 n 进行归纳. 首先令 n 是偶数, 因此不妨将 n 换作 $2n$. 由 (4.11) 和 (4.14) 可得

$$n^{\pi(2n)-\pi(n)} \leqslant 2^{2n}.$$

取对数, 得

$$\pi(2n) - \pi(n) \leqslant \frac{2n}{\log n}, \qquad \pi(2n) \leqslant \pi(n) + \frac{2n}{\log n}. \tag{4.21}$$

按照归纳假设, 我们不妨认为 $\pi(n) \leqslant Cn/\log n$ 已经得到证明. 将其代入 (4.21), 有

$$\pi(2n) \leqslant C\frac{n}{\log n} + \frac{2n}{\log n} = \frac{(C+2)n}{\log n}.$$

但我们想要证明的不等式是 $\pi(2n) \leqslant C \cdot 2n/\log 2n$. 为此, 需要选择恰当的 C 使得下式对从某个 n_0 开始的 n 都成立:

$$\frac{(C+2)n}{\log n} \leqslant \frac{2Cn}{\log 2n}. \tag{4.22}$$

这就是一个简单的练习, 与素数没关系了. 约去两侧的 n, 注意到 $\log 2n = \log 2 + \log n = 1 + \log n$, 以 x 记 $\log n$, 则 (4.22) 变为

$$\frac{C+2}{x} \leqslant \frac{2C}{1+x}.$$

两侧同时乘以 $x(1+x)$ (因为 $x > 0$), 再合并同类项, 有

$$(C-2)x \geqslant C+2.$$

显然我们需要满足 $C-2 > 0$, 因此不妨取 $C = 3$. 于是解得 $x \geqslant 5$. 因为 x 表示 $\log n$, 所以 $n \geqslant 2^5 = 32$, $2n \geqslant 64$.

现在只剩奇数 $2n+1$ 的情形需要考虑. 由 (4.11) (以 $2n+1$ 代替 n, n 代替 k) 和 (4.15) 可得

$$2^{2n+1} \geqslant (n+1)^{\pi(2n+1)-\pi(n+1)}.$$

取对数, 有

$$2n + 1 \geqslant \big(\pi(2n+1) - \pi(n+1)\big)\log(n+1).$$

由此再结合关于 $\pi(n+1)$ 的归纳假设, 就有

$$\pi(2n+1) \leqslant C\frac{n+1}{\log(n+1)} + \frac{2n+1}{\log(n+1)}.$$

要想得到 $\pi(2n+1) \leqslant C(2n+1)/\log(2n+1)$, 还需要下式对从 n_0 开始的 n 都成立:

$$C\frac{n+1}{\log(n+1)} + \frac{2n+1}{\log(n+1)} \leqslant C\frac{2n+1}{\log(2n+1)}. \tag{4.23}$$

虽然比之前复杂一点, 但这仍只是个简单的练习. 为了让不等式变得更简单一点, 我们对两侧都进行适当缩放. 将左侧的 $2n+1$ 替换为更大的 $2(n+1)$, 即

$$C\frac{n+1}{\log(n+1)} + \frac{2n+1}{\log(n+1)} \leqslant \frac{(C+2)(n+1)}{\log(n+1)}. \tag{4.24}$$

对于右侧, 注意到 $2n+1 \geqslant (3/2)(n+1)$ 对所有的 $n \geqslant 1$ 都成立以及 $\log(2n+1) \leqslant \log(2n+2) = 1 + \log(n+1)$, 因此有

$$\frac{2n+1}{\log(2n+1)} \geqslant \frac{(3/2)(n+1)}{1+\log(n+1)}. \tag{4.25}$$

结合 (4.24) 与 (4.25) 可知, 如果

$$\frac{(C+2)(n+1)}{\log(n+1)} \leqslant \frac{(3/2)C(n+1)}{1+\log(n+1)}$$

成立, 则 (4.23) 成立. 两侧同时约去 $n+1$, 令 $\log(n+1) = x$, 则有

$$\frac{C+2}{x} \leqslant \frac{(3/2)C}{1+x}.$$

两侧同时乘以 $x(1+x)$, 合并同类项, 有 $(C+2)x + C + 2 \leqslant (3/2)Cx$, 或

$$\left(\frac{1}{2}C - 2\right)x \geqslant C + 2.$$

取 $C = 6$, 则不等式对 $x \geqslant 8$ 都成立. 因此 $n+1 \geqslant 2^8, 2n+1 \geqslant 511$. 由此证明了不等式 (4.10) 对 $C = 6$ 以及所有大于 510 的自然数都成立. 至此完成了整个定理的证明. ■

我们可以看到定理 27 是刚才证明了的定理的一个简单推论. 如果 $\pi(n) \leqslant Cn/\log n$, 则 $\pi(n)/n \leqslant C/\log n$. 因为对数函数单调递增无界 $(\log 2^k = k)$, 所以 $\pi(n)/n$ 将小于任意给定的正数. 另外, 切比雪夫定理的证明所采用的方法与定理 27 的证明也完全不一样.

我们再次考虑前面素数表格所暗示的比例问题. 从表格中我们推断出 $n/\pi(n)$ 很接近 $C\log_{10} n$ (C 是一个常数): 数 C^{-1} 的十进制表示中的前两位是 2.3. 因此我们认为 $\pi(n)$ 接近 $C^{-1}n/\log_{10} n$. 如果取新的底数 e 使得 $C\log_{10} n = \log_e n$, 那么 $C^{-1}n/\log_{10} n$ 将有更简单的形式 $n/\log_e n$. 我们之

前提过 $\log_b x = \log_b a \log_a x$ 总是成立的, 因此新底数 e 满足 $C = \log_e 10$ 即可. 将 $\log_b x = \log_b a \log_a x$ 中 x 换为 b, 可得 $\log_b a \log_a b = 1$, 因此关系式 $C = \log_e 10$ 可以写作 $C^{-1} = \log_{10} e$.

14 岁的高斯当然会对这些关系式加以注意, 并猜测什么样的数 e 可以使得 $\log_{10} e$ 接近 2.3^{-1}. 这个数在当时已经众所周知了, 因为以此为底的对数具有很多有用的性质 (e 也成了约定俗成的符号). 以 e 为底的对数称为自然对数, 记作 $\ln$: $\log_e x = \ln x$. 这里我们不得不假定读者已经熟悉自然对数了.

研究素数表格会很自然地认为 $\pi(n)$ 越来越接近 $n/\ln n$. 前面证明的切比雪夫定理 (将其中的对数换成自然对数) 已经保证了会存在两个常数 c 和 C 使得 $cn/\ln n \leqslant \pi(n) \leqslant Cn/\ln n$ 对某个适当的 n 以后的自然数都成立. 依据表格, 我们可以将猜想细化: 对任意的 $c < 1$ 以及 $C > 1$, 都存在某个 n 使得不等式 $cn/\ln n \leqslant \pi(n) \leqslant Cn/\ln n$ 对 n 之后的自然数都成立. 这个命题被称为素数分布的渐近律. 它是由高斯和其他数学家在 18 世纪和 19 世纪之交提出来的. 1850 年切比雪夫定理得到证明之后, 好像需要做的就是确定常数 c 和 C, 使得它们越来越接近. 然而素数分布的渐近律直到半个世纪之后才得到证明, 证明的核心来自黎曼提出的全新思想.

习 题

1. 证明对某常数 $a > 0$ 总有 $p_n > an \log n$. (提示: $\pi(p_n) = n$.)

2. 证明从某个自然数 (并确定出这个数) 开始总有 $\log n < \sqrt{n}$. (提示: 将这个问题化归为不等式 $2^x > x^2$ 从某实数 x 开始都成立. 设自然数 n 满足 $n \leqslant x \leqslant n+1$, 然后将前面的不等式化归为 $2^n \geqslant (n+1)^2$, 再对此应用归纳法.)

3. 证明对于某常数 C 总有 $p_n < Cn^2$. (提示: 应用前面的习题以及 $n = \pi(p_n)$.)

4. 证明对于某常数 A 总有 $p_n < An \log n$.

5. 证明: 使得 p^a 整除 $n!$ 的最大的 a 等于

$$\left[\frac{n}{p}\right] + \left[\frac{n}{p^2}\right] + \cdots + \left[\frac{n}{p^k}\right].$$

符号 $[r/s]$ 表示 r 除以 s 得到的整数商, 和式中包括满足 $p^k \leqslant n$ 的所有的 k, 其中 p 是任意素数, n 是任意自然数.

6. 利用习题 5 的结果给出引理 10 的一个新证明.

7. 如果 $p_1, \cdots, p_r$ 是 m 和 $2m+1$ 间的所有素数, 证明它们的乘积不超过 2^{2m}.

8. 试确定出常数 c 和 C 使得不等式 (4.10) 对所有自然数 n 都成立.

9. 试求出尽可能大的 c 与尽可能小的 C 使得不等式 (4.10) 对某个 n 之后的所有自然数都成立. (切比雪夫通过非常精妙的手段证明了 $c = 0.694$ 和 $C = 1.594$ 可以满足条件.)

第五章　实数与多项式

| 主题: 数与多项式 |

|14　实数公理

本章我们试着更深入地理解实数这一概念. 这里我们不准备特别严格地表述, 只是努力将我们的想法和命题陈述得足够准确, 以便能证明一些关于实数的结论.

在数轴上选定原点以及单位长度, 我们就能将实数用数轴上的点表示出来. 因此为了更好地理解实数, 我们需要同时将直线及直线上的点描述得更准确. 为了更好地说明, 下文我们会经常使用实数与直线上的点之间的一一对应.

我们以几何为典范, 试着达到中学几何课程中定义与推理的准确度. 在几何中, 整个结构都奠基于若干公理之上, 从公理出发证明其余的命题. 公理没有证明, 我们依靠经验或直觉接受它们.

为了表述得更明确, 我们将由公理构建平面几何的过程作为一个模型加以考察. 在构造过程中, 我们区分出三类逻辑概念. 第一类是几何中的基本对象: 点, 直线. 第二类是它们之间的基本关系: 点在直线上, 点在直线上的另外两个点之间. 无论是第一类概念还是第二类概念都没有定义. 我们面对这些概念时好像某处有一张关于所有点以及所有直线的 "列表", 从中我们知道哪些点在哪些直线上, 比如 A, B, C 三点在直线 l 上, 点 B 在点 A, C 之间. 第三类概念就是公理, 也就是一些关于基本对象以及它们之间关系的命题. 比如 "两点确定一条直线", 或者 "对于直线上的任意三个点, 它们中有且仅有一个点位于另外两点之间".

实数的情形与之类似. 基本对象就是实数自身. 此时除了实数构成的集合外没有其他数学对象. 实数间有两种基本关系: 它们之间的运算与不等关系. 下面我们将它们描述得更详细一点.

1. 实数间的运算

对于任意两个实数 a 和 b, 我们定义第三个数 c, 称其为 a 和 b 的和. 这种关系记作 $a + b = c$.

对于任意两个实数 a 和 b, 我们定义第三个数 d, 称其为 a 和 b 的积. 这种关系记作 $ab = d$.

2. 实数间的不等关系

对于某些实数对 a 和 b, 我们定义 a 小于 b. 这一关系记作 $a < b$. 这个关系还可以表示成 $b > a$. 如果我们想表达 $a < b$ 或者 $a = b$, 我们就记 $a \leqslant b$ (或 $b \geqslant a$).

在罗列联系基本对象和基本关系的公理之前, 我们再次强调一下实数与几何间的相似性. 我们将类似的概念总结在下表之中:

代数	几何
基本对象	
实数	点, 直线
基本关系	
和: $a + b = c$	点在直线上
积: $ab = d$	点 C 位于点 A 和点 B 之间
不等式: $a < b$	$\cdots$
公理	
$\cdots$	$\cdots$

这里没必要回忆几何公理, 我们现在将实数公理罗列出来. 根据这些公理涉及的基本关系, 我们将公理分开列出.

I (加法公理)

I_1. 交换律: 对于任意实数 a 和 b 都有 $a + b = b + a$.

I_2. 结合律: 对于任意实数 a, b 和 c 都有 $a + (b + c) = (a + b) + c$.

I_3. 存在一个实数 (称为零, 记作 0) 使得对于任意实数 a 都有 $a + 0 = a$.

(注: 零只有一个. 如果 $0'$ 是另一个满足条件的数, 那么根据零的定义有 $0' + 0 = 0'$; 根据交换律有 $0' + 0 = 0 + 0'$; 根据 $0'$ 的定义有 $0 + 0' = 0$. 因此我们得到 $0' = 0' + 0 = 0 + 0' = 0$, 即 $0' = 0$.)

I_4. 对于任意实数 a, 都存在一个数 (称为负 a, 记作 $-a$) 使得 $a + (-a) = 0$.

(注: 对于任意给定的 a, 负 a 只有一个. 设另一个数 a' 满足同样的性质 $a + a' = 0$, 则 $(a + (-a)) + a' = 0 + a' = a'$. 另外, $(a + (-a)) + a' = ((-a) + a) + a'$, 利用结合律有 $((-a) + a) + a' = (-a) + (a + a')$. 由 a' 的性质可得 $a + a' = 0$, $(-a) + 0 = -a$. 综合这些等式可得 $a' = -a$.)

II (乘法公理)

II_1. 交换律: 对于任意实数 a 和 b 都有 $ab = ba$.

II_2. 结合律: 对于任意实数 a, b 和 c 都有 $a(bc) = (ab)c$.

II_3. 存在一个数 (称为单位元, 记作 1) 使得对于任意实数 a 都有 $a \cdot 1 = a$.

(注: 单位元只有一个. 可以按照公理 I_3 的注中的方法来证明, 只需把加法换为乘法, 把 0 换为 1.)

II_4. 对于任意不为 0 的实数 a, 都存在一个数 (称为 a 的逆, 记作 a^{-1}) 使得 $a \cdot a^{-1} = 1$.

(注: 任意非零实数 a 都只有一个逆. 证明与公理 I_4 的注中的方法类似.)

III (加法和乘法公理)

分配律: 对于任意实数 a, b 和 c 都有 $(a + b)c = ac + bc$.

IV (序公理)

IV_1. 对于任意实数 a 和 $b, a = b, a < b, b < a$ 这三个关系中有且仅有一个成立.

IV_2. 如果三个实数 a, b 和 c 满足 $a < b$ 和 $b < c$, 则有 $a < c$.

IV_3. 如果实数 a 和 b 满足 $a < b$, 则对于任意实数 c 都有 $a + c < b + c$.

IV_4. 如果三个实数 a, b 和 c 满足 $a < b$ 和 $c > 0$, 则有 $ac < bc$.

V (实数和有理数)

实数包含有理数, 对实数定义的运算及不等关系应用于有理数时即是通常的运算及不等关系.

VI (阿基米德公理)

对于任意实数 a, 都存在一个自然数 n 使得 $a < n$.

VII (闭区间套公理)

令 $a_0, a_1, a_2, \cdots$ 和 $b_0, b_1, b_2, \cdots$ 是两个实数数列, 它们满足 $a_0 \leqslant a_1 \leqslant a_2 \leqslant \cdots$, $b_0 \geqslant b_1 \geqslant b_2 \geqslant \cdots$, 以及对任意的 n 都有 $a_n \leqslant b_n$, 则存在实数 c 满足对任意的 n 都有 $a_n \leqslant c \leqslant b_n$.

如果用数轴上的点表示实数, 那么满足条件 $a \leqslant x \leqslant b$ 的数 x 就构成一个集合, 我们称其为区间, 记作 $[a, b]$. 因此公理中的条件就是说区间 $I_n = [a_n, b_n]$ 间有一个相继包含关系: $I_0 \supset I_1 \supset I_2 \supset \cdots$ (区间套因此得名). 公理告诉我们存在一个点 (或数) 被包含在所有这些区间之中.

很容易从公理出发得到实数的常见性质. 花费数页篇幅去推导显而易见的结论没什么意义. 因此我们只关注后文中会用到的一些结果, 对于它们的证明仅给予零星注记 (见习题 2, 3 和 4).

由公理 II 可知, 对于任意非零实数 a 和任意实数 b, 方程 $ax = b$ 有唯一解 $c = a^{-1}b$. 我们称这个数为 b 与 a 的比, 记作 b/a. 关于去括号及分数运算的所有常用法则都能从这些公理推导出来.

对于任意自然数 n 都有 $n = 1 + \cdots + 1$ (共 n 项), 因此由公理 III 可知, 对于任意实数 a, na (n 和 a 的积) 都等于 $a + \cdots + a$ (共 n 项).

如果 $a < b, c < d$, 则由公理 IV_3 可得 $a + c < b + d$. 如果 $a < 0$, 则有 $-a > 0$ (因为 $-a < 0$ 会导致 $0 < 0$). 因此我们可以看到, 任意一个实数要么为正 ($a > 0$), 要么形如 $-b$ (其中 $b > 0$), 我们称这个数为负数, 要么等于 0. 乘法服从通常的 "符号" 法则. 和之前一样, $|a|$ 仍表示 a 的绝对值: 如果 $a \geqslant 0$, 那么绝对值就是 a 自身; 如果 $a < 0$, 那么绝对值等于 $-a$.

当随着 n 的变大, 区间 I_n 的长度 (即 $b_n - a_n$) 越来越接近 0 时, 闭区间套公理会特别有用. 换句话说, 对于任意实数 $\varepsilon > 0$, 都存在 N 使得 $b_n - a_n < \varepsilon$ 对所有 $n \geqslant N$ 都成立. 此时我们能得到一个新结论.

引理 11 如果随着 n 的增大, 差值 $b_n - a_n$ 变得任意小, 那么公理 VII 中保证存在的数 c 将只有一个.

假设存在两个这样的数 c 和 c', 不妨设 $c < c'$. 因此 $a_n \leqslant c < c' \leqslant b_n$, $c' - c = b_n - a_n - (c - a_n) - (b_n - c') \leqslant b_n - a_n$. 于是对于任意给定的 $\varepsilon > 0$, 当 n 充分大时都有 $c' - c \leqslant b_n - a_n < \varepsilon$. 不妨取 $\varepsilon = (c' - c)/2$, 于是有 $(c' - c)/2 < 0$. 因为 $1/2 > 0$, 故这与之前的假设 $c' - c > 0$ 矛盾. ∎

当我们用有理数从 "不足" 和 "过剩" 两方面来逼近实数时就会遇到这种情况, 即 a_n 和 b_n 都是有理数. 第 1 节讨论过的 $\sqrt{2}$ 就是一个例子. 公理 VII 就是对 "测得越来越准" 这一直观想法的数学表述. 结合前面的引理可以让我们构造出满足给定性质的实数. 后文中我们会经常使用这一点.

对于公理 V 和 VI, 需要注意的是我们已经假设了自然数以及有理数都是已知的. 对这些概念我们不准备详加分析.

上面介绍的公理不是相互独立的, 也就是说其中的一些公理可以由其他公理推导出来 (习题 6 即是一例). 我们只是把一些常见的以及直觉上可信的实数性质整理在一起罢了. 公理数目是增加了, 但这样就避免了对那些显然结论的无聊证明.

习 题

1. 公理 I – VII 之中, 哪些对有理数集合也成立? 哪些只对实数成立?

2. 利用公理 I – III 证明对任意实数 a 都有 $0a = 0$.

3. 证明对任意实数 a 和 b, 方程 $a + x = b$ 有唯一解.

4. 设 a, b, c 和 d 是四个实数, 证明: 如果 $a < b$ 且 $0 < c < d$, 则有 $ac < bd$; 如果 $0 < a < b$, 那么对任意自然数 n 都有 $a^n < b^n$.

5. 依照公理 V, 有理数集合是实数集合的一部分. 证明有理数 0 与公理 I_3 中保证存在的实数 0 是同一个数; 有理数 1 与公理 II_3 中保证存在的实数 1 也是同一个数.

6. 不使用公理 V, 证明对所有自然数 n, 数 $0, 1, 1 + 1, \cdots, 1 + 1 + \cdots + 1$ (共 n 项) 互

不相等. 这里的 1 即是公理 II_3 中保证存在的实数 1. 由此可以证明自然数是实数的一部分, 并且对实数定义的运算及不等关系应用于自然数时即是通常的运算及不等关系. 这样就证明了公理 V 中的命题, 因而这一公理就不是必需的了, 因为它可以由其他公理证明出来.

7. 在实数的加法和乘法之外, 我们还可以定义一种新运算 $\otimes: a \otimes b = a + b + ab$. 请问这种运算满足公理 II 吗?

|15   极限与无限和

为了说明闭区间套公理可以用来构造新实数, 我们引进一些后面会用到的概念.

在第四章中, 我们遇到了有界数列和递增无界数列. 现在我们从减小的角度来考虑一些数列. 为简单起见, 我们先来考虑由正数构成的数列, 并且将无限减小理解为无限接近于 0. 这个说法的准确定义类似于第 12 节中递增无界的定义.

设 a_n 是由非负实数构成的数列, 如果对于任意小的实数 ε, 都存在自然数 N 使得当 $n > N$ 时有 $a_n < \varepsilon$, 那么就说数列 a_n 无限接近于 0. 此时我们也说数列 a_n 趋于 0, 记作 $a_n \to 0 \ (n \to \infty)$ (当 n 趋于无穷时 a_n 趋于 0). 比如我们可以将引理 11 中的条件写作 $b_n - a_n \to 0 \ (n \to \infty)$.

数列 $a_n = 1/n$ 就是一个典型的无限接近于 0 的数列.

下面考虑的数列就不那么明显了.

引理 12   设 a 是小于 1 的任一正数, 则数列 $a_n = a^n$ 将无限接近于 0, 即有 $a^n \to 0 \ (n \to \infty)$.

记 $a = 1/A$, 则 $A > 1$, 因此它可以写作 $A = 1 + x$, 其中 $x > 0$. 依据二项式公式, $A^n = (1+x)^n = 1 + nx + y$, 这里 y 是若干正项的和, 即 $y > 0$. 于是有 $A^n > 1 + nx$. 因为对于任意的 $\varepsilon > 0$, 存在 N 使得当 $n \geqslant N$ 时有 $A^n > 1/\varepsilon$ (你可以自己把 N 算出来), 所以有 $a^n < \varepsilon$, 即 $a^n \to 0 \ (n \to \infty)$. ■

现在将前面的定义推广到数列中可以出现负数的情形. 对于这样的数列, $|a_1|, |a_2|, \cdots, |a_n|, \cdots$ 是非负的, 因而之前的定义对它们也适用. 由此, 我们有

新定义: 如果数列 $|a_n|$ 无限接近于 0, 那么就说数列 a_n 无限接近于 0. 此时仍记作 $a_n \to 0 \ (n \to \infty)$.

现在介绍最主要的概念. 对于数列 $a = (a_1, a_2, \cdots, a_n, \cdots)$, 如果存在一个实数 α 使得 $a_n - \alpha \to 0 \ (n \to \infty)$, 就说 α 是数列 a 的极限. 此时我们也可以说数列 a 趋于 α, 记作 $a_n \to \alpha \ (n \to \infty)$.

不是每个数列都有极限的. 如果一个数列有极限, 那么它必然是有界的. 设 $a_n \to \alpha \ (n \to \infty)$, 则存在 N 使得当 $n > N$ 时有 $|a_n - \alpha| < 1$. 因为 $a_n = (a_n - \alpha) + \alpha$, 因此当 $n > N$ 时有 $|a_n| \leqslant |\alpha| + 1$. 记 C 为 $|a_1|, \cdots, |a_N|, |\alpha| + 1$ 中的最大值, 则对于所有的 n 都有 $|a_n| \leqslant C$. 反之, 有界数列未必有极限. 将 0 和 1 交错排列得到的数列 $0, 1, 0, 1, \cdots$ 就是这样的例子. 如果它有极限 α, 那么根据极限的定义, 取 $\varepsilon = 1/2$, 则当 $n > N$ 时有 $|a_n - \alpha| < 1/2$. 因为这些 a_n 中有 0 和 1, 因此 $|\alpha| < 1/2$ 和 $|1 - \alpha| < 1/2$ 将同时成立, 这显然是不可能的. 所以 α 是不可能存在的.

如果一个数列有极限, 那么极限是唯一的. 假设数列 $a_1, a_2, \cdots, a_n, \cdots$ 有两个极限 α 和 β, 且 $\alpha \neq \beta$, 那么对任意的 $\varepsilon > 0$, 存在 N 和 N' 使得当 $n > N$ 时有 $|a_n - \alpha| < \varepsilon$, 当 $n > N'$ 时有 $|a_n - \beta| < \varepsilon$. 取 n 同时满足 $n > N$ 和 $n > N'$, 则同时有 $|a_n - \alpha| < \varepsilon$ 和 $|a_n - \beta| < \varepsilon$ 成立. 因而 $|\alpha - \beta| < 2\varepsilon$. 因为 ε 是任一正实数, 不妨取 $\varepsilon < |\alpha - \beta|/2$, 由此可得矛盾.

因为不是所有有界数列都有极限, 所以仅数列有界这个条件对构造新实数没有什么帮助. 但这里有一个基本的结论, 它说明有一类简单的数列总是有极限的, 因而给出了构造新实数的方法.

如果数列 $a_1, a_2, \cdots, a_n, \cdots$ 满足对任意的 n 都有 $a_n \leqslant a_{n+1}$, 即有 $a_1 \leqslant a_2 \leqslant a_3 \leqslant a_4 \leqslant \cdots$, 那么就称它是递增数列.

定理 29 *有界递增数列必有极限.*

这个定理的证明与我念书时 (第二次世界大战之前) 流行的一则故事的逻辑是一样的. 故事讲的是人们用各种方法抓捕荒漠中的狮子, 其中有法国人的方法, NKVD[1] 搜索者的方法, 还有数学家的方法. 数学家的方法是这样的: 他把沙漠分成两块相等的区域, 因此狮子必在其中一个区域里. 然后把这个区域再分成两个相等的区域, 反复如此操作, 直到狮子所在区域比笼子还小. 最后要做的就是用围栏把狮子围起来. 这是对数学中一类存在性证明的戏仿, 下面的证明就是一个例子.

设 $a = (a_1, a_2, \cdots, a_n, \cdots)$ 是递增数列. 根据假设, 它是有界的, 即存在实数 C 使得 $|a_n| < C$ 对所有 n 都成立. 因此所有 a_i 都被包含在区间 $I_0 = [a_1, C]$ 之中. 记 D 为这个区间的长度, 即 $D = C - a_1$.

现在用 $C_1 = (a_1 + C)/2$ 来把区间 I_0 分成相等的两部分. 这时会出现两种情况: 要么存在 m 使得 $a_m \geqslant C_1$ (因为数列是递增的, 因此当 $n \geqslant m$ 时都有 a_n 在区间 $[C_1, C]$ 之中), 要么对于所有的 n 都有 $a_n \leqslant C_1$ (此时数列中所有的项都在区间 $[a_1, C_1]$ 之中). 我们将 $[a_1, C_1]$ 和 $[C_1, C]$ 中包含数列从某项之后所有项的那一个记作 I_1. 接下来继续对 I_1 重复前面的操作, 反复如此. 显然, 通过反复进行这样的操作, 我们会得到一个区间套 $I_0 \supset I_1 \supset I_2 \supset \cdots \supset I_n \supset \cdots$, 其中区间 I_k 的长度为 $D/2^k$, 并且它还包含数列从某项之后的所有项. 依据闭区间套公理 (公理 VII), 存在实数 α 属于所有这些区间. 它就是数列 a 的极限. 正如我们所见, 数列 a 从某项之后的所有项都在区间 I_k 之中. 这说明, 对任意自然数 k, 都存在一个 N 使得当 $n > N$ 时有 $a_n \in I_k$. 因为 α 也在 I_k 中, 所以当 $n > N$ 时有 $|a_n - \alpha| < D/2^k$. 如果选择 k 使得 $D/2^k < \varepsilon$, 这正好满足极限所要求的条件. 需要指出的是, k 的选择总是可能的, 因为数列 $D, D/2, D/4, D/8, \cdots$ 无限接近于 0. ■

当数列 $a = (a_1, a_2, \cdots, a_n, \cdots)$ 是非负数列 $c = (c_1, c_2, \cdots, c_n, \cdots)$ $(c_n \geqslant 0)$ 的和数列时, 即 $a_1 = c_1, a_2 = c_1 + c_2, \cdots, a_n = c_1 + c_2 + \cdots + c_n, \cdots$, 定理 29 特别有用. 这种情况下数列 a 显然是递增的. 至于它是否有界这是需要检验的 (检验工作有时很复杂). 比如数列 c 中各项皆为 1 $(c_n = 1)$, 则 $a_n = n$, 因此数列 a 就不是有界的. 第 12 节中我们考虑过一个不那么明显的

无界的例子: $c_n = 1/n$, 此时数列 a 不是有界数列. 如果经过检验, 发现数列 a 是有界的, 那么根据定理, 它就有唯一的极限 α. 这个极限被称为数列 c 的和, 记作

$$c_1 + c_2 + \cdots + c_n + \cdots = \alpha.$$

无穷数列 c 有时也被称作级数, 它的和被称为级数的和.

如果和数列 a_n 是有界的, 那么级数的和 $c_1 + c_2 + \cdots + c_n + \cdots$ 存在. 如果和数列不是有界的, 我们就说级数的和不存在. 因此引理 8 说明级数和 $1 + 1/2 + 1/3 + \cdots$ 不存在.

再研究一个例子. 设 a 是小于 1 的非负数, 考虑数列 $c = (1, a, a^2, \cdots, a^n, \cdots)$. 于是 $a_n = 1 + a + a^2 + \cdots + a^{n-1}$, 这个和式可以根据等比数列求和公式 (第一章的 (1.12) 式) 算出来:

$$a_n = 1 + a + a^2 + \cdots + a^{n-1} = \frac{1-a^n}{1-a} = \frac{1}{1-a} - \frac{a^n}{1-a}. \tag{5.1}$$

易知 $a^n \to 0 \ (n \to \infty)$, 于是有 $a_n/(1-a) \to 0 \ (n \to \infty)$. 结合 (5.1) 式即有 $a_n \to 1/(1-a)$. 我们将它换个写法

$$1 + a + a^2 + \cdots + a^{n-1} + \cdots = \frac{1}{1-a} \quad (a < 1). \tag{5.2}$$

上式左边的级数称作几何级数, 因此上式即是几何级数的求和公式.

也存在这样一些级数, 很容易验证它们的和是存在的, 但这个和却很难具体计算出来. 第 12 节中我们证明了和式 $1/1^2 + 1/2^2 + \cdots + 1/n^2$ 是有界的, 因此 $1/1^2 + 1/2^2 + \cdots + 1/n^2 + \cdots$ 是存在的. 但它到底是多少呢? J. 伯努利在 17 世纪提出了这个问题, 18 世纪中叶的数学家们都为此着迷, 最终欧拉解决了这个问题. 他得出了下面这个神奇的等式

$$1 + \frac{1}{2^2} + \frac{1}{3^2} + \cdots + \frac{1}{n^2} + \cdots = \frac{\pi^2}{6}. \tag{5.3}$$

这是欧拉最了不起的发现之一. 这一发现很快在数学圈流传开来, 欧拉的众多通信者询问他是如何发现这个结论的. 但欧拉并没有止步于此, 而是进一步计算了级数和 $1 + 1/2^k + 1/3^k + \cdots + 1/n^k + \cdots$ (k 是偶数). 结果发现这个和

式与我们第二章的补充材料中介绍的伯努利数有关, 即对于任意偶数 k 有

$$1 + \frac{1}{2^k} + \frac{1}{3^k} + \cdots + \frac{1}{n^k} + \cdots = (-1)^{\frac{k}{2}-1} \pi^k \frac{2^{k-1} B_k}{k!}. \tag{5.4}$$

直到今天, 关于 k 为奇数的情况仍几乎一无所知. 1978 年有数学家证明了 $1 + 1/2^3 + 1/3^3 + \cdots + 1/n^3 + \cdots$ 是一个无理数. 虽然证明了有无限多个奇数 k 可以使得相应的级数和是无理数, 但这些 k (除了 3) 具体是多少仍不得而知. 至今 $k = 3$ 的情形仍是 k 为奇数的情形中唯一得到证明的结果.

这里需要指出一点, 虽然有些级数和 $c_1 + c_2 + \cdots + c_n + \cdots$ 的具体值我们求不出来, 但仅仅知道其存在性就可以告诉我们很多有用的信息.

引理 13 如果级数和 $c_1 + c_2 + \cdots + c_n + \cdots$ 存在, 那么由 $d_n = c_{n+1} + c_{n+2} + \cdots$ 构成的数列将无限接近于 0.

证明中需要使用极限的一个简单性质. 设数列 $a_1, a_2, \cdots, a_n, \cdots$ 的极限为 α, 即有 $a_n - \alpha \to 0$ $(n \to \infty)$. 那么对任意实数 β, 数列 $\beta - a_1, \beta - a_2, \cdots, \beta - a_n, \cdots$ 的极限为 $\beta - \alpha$. 考虑差值 $\beta - \alpha - (\beta - a_n) = a_n - \alpha$, 因为 $a_n - \alpha \to 0$, 所以 $\beta - \alpha - (\beta - a_n) \to 0$ $(n \to \infty)$.

记级数和 $c_1 + c_2 + \cdots + c_n + \cdots$ 为 α, $a_m = c_1 + c_2 + \cdots + c_m$. 依据级数和的定义, α 等于数列 $a_1, a_2, \cdots, a_m, \cdots$ 的极限. 同样地, d_n 就是数列 $a_{n+1} - a_n, a_{n+2} - a_n, \cdots, a_{n+k} - a_n, \cdots$ 的极限. 按照证明开始前的说明, 这个极限等于 $\alpha' - a_n$, 这里 α' 为数列 $a_{n+1}, a_{n+2}, \cdots, a_{n+k}, \cdots$ 的极限. 因为数列 $a_{n+1}, a_{n+2}, \cdots, a_{n+k}, \cdots$ 的极限就是数列 $a_1, a_2, \cdots, a_m, \cdots$ 的极限, 即有 $\alpha' = \alpha$, 于是就得到 $d_n = \alpha - a_n$. 按照极限的定义, $\alpha - a_n \to 0$, 所以 $d_n \to 0$ $(n \to \infty)$. ∎

比如, 令 $d_n = 1/n^2 + 1/(n+1)^2 + \cdots$, 于是有 $d_n \to 0$ $(n \to \infty)$.

对极限与无限和的考虑使我们走出了代数的范畴, 毕竟代数从原则上说是关于有限表达式的. 这类问题更接近被称为分析的数学分支, 所以我们不打算在这方面深入研究下去. 然而需要指出的是, 诸如 (5.3) 和 (5.4) 这样惊人的结果源自这些领域间的交融.

习 题

1. 证明: 如果级数和 $c_1 + c_2 + \cdots + c_n + \cdots$ 存在, 那么必有 $c_n \to 0 \, (n \to \infty)$.

2. 证明: 如果对于任意的 n 都有 $a_n < C$, 以及 $a_n \to \alpha \, (n \to \infty)$, 则有 $\alpha \leqslant C$. 另外请举出一个确实可以取到等号的例子.

3. 假设 $a_n \to \alpha \, (n \to \infty)$, $b_n = a_{2n}$, 请问数列 $b_1, b_2, \cdots$ 有极限吗? 如果有的话, 那么极限会是多少? 假如数列 b_n 存在极限, 那么我们能不能反过来推出数列 a_n 也有极限? 如果数列 a_n 存在极限, 那么这个极限等于多少?

4. 设 $a_n = 1/2 - 1/3 + \cdots + (-1)^n/n$, 那么数列 a_n 是否存在极限?

5. 设 $f(x)$ 是 d 次多项式, $a_n = f(n)/n^{d+1}$, 试证明 $a_n \to 0 \, (n \to \infty)$.

6. 设 $|a| < 1$, b 是任意实数, 试求出级数和 $b + ba + ba^2 + \cdots + ba^n + \cdots$. 通常我们也把数列 $b, ba, ba^2, \cdots$ 称为几何级数.

7. 已知一个正方形的边长为 a, 我们连接相邻边的中点, 这样会得到一个新的正方形. 对新正方形重复之前的操作, 反复进行下去, 试求出所有正方形的面积之和.

8. 求出下列级数和
$$\frac{1}{1 \times 2} + \frac{1}{2 \times 3} + \cdots + \frac{1}{n(n+1)} + \cdots.$$
(提示: 同习题 4, 利用等式 $1/(n(n+1)) = 1/n - 1/(n+1)$.)

9. 试构造满足如下条件的数列 a_n: (1) a_n 是小于 1 的正有理数; (2) a_n 的分母是 n; (3) 数列没有极限.

10. 如果数列 $a_1, a_2, \cdots$ 的极限为 α, 数列 $b_1, b_2, \cdots$ 的极限为 β, 试证明数列 $a_1 + b_1, a_2 + b_2, \cdots$ 的极限为 $\alpha + \beta$.

11. 假设 $0 \leqslant a_i \leqslant b_i$, 级数和 $b_1 + b_2 + \cdots + b_n + \cdots$ 存在, 试证明级数和 $a_1 + a_2 + \cdots + a_n + \cdots$ 也存在, 且 $a_1 + a_2 + \cdots + a_n + \cdots \leqslant b_1 + b_2 + \cdots + b_n + \cdots$.

| 16 实数的十进制表示

在第 14 节中我们用公理系统描述了实数, 本节我们来说明如何将实数具体表示出来. 这里没有什么新内容, 不过就是众所周知的用无限小数来表示实数的基础知识. 但我们这里将说明这样的表示是可以从实数公理推导出来的.

依据熟悉的书写习惯, 负实数与其对应的正实数 (两者具有相同的绝对值) 在表示上使用相同的数字, 只不过前面多了个负号. 利用公理 I_4, 我们可以在负实数子集与正实数子集间建立一一对应. 因此为简单起见, 我们下面只处理正实数的情况.

记 A 为任意非负整数, $a_1, a_2, \cdots, a_n, \cdots$ 为无穷整数数列, 每一项的取值只能是 $0, 1, 2, 3, 4, 5, 6, 7, 8, 9$ 这十个数中的一个. 我们将它们合起来写作 $A.a_1a_2a_3\cdots$, 称其为无限小数. 这不过是将无穷数列换种写法罢了. 现在我们来看看怎么把它和实数联系起来. 首先对任意的 n, 我们定义

$$\alpha_n = A + \frac{a_1}{10} + \cdots + \frac{a_n}{10^n}. \tag{5.5}$$

显然, 数列 $\alpha_1, \alpha_2, \cdots, \alpha_n, \cdots$ 是递增的. 现在来证明它也是有界的. 因为 $a_i \leqslant 9$, 所以

$$\frac{a_1}{10} + \frac{a_2}{10^2} + \cdots + \frac{a_n}{10^n} \leqslant \frac{9}{10}\left(1 + \frac{1}{10} + \cdots + \frac{1}{10^{n-1}}\right).$$

利用等比数列求和公式, 有

$$1 + \frac{1}{10} + \cdots + \frac{1}{10^{n-1}} = \frac{1 - 1/10^n}{1 - 1/10} < \frac{10}{9}.$$

因此就得到了

$$\frac{a_1}{10} + \frac{a_2}{10^2} + \cdots + \frac{a_n}{10^n} < 1, \tag{5.6}$$

即有 $\alpha_n < A + 1$.

依据定理 29, 数列 $\alpha_1, \alpha_2, \cdots, \alpha_n, \cdots$ 有极限 α. 于是我们把 α 当作与无限小数对应的实数, 记作

$$\alpha = A.a_1a_2\cdots a_n\cdots. \tag{5.7}$$

有时我们也说 α 等于无限小数 $A.a_1a_2\cdots a_n\cdots$, 意思很简单, 就是 α 等于无穷级数的和 $A + a_1/10 + a_2/10^2 + \cdots$.

我们还要继续研究无限小数和实数间的这个对应. 它是一一对应吗? 这里面包括两个问题: 不同的两个无限小数能对应同一个实数吗? 每个实数都有一个与之对应的无限小数吗?

我们先来考虑第一个问题. 首先需要指出的是, 有时候确实会有两个不同的无限小数对应于同一个实数. 比如考虑无限小数 $0.9999\cdots$, 即小数点后全

是数字 9. 它对应哪个实数呢? 根据定义, 我们考虑数列 $\alpha_n = 9/10 + 9/10^2 + \cdots + 9/10^n$. 利用等比数列求和公式很容易计算这个和式, 它等于

$$\frac{9}{10}\Big(1 + \frac{1}{10} + \cdots + \frac{1}{10^{n-1}}\Big) = \frac{9}{10} \times \frac{1 - 1/10^n}{1 - 1/10} = \frac{9}{10} \times \frac{1 - 1/10^n}{9/10} = 1 - \frac{1}{10^n}.$$

因此数列 α_n 的极限显然是 1, 故 $1 = 0.9999\cdots$. 但我们又显然有 $1 = 1.0000\cdots$, 其中小数点后全是数字 0. 因此 (按照书写形式来说) 就有两个不同的无限小数同时对应于实数 1.

显然我们还能构造出很多这样的例子. 这样的例子一般可以这样来构造: 令无限小数形如 $A.a_1 \cdots a_k 99 \cdots$, 即从某个位置 (比如小数点后第 k 位) 之后全是数字 9. 当然我们假定 $a_k \neq 9$. 然后重复上面的论证过程, 可知它与小数 $A.a_1 \cdots a_{k-1}(a_k + 1)00\cdots$ (从第 k 位之后全是数字 0) 对应同一个实数. 对于这种从某位之后全是数字 9 的小数, 我们说它包含 9 循环. 无限小数与实数的一一对应对于这种小数是不成立的. 前面的论证说明了, 一个包含 9 循环的小数必然会与某个不包含 9 循环的小数对应于同一个实数.

有些出人意料的是, 只有上面那种特殊的小数不满足一一对应.

定理 30 *不同的两个都不含 9 循环的无限小数对应于不同的实数.*

将用无限小数构造实数的方法和通常讨论的实数的精度概念结合起来, 就能很容易地证明上述定理. 将直线分割为若干长度皆为 $1/10^m$ 的线段, 保证线段端点是分母为 10^m 的有理数. 因此直线上每个点, 即每个实数, 都落在其中一条线段上. 点的位置会告诉我们实数精确到 $1/10^m$ 时会是什么样. 如果这个点恰好与那些线段的某个端点重合, 即它同时位于两条线段上, 就会产生一个问题: 这个点是算作在它左边的线段上还是算作在它右边的线段上呢? 这个难题正好就是我们前面讨论过的小数包含 9 循环的问题. 我们证明了包含 9 循环的情形总可以转化为不含 9 循环的情形, 因此这里也选择把那些特殊的点算到在它右边的线段上去. 换句话说, 如果小数不含 9 循环, 那么逐步构造出来的数 α_m 和由它们定义的数 α 满足

$$\alpha_m \leqslant \alpha < \alpha_m + \frac{1}{10^m}. \tag{5.8}$$

由 (5.5) 可知数 α_m 是分母为 10^m 的有理数.

回忆一下, 数 α 是数列 α_m 的极限. 当 $n \geqslant m$ 时显然有 $\alpha_n \geqslant \alpha_m$, 因此有 $\alpha \geqslant \alpha_m$. 假如 $\alpha < \alpha_m$, 那么当 $n \geqslant m$ 时有 $\alpha_n - \alpha = (\alpha_n - \alpha_m) + (\alpha_m - \alpha) \geqslant \alpha_m - \alpha$. 根据极限定义, $\alpha_n - \alpha$ 的绝对值在 n 充分大时会小于任意给定的正数. 但前面的推导告诉我们, $\alpha_n - \alpha$ 的绝对值不小于固定的正数 $\alpha_m - \alpha$ (见第 15 节习题 2), 这就产生了矛盾.

因此 (5.8) 左边的不等式就得到了证明. 如果用 $\leqslant$ 替换右边的不等式中的 $<$, 那么不等式就可以按照相同的方法来证明. 即当 $n > m$ 时, 我们有

$$\alpha_n = \alpha_m + \frac{a_{m+1}}{10^{m+1}} + \cdots + \frac{a_n}{10^n} = \alpha_m + \frac{1}{10^m}\left(\frac{a_{m+1}}{10} + \cdots + \frac{a_n}{10^{n-m}}\right). \quad (5.9)$$

应用不等式 (5.6), 可得 $\alpha_n < \alpha_m + 1/10^m$. 通过与之前一样的推理, 可得 $\alpha \leqslant \alpha_m + 1/10^m$.

如果要证明 (5.8) 所要求的关于 $<$ 的不等式, 那么必须用到小数 $A.a_1 a_2 \cdots$ 不含 9 循环这个事实. 证明因此会有一点复杂. 我们对某个固定的指标 m 来证明 (5.8) 中右边的不等式. 因为无限小数 α 不含 9 循环, 所以在 a_m 之后必定存在数字 a_k 不等于 9. 当 $n > k$ 时, 有

$$\alpha_n = \alpha_m + \left(\frac{a_{m+1}}{10^{m+1}} + \cdots + \frac{a_k}{10^k}\right) + \left(\frac{a_{k+1}}{10^{k+1}} + \cdots + \frac{a_n}{10^n}\right).$$

和之前一样, 仍有

$$\frac{a_{k+1}}{10^{k+1}} + \cdots + \frac{a_n}{10^n} \leqslant \frac{1}{10^k},$$

因此

$$\alpha_n \leqslant \alpha_m + \left(\frac{a_{m+1}}{10^{m+1}} + \cdots + \frac{a_k+1}{10^k}\right).$$

因为 $a_k \neq 9$, 所以 $a_k + 1$ 等于 $1, 2, \cdots, 9$ 其中之一.

令

$$c = \frac{a_{m+1}}{10} + \cdots + \frac{a_k+1}{10^{k-m}}.$$

由 (5.6) 可知 $c < 1$. 数 c 只与 m 和 k 的选择有关, 与 n 无关. 因此将 α_n 换成极限 α, 同样可得

$$\alpha \leqslant \alpha_m + \frac{c}{10^m} < \alpha_m + \frac{1}{10^m}.$$

至此我们证明了不等式 (5.8).

由 (5.8) 式立即可知, 两个不同的无限小数 (都不含 9 循环) 不可能对应于同一个实数. 假设 $A.a_1a_2\cdots$ 和 $A'.a_1'a_2'\cdots$ 都对应于实数 α, 则有

$$\alpha_m' \leqslant \alpha < \alpha_m' + \frac{1}{10^m},$$

其中 $\alpha_m' = A' + a_1'/10 + \cdots + a_m'/10^m$. 若有 $\alpha_m' \neq \alpha_m$, 不妨设 $\alpha_m' > \alpha_m$. 由关系式可知 $\alpha_m' < \alpha_m + 1/10^m$, 即 $\alpha_m' - \alpha_m < 1/10^m$. 但 α_m 和 α_m' 是分母为 10^m 的两个不同的有理数, 因此出现矛盾. 由此可知对所有的 m 都有 $\alpha_m' = \alpha_m$. 由 $\alpha_m - \alpha_{m-1} = a_m/10^m$ 可知 a_m 由 α_m 唯一确定, 所以两个小数对应位置上的数都相等. ■

现在考虑第二个问题: 是不是每个实数都有对应的无限小数? 毫无疑问, 你对这个问题的答案以及证明的方法都已经很熟悉了. 我们这里只是想基于公理确证几个寻常的论证.

首先注意到每个实数都必定介于某两个相邻整数之间, 即存在整数 A 使得 $A \leqslant \alpha < A+1$. 先假设 α 是正数. 根据阿基米德公理, 存在自然数 n 使得 $\alpha < n$. 因为不超过 n 的自然数是有限的, 因此满足这个性质的最小自然数是存在的, 设其为 m. 于是有 $m-1 \leqslant \alpha < m$. 令 $A = m-1$, 这就得到了前面的结论. 如果 α 是负数, 设 $\alpha' = -\alpha$, 然后对 α' 可以得到相同的结论: 存在 n 使得 $n \leqslant \alpha' < n+1$. 由公理 $\mathbb{IV}_3$ 易知 $-(n+1) < \alpha \leqslant -n$. 如果 α' 不是自然数, 那么令 $A = -(n+1)$ 可得 $A \leqslant \alpha < A+1$. 如果 $\alpha = -n$, 令 $A = -n$, 则 $A \leqslant \alpha < A+1$. 由此可得, 对于任意实数 α, 都存在整数 A 使得 $A \leqslant \alpha < A+1$. 这表明 α 可以记作 $\alpha = A + \varepsilon$, 其中 $0 \leqslant \varepsilon < 1$.

如果三个数 a_1, a_2, a_3 满足 $a_1 < a_2, a_2 < a_3$, 那么任一满足 $a_1 \leqslant \alpha < a_3$ 的数 α 都必满足下列两个条件之一: $a_1 \leqslant \alpha < a_2$ 或 $a_2 \leqslant \alpha < a_3$. 对照图 5.1 可知, 这不过是说区间 $[a_1, a_3)$ 是 $[a_1, a_2)$ 和 $[a_2, a_3)$ 的并. 说得正式一点, 这是下列命题的推论: 任意 α 都恰好满足下列三条件之一: $\alpha < a_2$ 或 $a_2 < \alpha$ 或 $a_2 = \alpha$.

考虑更一般的情形: n 个数 $\alpha_1, \cdots, \alpha_n$ 满足 $\alpha_1 < \alpha_2, \alpha_2 < \alpha_3, \cdots, \alpha_{n-1} < \alpha_n$. 那么每个满足 $\alpha_1 \leqslant \alpha < \alpha_n$ 的数 α 都必定满足某个 $\alpha_{i-1} \leqslant \alpha < \alpha_i$.

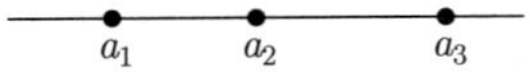

图 5.1

要证明这个结论, 可以对 $\alpha_1, \alpha_2, \alpha_n$ 三个数应用前面的结论, 于是要么 $\alpha_1 \leqslant \alpha < \alpha_2$ 要么 $\alpha_2 \leqslant \alpha < \alpha_n$. 对于后一种情况, 可以继续重复之前的论证. 最终必定有某个 i 使得 $\alpha_{i-1} \leqslant \alpha < \alpha_i$.

现在回到正题. 我们已经证明了每个实数 α 都可以表示成 $A + \varepsilon$, 其中 A 是整数, $0 \leqslant \varepsilon < 1$. 考虑数 $k/10$, k 取 0 到 9 这 10 个整数. 根据前面的结果, 必有某个 k 使得 $k/10 \leqslant \varepsilon < (k+1)/10$. 将这个 k 记为 a_1, 于是有 $\varepsilon = a_1/10 + \varepsilon_1$, 其中 $0 \leqslant \varepsilon_1 < 1/10$. 因此 $\alpha = A + a_1/10 + \varepsilon_1$. 继续这个过程, 可以得到一列数 $a_1, \cdots, a_n, \cdots$, 其中 $0 \leqslant a_i \leqslant 9$, 使得对任意的 n 都有 $\alpha = A + a_1/10 + \cdots + a_n/10^n + \varepsilon_n$, 其中 $0 \leqslant \varepsilon_n < 1/10^n$. 若记 $\alpha_n = A + a_1/10 + \cdots + a_n/10^n$, 则上述结论表明数列 $\alpha_1, \alpha_2, \cdots, \alpha_n, \cdots$ 有极限 α, 即无限小数 $A.a_1 a_2 \cdots a_n \cdots$ 对应于数 α.

之前证明的结论可以总结如下: 实数与无限小数之间没有一一对应关系, 但不含 9 循环的无限小数与实数可以建立一一对应.

习 题

1. 证明: 实数 α 对应于含 0 循环的无限小数, 当且仅当 α 是有理数 a/b, 其中 a、b 是整数, 且 b 的素因数只有 2 和 5. (设 r 是从 0 到 9 的某个整数, 对于无限小数 $\alpha = A.a_1 a_2 \cdots a_n \cdots$, 如果当 $n \geqslant n_0$ 时有 $a_n = r$, 那么就说无限小数 α 含有 r 循环.)

2. 为得到与有理数 a/b 相对应的无限小数, 只需考虑其分数部分即可, 因此不妨假设 $0 < a < b$. 若 $0.a_1 a_2 \cdots$ 是 a/b 对应的无限小数, 则令 $\alpha_n = a_1/10 + a_2/10^2 + \cdots + a_n/10^n$, 试证明 $a/b - \alpha_n = r_n/(10^n b)$, 其中 $0 \leqslant r_n < b$, 且 r_n 满足 $10r_{n-1} = ba_n + r_n$. 另外请确证这种计算无限小数中 a_n 的方法与通常的除法运算是一致的.

3. 证明有理数对应的无限小数是循环小数. 也就是说, 无限小数必形如 $(**\cdots*)(P)(P)\cdots$, 即 $**\cdots*$ 之后全是不断重复的 P, 其中 $**\cdots*$、P 都只含有有限多位数, 比如 $(5.34562321)(231)(231)(231)\cdots$. P 被称为循环节. (提示: 利用习题 2 (也就是除法运算), 并注意 $10r_{n-1}$ 除以 b 得到的余数只有有限多个, 因为余数都小于 b.)

4. 证明: 如果分数 a/b 的分母 b 与 10 互素, 那么其对应的无限小数的循环节从小数点后开始.

5. 条件同习题 4, 证明: 循环节的长度 (即其中数码的个数) 等于满足 b 能整除 $10^k - 1$ 的最小的 k.

6. 条件同习题 4, 证明: 循环节的长度不超过 $\varphi(b)$. $\varphi(b)$ 可由第三章的 (3.25) 式得到.

7. 证明: 任一无限循环小数都对应一个有理数. 也就是说, 如果设循环节之前的部分为 $A.a_1 a_2 \cdots a_n$, 循环节为 $p_0 p_1 \cdots p_{m-1}$, $Q = A + a_1/10 + \cdots + a_n/10^n$, $P = p_0 + 10 p_1 + \cdots + 10^{m-1} p_{m-1}$, 那么无限小数对应于有理数 $Q + P/(10^{n+1}(10^m - 1))$.

8. 考虑无限小数 $0.1001000100001\cdots$, 其中相邻两个 1 之间的 0 的数目每次都增加一个, 试证明这个无限小数对应于一个无理数.

| 17 多项式的实根

在前文我们已经为实数理论奠定了一个比较牢固的基础, 现在可以用它们来得到一些关于实系数多项式的实根方面的结果. 为此, 我们首先需要研究多项式 $f(x)$ 在单个点 $x = a$ 附近的性质.

定理 31 对于任一多项式 $f(x)$ 以及任一实数 a, 都存在一个常数 $M > 0$ 使得当 x 满足 $|x - a| \leqslant 1$ 时都有

$$|f(x) - f(a)| \leqslant M|x - a|. \tag{5.10}$$

回忆一下绝对值 $|A|$ 的定义: 若 $A \geqslant 0$, 则其绝对值为 A; 若 $A < 0$, 则其绝对值为 $-A$. 因此 $|A|$ 总是一个非负数. 绝对值的下列几个性质都是中学课程中讲过的:

$$|A + B| \leqslant |A| + |B|, \tag{5.11}$$

$$|A + B| \geqslant |A| - |B|, \tag{5.12}$$

$$|AB| = |A| \cdot |B|. \tag{5.13}$$

定理 31 告诉我们, 当 x 逐渐接近 a 时 $f(x)$ 会越来越接近 $f(a)$. 因此我们可以将 $f(a)$ 看作对 $f(x)$ 的一个估计, (5.10) 式给出了相应估计的误

差. 为证明定理, 设 $y = x - a$, 即 $x = a + y$, 然后将其代入多项式. 多项式的每一项 $a_k x^k$ 都变成了 $a_k(a + y)^k$, 将其展开, 合并同类项之后就得到了一个关于 y 的多项式, 不妨将其记作 $g(y) = c_0 + c_1 y + \cdots + c_n y^n$. 于是就有 $f(x) = f(a + y) = g(y)$, $f(a) = f(a + 0) = g(0)$. 由此, (5.10) 就变成了

$$|g(y) - g(0)| \leqslant M|y| \qquad (5.14)$$

对所有满足 $|y| \leqslant 1$ 的 y 都成立.

在这个新形式中, 因为 $g(0) = c_0$, 所以 $g(y) - g(0)$ 就具有了非常简单的表达式 $c_1 y + \cdots + c_n y^n$. (由归纳法易知) (5.11) 对任意有限和都成立, 因此就有

$$|g(y) - g(0)| = |c_1 y + \cdots + c_n y^n| \leqslant |c_1 y| + \cdots + |c_n y^n|.$$

根据 (5.13)(它也对任意有限项的乘积都成立), 有 $|c_k y^k| = |c_k| \cdot |y|^k$, 因而可得

$$|g(y) - g(0)| \leqslant |c_1| \cdot |y| + \cdots + |c_n| \cdot |y|^n.$$

假设中的 $|x - a| \leqslant 1$ 现在变成了 $|y| \leqslant 1$, 因此 $|y|^k \leqslant |y|$, 故当 $|y| \leqslant 1$ 时有

$$|g(y) - g(0)| \leqslant (|c_1| + \cdots + |c_n|)|y|.$$

记 $M = |c_1| + \cdots + |c_n|$, 即知 (5.14) 成立, 故而 (5.10) 成立. ∎

现在我们可以来证明多项式的一个非常重要的性质了.

定理 32 (波尔查诺定理) 如果多项式在 $x = a$ 和 $x = b$ 处的值具有不同的符号, 那么多项式必在这两点之间的某处取值为 0.

定理的意思是说, 假如 $a < b$, 且 $f(a)$ 和 $f(b)$ 具有不同的符号, 那么必定存在一个数 c 满足 $a < c < b$ 以及 $f(c) = 0$.

定理 32 乍看之下好像是显然的, 尤其对多项式 $f(x)$ 的图像 (图 5.2) 成立. 定理告诉我们, 图像不可能 "跳过" x 轴而不与它相交. 但事实上, 我们是可以画出如图 5.3 这样的图像的.

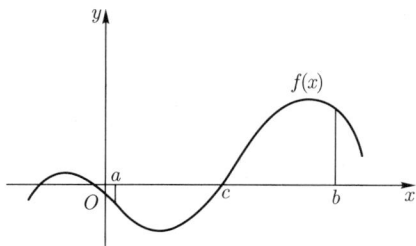

图 5.2

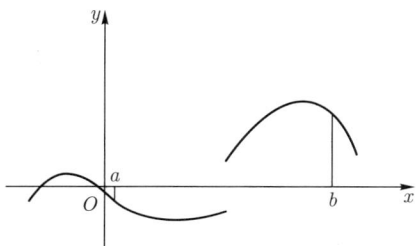

图 5.3

因此我们必须要证明多项式的图像不可能是图 5.3 这样的. 对于更一般的函数, 这个性质涉及连续性这种更精细的要求. 但对于多项式, 定理 31 中的简单不等式 (5.10) 就足够了.

这里的证明与定理 29 的证明一样, 仍需要 "沙漠中捕狮子" 的操作. 不妨假设 $f(a) > 0$ 以及 $f(b) < 0$. 考虑区间 $[a,b]$ (即满足 $a \leqslant x \leqslant b$ 的实数 x 构成的集合), 将其记作 I_1. 现在把区间以中点为界分成长度都等于 $r = (a-b)/2$ 的两部分. 如果 $f(r) = 0$, 那么结论成立 (取 $c = r$). 如果 $f(r) > 0$, 那么多项式 $f(x)$ 在 $x = r$ 和 $x = b$ 处的值符号不同, 因此记 $I_2 = [r,b]$. 如果 $f(r) < 0$, 那么就记 $I_2 = [a,r]$. 无论是哪种情况, I_2 都包含在 I_1 里面, 且 I_2 的长度是 I_1 的一半. 与此同时, 多项式 $f(x)$ 在区间的两端取值符号相反 (在我们这里就是在左端点处函数取正值, 在右端点处函数取负值).

这个过程可以继续进行下去, 要么在某点处找到了函数的一个根 (因而定理得到了证明), 要么继续操作下去. 只有后一种情形需要进一步考虑. 在过程中我们得到了无限区间套: $I_1 \supset I_2 \supset \cdots \supset I_n \supset \cdots$, 其中 $I_n = [a_n, b_n]$, 其中每个区间的长度都是前一个区间长度的一半, $f(x)$ 在区间的两个端点处的值符号相反: $f(a_n) > 0$ 及 $f(b_n) < 0$. 现在使用第 14 节中对实数性质的更严格的分析. 因为 $I_n \supset I_{n+1}$, 且 I_{n+1} 的长度等于 $(b-a)/2^n$, 即区间的长度随 n 的变大将变得任意小, 所以区间套 I_n 满足公理 VII 以及引理 11, 因此可知存在唯一的 c 被所有的区间所包含, 即

$$a_n \leqslant c \leqslant b_n. \tag{5.15}$$

这就是定理中所要求的数 c, 即肯定有 $f(c) = 0$. 下面就来证明这一点.

按照前面所述, 总有 $f(a_n) > 0$. 根据 (5.15) 有 $0 \leqslant c - a_n \leqslant b_n - a_n$. 因为 $b_n - a_n = (b-a)/2^{n-1}$, 所以当 $(b-a)/2^{n-1} < \varepsilon$ 时就有 $|a_n - c| < \varepsilon$. 对于任意 $\varepsilon > 0$, 当 n 足够大时总有 $(b-a)/2^{n-1} < \varepsilon$. 这说明数列 $a_1, a_2, \cdots$ 的极限是 c. 我们由此来证明 $f(a_n)$ 的极限是 $f(c)$. 为了说明当 m 充分大之后有 $|f(a_m) - f(c)| < \varepsilon$, 我们使用不等式 (5.10). 因为 a_m 可以无限趋近于 c, 所以当 m 充分大时有 $|a_m - c| < 1$, 因此可得 $|f(a_m) - f(c)| < M|a_m - c|$. 如果有 $M|a_m - c| < \varepsilon$, 即 $|a_m - c| < \varepsilon/M$, 则必有 $|f(a_m) - f(c)| < \varepsilon$. 但这一条件前面已经证明过了, 因此 $f(a_m)$ 无限趋近于 $f(c)$.

一列正数无限趋近于 $f(c)$, 这能说明什么呢? 这告诉我们必有 $f(c) \geqslant 0$. 假如 $f(c)$ 是个负数, 因为 $f(a_n) - f(c) > -f(c)$, 所以 $|f(a_n) - f(c)| > -f(c)$. 取 $\varepsilon < -f(c)$, 则得到 $|f(a_n) - f(c)| > \varepsilon$, 这与 $f(c)$ 是 $f(a_n)$ 的极限这一结论相矛盾.

上面的推理告诉我们 $f(c) \geqslant 0$. 同理, 由 $f(b_n) < 0$ 可得 $f(c) \leqslant 0$. 因此只可能是一种情况: $f(c) = 0$. ∎

上面我们使用了一种全新的推理方式来证明定理. 我们实际上证明了多项式 $f(x)$ (在适当条件下) 的根的存在性, 但我们并没有使用什么公式 (比如二次方程的求根公式) 而是借助了区间套公理. 与此同时, 它也远不仅是那种纯粹的 "存在性定理", 即我们只知道某性质存在, 其余一概不知. 比如说, 通过 "不足" 和 "过剩" 来构造一系列的 a_n 和 b_n, 我们可以在一定精度内找出根 c.

对于具体的多项式, 波尔查诺定理能让我们获得更多的信息. 比如考虑 $f(x) = x^3 - 7x + 5$, 我们可以构造如下的表格:

x	-3	-2	-1	0	1	2	3
$f(x)$	-1	11	11	5	-1	-1	11

易知 $f(x)$ 在区间 $[2,3]$、$[0,1]$ 和 $[-3,-2]$ 的两端点的值符号相反. 因此根据波尔查诺定理, 这三个区间中都各存在一个根, 因此多项式 $f(x)$ 至少有三个根. 但多项式的次数是 3, 因而由定理 14 可知它不可能有三个以上的根. 结合这两点可知 $f(x)$ 恰有三个根, 且分别被包含在前面那三个区间之中.

对其他一些特定的多项式, 波尔查诺定理也能给出确切的答案. 一类重要的情形是多项式 $x^n - a$, 它们的根称为 a 的 n 次方根 (记作 $\sqrt[n]{a}$). 先来考虑 $a > 0$ 的情形. 此时多项式在 $x = 0$ 处取负值 $-a$. 另外很容易找到 $x = c$ 使得 $f(c) > 0$. 比如取 $c = a + 1$, 由公理组 IV 易知 $c^n > a$ 及 $f(c) > 0$. 根据波尔查诺定理, 多项式在区间 $[0, c]$ 上有一个根. 如果 $a < 0$ 且 n 为偶数, 那么多项式显然没有根: $x^n \geq 0$, 且 $x^n - a > 0$; 如果 n 为奇数, 令 $x = -y$, 则有 $x^n - a = -y^n - a = -(y^n + a)$. 如前所示, 多项式 $y^n + a$ (其中 $a < 0$) 有根, 因此多项式 $x^n - a$ 也有根. 在中学的课程中这些推理都省略了 (因为缺乏实数的坚实基础), 不过那里也告诉了我们, 当 n 为奇数时, 多项式 $x^n - a$ 的根的数目不多于一个 (其实只有一个根); 当 n 为偶数, 且 $a > 0$ 时, $x^n - a$ 至多只有两个符号相异的根 (其实只有两个根). 特别地, 我们这里首次证明了实数 $\sqrt{2}$ 的存在性.

但对于某些多项式, 波尔查诺定理可能什么信息都给不出. 考虑多项式 $x^2 - x + 2$. 由二次方程求根公式可知这个多项式没有根. 多项式在 x 为 0, ± 1, ± 2, $\cdots$ 时取值, 得到的全是正数, 因此波尔查诺定理给不出任何有效信息. 为此, 我们还需要对多项式做进一步研究.

定理 31 说明的是当 x 靠近 a 时函数值的状态. 现在我们证明一个类似的结果, 不过此时考察的是 x (的绝对值) 足够大的情形.

定理 33 对于多项式 $f(x) = a_0 + a_1 x + \cdots + a_n x^n$, 存在常数 $N > 0$, 使得当 $|x| > N$ 时有

$$|a_0 + a_1 x + \cdots + a_{n-1} x^{n-1}| < |a_n x^n|. \tag{5.16}$$

将不等式 (5.16) 的两侧同时除以 $|x|^n$, 并令 $y = 1/x$, 则不等式变为

$$|a_{n-1}y + \cdots + a_0 y^n| < |a_n|. \tag{5.17}$$

记 $g(y) = a_{n-1}y + \cdots + a_0 y^n$, 对其应用定理 31 可得, 存在 M 使得当 $|y| < 1$ 时有 $|g(y)| < M|y|$. 再取 y 使得 $M|y| < |a_n|$. 由此可知, 当 $|y| < |a_n|/M$ 且 $|y| < 1$ 时, 不等式 (5.17) 成立, 从而不等式 (5.16) 在 $|x| > M/|a_n|$ 且 $|x| > 1$ 时成立. ∎

由定理 33 可以得到一系列有用的结论. 注意到在满足定理中的条件时 (即 $|x| > N$), 必有 $|f(x)| > 0$. 这由 (5.12) 可以立即得到:

$$|f(x)| = |a_0 + a_1 x + \cdots + a_n x^n| \geqslant |a_n x^n| - |a_0 + a_1 x + \cdots + a_{n-1} x^{n-1}|. \tag{5.18}$$

依据定理 33, 有 $|f(x)| > 0$.

这说明当 $|x| > N$ 时, 多项式 $f(x)$ 没有根. 换句话说, $f(x)$ 的所有根 (假如存在的话) 必定都位于区间 $|x| \leqslant N$ 之内. 更进一步, 正如定理 33 的证明所示, (当 $a_n = 1$ 时) 我们可以取 N 为 $|a_0| + \cdots + |a_{n-1}|$ 和 1 这两数中的最大值. 这样的 N 我们称之为多项式的根的界. 以 $x^3 - 7x + 5$ 为例, 可以取 $N = 12$. 于是这一多项式的所有根都在 -12 和 12 之间. 前面我们已知所有的根都在 -3 到 3 之间.

其实由定理 33, 我们得到的结论远不止于此. 为计算 $a_0 + a_1 x + \cdots + a_{n-1} x^{n-1} + a_n x^n$, 我们需要将 $a_0 + a_1 x + \cdots + a_{n-1} x^{n-1}$ 和 $a_n x^n$ 两个数相加. 在 $|x| > N$ 时, 前者的绝对值小于后者. 因而整个和式的符号由后者的符号决定. 这样我们就得到了下面的推论:

推论 1 设 N 为定理 33 中确定的根的界, 则当 $|x| > N$ 时, 多项式 $f(x)$ 的值与首项 $a_n x^n$ 有相同的符号.

我们现在考虑奇次多项式. 因为在 $x > 0$ 时首项 $a_n x^n$ 与 a_n 有相同的符号, 在 $x < 0$ 时两者符号相反. 所以根据推论 1 可知, 当 $x > N$ 和 $x < -N$ 时多项式取相反的符号 (即 a_n 和 $-a_n$ 的符号). 由波尔查诺定理可知, 多项式在此之间至少有一个根. 由此得到了下面的推论:

推论 2 任一奇次多项式至少有一个根.

这是一个出人意料的结论. 之前我们知道, 二次多项式 (比如 $x^2 + 1$) 是可以没有实根的. 可以猜测, 很可能在高次 (三次、四次等) 时仍有这种情形出现. 但现在这个推论告诉我们, 三次多项式必定有根. 现在情况就要复杂多了: 多项式有没有实根不仅依赖于多项式的次数, 还依赖于次数的奇偶性.

最后我们再考虑多项式的一个性质, 它可以帮助我们研究一些具体情形. 定理 31 已经告诉了我们当 $x - a$ 很小时 $f(x) - f(a)$ 的绝对值有怎样的性质. 现在我们来研究 $f(x) - f(a)$ 的符号. 为此我们首先需要排除 $x = a$ 是导数 $f'(x)$ 的根的情况. 那些被排除的 a 可以很容易按照相同的方法来研究, 但我们暂时不需要考虑这些.

定理 34 给定多项式 $f(x)$ 和数 a, 其中 a 不是导数 $f'(x)$ 的根 (即 $f'(a) \neq 0$). 如果 $f'(a) > 0$, 则对于在 a 左侧且接近 a 的那些 x, 必有 $f(x) < f(a)$; 对于在 a 右侧且接近 a 的那些 x, 必有 $f(x) > f(a)$. 如果 $f'(a) < 0$, 则对于在 a 左侧且接近 a 的那些 x, 必有 $f(x) > f(a)$; 对于在 a 右侧且接近 a 的那些 x, 必有 $f(x) < f(a)$.

这说明存在一个非常小的数 $\varepsilon > 0$ (它依赖于 $f(x)$ 和 a), 使得当 $f'(a) > 0$ 时, 若 $a - \varepsilon < x < a$ 则 $f(x) < f(a)$; 若 $a < x < a + \varepsilon$, 则 $f(x) > f(a)$. 当 $f'(a) < 0$ 时, 若 $a - \varepsilon < x < a$ 则 $f(x) > f(a)$; 若 $a < x < a + \varepsilon$, 则 $f(x) < f(a)$ (见图 5.4 和图 5.5).

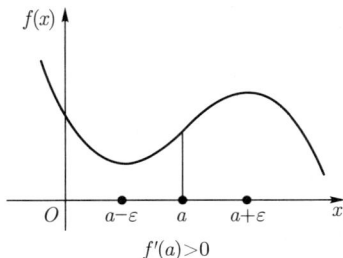

图 5.4

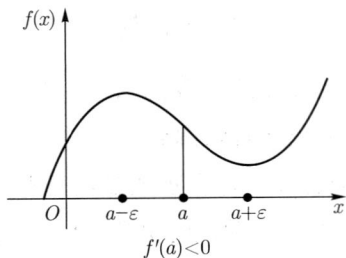

图 5.5

证明很简单. 依据贝祖定理, 多项式 $f(x) - f(a)$ 可以被 $x - a$ 整除, 因此有

$$f(x) - f(a) = (x - a)g(x, a), \tag{5.19}$$

其中多项式 $g(x, a)$ 的系数依赖于 a. 当 $x = a$ 时, 多项式 $g(x, a)$ 等于 $f'(a)$ (这就是我们对导数的定义, 见 (2.14) 式). 因为 $f'(a) \neq 0$, 所以 $g(a, a) = f'(a) \neq 0$. 设多项式 $g(x, a)$ 的根中离 a 最近的根为 x_0, 取 $\varepsilon > 0$ 为小于 $|a - x_0|$ 的任一实数, 则 $g(x, a)$ 在区间 $[a - \varepsilon, a + \varepsilon]$ 上恒不为 0. 因此在这个区间上函数 $g(x, a)$ 的符号都与 $x = a$ 时的函数值 $g(a, a)$ 的符号相同: 如果函数值出现两种不同的符号, 那么根据波尔查诺定理, 函数在此区间上必定可以取到 0, 这与 ε 的选择相矛盾. 这个结论其实已经包含了定理 34. 我们以 $f'(a) > 0$ 为例来说明一下. 此时 $g(a, a) = f'(a) > 0$, 于是由上文可知当 $a - \varepsilon < x < a + \varepsilon$ 时有 $g(x, a) > 0$. (5.19) 中的另一个因式 $x - a$ 的符号很容易确定: 当 $a - \varepsilon < x < a$ 时有 $x - a < 0$; 当 $a < x < a + \varepsilon$ 时有 $x - a > 0$. 因此根据 (5.19) 式可知, 当 $a - \varepsilon < x < a$ 时有 $f(x) - f(a) < 0$; 当 $a < x < a + \varepsilon$ 时有 $f(x) - f(a) > 0$. 对于 $f'(a) < 0$ 的情形同理可证. ∎

上述定理有一个很有趣的推论:

定理 35 (罗尔定理) 对于任一无重根的多项式, 在其任意两个相邻的根之间都可以找到其导数的一个根.

我们假设多项式没有重根只是为了简化论证.

设 α 和 β 是多项式 $f(x)$ 相邻的两个根 (即它们之间再没有其他的根), 且 $\alpha < \beta$. 因为假定多项式没有重根, 所以 α 和 β 都不是重根, 因此根据定

理 16 有 $f'(\alpha) \neq 0$, $f'(\beta) \neq 0$. 不妨设 $f'(\alpha) > 0$, 我们来证明 $f'(\beta) < 0$. 假如 $f'(\beta) > 0$, 那么根据前一定理, 当 $\alpha + \varepsilon > x > \alpha$ 时有 $f(x) > f(\alpha) = 0$, 当 $\beta - \varepsilon < y < \beta$ 时有 $f(y) < f(\beta) = 0$. 由此根据波尔查诺定理可知, 多项式 $f(x)$ 在 x 和 y 之间 (即区间 $[\alpha, \beta]$ 上) 至少有一个根. 这与前面要求的 α 和 β 是相邻的两个根相矛盾. 因此得到了 $f'(\beta) < 0$. 再根据波尔查诺定理可知, 多项式 $f'(x)$ 在 α 和 β 之间至少有一个根. 至于 $f'(\alpha) < 0$ 的情形, 同理可证. ■

在 $f'(\alpha) > 0$ 时, 关于 $f'(\alpha)$ 和 $f'(\beta)$ 的符号, 不可能的情形与可能的情形分别如图 5.6 和图 5.7 所示.

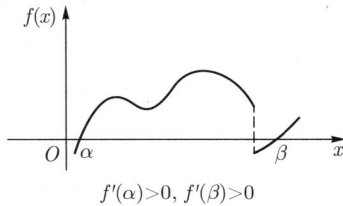

$f'(\alpha) > 0, \ f'(\beta) > 0$

图 5.6　不可能的情形

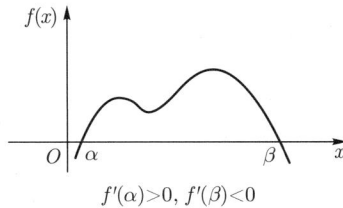

$f'(\alpha) > 0, \ f'(\beta) < 0$

图 5.7　可能的情形

在本节的最后, 我们来说明前面证明的那几个定理已经足够用来判断三次多项式的根的数目的情况. 在第 6 节我们知道任一三次方程都有一个等价形式 $x^3 + ax + b = 0$. 我们下面就考虑这种形式的方程.

首先来解决重根的问题. 在第 5 节中我们已经证明, 重根皆是多项式与其导数的公共根. 根据第 5 节的 (2.16) 式, 多项式 $f(x) = x^3 + ax + b$ 的导数为 $f'(x) = 3x^2 + a$. 如果 $a > 0$, 那么导数没有根, 因而多项式 $f(x)$ 没有重根. 如果 $a < 0$, 记 δ 为多项式 $3x^2 + a$ 的正根 (即 $\delta = +\sqrt{-a/3}$).

因此多项式 $f(x)$ 的重根只可能等于 δ 或 $-\delta$. 多项式可以变形为 $f(x) = (x^2 + a)x + b$, 当 $x = \pm\delta$ 时, 有 $x^2 = -a/3, x^2 + a = 2a/3$. 于是多项式有重根就相当于 $\pm\delta(2a/3) = -b$ 或 $\delta^2(4a^2/9) = b^2$. 因为 $\delta^2 = -a/3$, 所以就得到了 $-4a^3/27 = b^2$ 或 $4a^3 + 27b^2 = 0$. 如果系数 a、b 满足这个条件, 那么多项式 $f(x)$ 就有重根 α, 因而多项式可以写作 $(x-\alpha)^2 g(x)$. 易知 $g(x)$ 是一次多项式, 所以它必定有根 β. 由此可知, 多项式有两个相等的根 α 以及另一根 β.

现在考虑多项式 $f(x)$ 没有重根的情形, 即 $4a^3 + 27b^2 \neq 0$. 依据定理 33 的推论 2, 多项式 $f(x)$ 至少有一个根 α. 如果它还有根 β, 那么多项式必定能被 $(x-\alpha)(x-\beta)$ 整除, 即可以写作 $(x-\alpha)(x-\beta)g(x)$, 其中 $g(x)$ 是一次多项式, 因而有根 γ. 这样的话, 多项式 $f(x)$ 就有三个根: α、β 和 γ. 三次多项式的根不可能多于三个, 因而只可能有两种情况: 多项式只有一个根, 或者多项式有三个根. 在给定系数 a 和 b 的情况下, 我们需要确定多项式 $f(x)$ 到底会出现哪种情况.

假定多项式 $f(x)$ 有三个根 α、β 和 γ, 不妨设 $\alpha < \beta < \gamma$. 这说明多项式没有小于 α 和大于 γ 的根. 但依据定理 33 的推论 1, 存在数 N, 当 $x \geqslant N$ 时多项式的值与首项 x^3 的值有相同的符号, 即值为正. 同理有当 $x \leqslant -N$ 时值为负. 这表明当 $x < \alpha$ 时恒有 $f(x) < 0$, 当 $x > \gamma$ 时恒有 $f(x) > 0$ (如图 5.8).

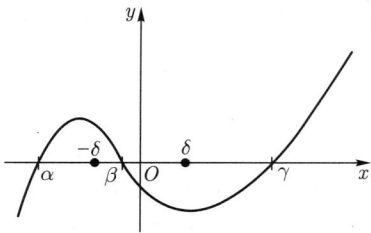

图 5.8

因为对任意 $\varepsilon > 0$, 当 $\alpha - \varepsilon < x < \alpha$ 时有 $f(x) < 0$, 所以根据定理 34, 有 $f'(\alpha) > 0$, 由此又知存在 $\varepsilon_1 > 0$ 使得当 $\alpha < x < \alpha + \varepsilon_1$ 时有 $f(x) > 0$. 因为 $f(x)$ 在 α 和 β 之间没有根, 所以根据波尔查诺定理, 此范围内函数值都有相同的符号, 即当 $\alpha < x < \beta$ 时有 $f(x) > 0$. 同理可知, 当 $\beta < x < \gamma$ 时

有 $f(x) < 0$. 根据定理 35, 导数 $f'(x)$ 的根在 α 与 β 以及 β 与 γ 之间. 因为 $f'(x) = 3x^2 + a$, 当 $a > 0$ 时导数无根, 此时多项式 $f(x)$ 不可能有三个根. 若 $a = 0$, 则 $f(x) = x^3 + b$. 前面已知这个多项式只有一个根. 若 $a < 0$, 导数 $f'(x) = 3x^2 + a$ 有两个根: $\delta > 0$ 和 $-\delta < 0$ (此处 $\delta = +\sqrt{-a/3}$). 因此有 $\alpha < -\delta < \beta < \delta < \gamma$. 因为多项式在 α 和 β 之间恒为正, 在 β 和 γ 之间恒为负, 故有

$$f(-\delta) > 0, \quad f(\delta) < 0. \tag{5.20}$$

反之, 如果满足关系式 (5.20), 那么根据波尔查诺定理, 多项式 $f(x)$ 在 $-\delta$ 和 δ 之间有一个根. 设此根为 β. 根据定理 33 的推论 1, 对充分大的 x 多项式的值为正, 对足够小的 x 多项式的值为负. 再次利用波尔查诺定理, 多项式有一根小于 $-\delta$, 有一根大于 δ. 分别设这两个根为 α 和 γ. 因此由 (5.20) 式可知, 多项式有三个根: α、β 和 γ. 换句话说, (5.20) 式是多项式 $f(x)$ 有三个 (不相等) 根的充要条件. 除这种情况外, 多项式只有一个根.

上面的说明可以算是完成任务了. 不过我们可以将 (5.20) 式加以简化. 因为 $f(x) = (x^2 + a)x + b$ 以及 $3\delta^2 + a = 0$, $\delta^2 = -a/3$, 则

$$f(\pm\delta) = (\delta^2 + a)(\pm\delta) + b = \pm\delta\frac{2a}{3} + b.$$

于是关系式 (5.20) 就变为

$$-\frac{2a}{3}\delta + b > 0, \quad \frac{2a}{3}\delta + b < 0,$$

或

$$\frac{2a\delta}{3} < b < -\frac{2a\delta}{3}.$$

它们都等价于 $b^2 < 4a^2\delta^2/3^2$. 因为 $4a^2\delta^2/3^2 = -4a^3/27$, 所以 (5.20) 等价于不等式 $4a^3 + 27b^2 < 0$.

综上所述, 我们有了最终的结论: 若 $4a^3 + 27b^2 < 0$, 则多项式 $x^3 + ax + b$ 有三个 (不相等的) 根; 若 $4a^3 + 27b^2 = 0$, 则多项式有两个相等的根以及另外一根; 若 $4a^3 + 27b^2 > 0$, 则多项式只有一个根.

容易理解, 这里所有的结论都是关于三次多项式的. 对于任意次多项式, 我们也可以做类似的研究, 但论述要复杂得多, 我们将其作为补充内容.

习 题

1. 在第一章结尾, 我们证明了多项式 $x^3 - 7x^2 + 14x - 7$ 没有有理数根. 因而如果多项式有根, 必定都是无理数根. 试确定这个多项式根的数目, 以及各个根相应的符号. 另外再说明一下每个根位于哪两个相邻整数之间.

2. 证明多项式 $x^4 + ax + b$ (a、b 不同时为 0) 要么没有根要么有两个根, 并确定每种情形发生时 a、b 需要满足的条件.

3. 证明任一偶数次多项式的根的数目都是偶数, 奇数次多项式的根的数目都是奇数 (根的重数也计算在内).

4. 证明: 对于多项式 $x^n + ax + b$, 如果 n 是偶数, 则多项式要么没有根要么只有两个根; 如果 n 是奇数, 则多项式要么有一个根要么有三个根. 请确定每种情形发生时 a、b 需要满足的条件.

5. 对于多项式 $x^n + ax^{n-1} + b$, 试根据 n、a 和 b 的情况确定多项式的根的个数.

6. 证明当 x 足够大时, 任意多项式 $f(x)$ 的绝对值 $|f(x)|$ 都可以变得充分大.

7. 记 $|a_0|, \cdots, |a_{n-1}|$ 中的最大值为 M, $N = 1 + M/|a_n|$, 则多项式 $f(x) = a_0 + a_1 x + \cdots + a_n x^n$ 的根都在 $-N$ 和 N 之间. (提示: 利用不等式 $|a_0 + \cdots + a_{n-1} z^{n-1}| \leqslant M(1 + |z| + \cdots + |z|^{n-1})$.)

8. 若多项式满足 $a_n > 0$, 当 $i = 1, \cdots, n-1$ 时 $a_i \leqslant 0$ 以及 $a_0 < 0$, 则多项式 $f(x) = a_0 + a_1 x + \cdots + a_{n-1} x^{n-1} + a_n x^n$ 恰有一个正根. (提示: 将 $f(x)$ 写作 $a_n x^n \left(1 + \frac{a_{n-1}}{a_n x} + \cdots + \frac{a_0}{a_n x^n} \right)$, 探究当 x 为正且递增时, 表达式 $\frac{a_{n-k}}{a_n x^k}$ 是递增还是递减.)

9. 对于多项式 $f(x) = a_0 + a_1 x + \cdots + a_n x^n$, 当 i 为偶数时 $a_i = 0$, 当 i 为奇数时 $a_i > 0$, 试证明这样的多项式只有一个根.

10. 试应用我们在本节末尾所使用的论证方法来说明二次多项式 $x^2 + px + q$ 何时没有实根, 何时有一个根, 何时有两个根.

11. 计算 $\sqrt{\pi}$, 精确到小数点后两位.

补充: 斯图姆定理

此处我们介绍一种方法, 它可以确定任意多项式 $f(x)$ 在给定区间 $[a, b]$ 上有多少个根. 其思想源于这样一个事实: 对于单个的多项式 $f(x)$, 我们很难将它的性质与其他更低次数的多项式的性质联系起来; 但对于一对多项式 $f(x)$ 和 $g(x)$, 有一种将它们联系起来的方法倒是众所周知: 对两者作带余除法, 得 $f(x) = g(x)q(x) + r(x)$. 以此可以将多项式对 (f, g) 转化为 (g, r). 重复这个过程, 即可找出多项式 f 和 g 的最大公因式. 这就是之前讲过的欧几里得算法.

比如, 利用这个方法可以将多项式 f 和 g 是否存在公共根的问题转化为低次多项式 g 和 r 是否存在公共根的问题, 最后将问题变为低次多项式 $\gcd(f, g)$ 的根是否存在的问题. 这种方法当然也可以应用于任意多项式及其导数, 以此可以研究多项式是否存在重根. 在第二章我们就用过这个方法. 接下来我们做这样一件事: 首先借助带余除法研究多项式对 (f, g) 的根的某些特别的性质, 然后将这些性质应用于由多项式及其导数构成的多项式对. 由此可以找到我们感兴趣的那个问题的答案.

先对多项式 $F(x)$ 做个简单的分析. 设多项式有根 α, 且其重数为 k. 依据重数的定义 (见第 5 节), 我们有

$$F(x) = (x - \alpha)^k G(x), \tag{5.21}$$

其中 $G(\alpha) \neq 0$. 设 $G(x)$ 的诸根中离 α 最近的是 x_0, 取正数 $\varepsilon < |\alpha - x_0|$, 于是 $G(x)$ 在区间 $[\alpha - \varepsilon, \alpha + \varepsilon]$ 上不变号. 假如区间上有两个数 x 和 y 使得 $G(x)$ 和 $G(y)$ 符号相反, 那么根据波尔查诺定理, 多项式 G 在 x 和 y 之间有一个根. 但我们选择的 ε 保证了 G 在 $[\alpha - \varepsilon, \alpha + \varepsilon]$ 上没有根. 特别的一点是, 对于区间 $[\alpha - \varepsilon, \alpha + \varepsilon]$ 上的所有 $x, G(x)$ 的值都和 $G(\alpha)$ 符号相同. 若 k 为偶数, 则由 (5.21) 可知, 对于区间 $[\alpha - \varepsilon, \alpha + \varepsilon]$ 上的所有 x, 多项式 $F(x)$ 的值都和 $G(\alpha)$ 符号相同. 两种可能的函数图像如图 5.9 所示.

再来考虑重数 k 是奇数的情形. (5.21) 告诉我们, 若 $G(\alpha) > 0$, 当 $\alpha - \varepsilon \leqslant x < \alpha$ 时有 $F(x) < 0$, 当 $\alpha < x \leqslant \alpha + \varepsilon$ 时有 $F(x) > 0$. 反之, 若 $G(\alpha) < 0$, 当 $\alpha - \varepsilon \leqslant x < \alpha$ 时有 $F(x) > 0$, 当 $\alpha < x \leqslant \alpha + \varepsilon$ 时有 $F(x) < 0$. 若是第一种情形 (即 $G(\alpha) > 0$), 就称 α 是增性根; 若是第二种情形 (即 $G(\alpha) < 0$), 就称 α 是减性根. 可能的图像如图 5.10 所示.

定义 设实数 a 和 b 都不是多项式 $F(x)$ 的根, 将多项式在区间 $[a, b]$ 上的增

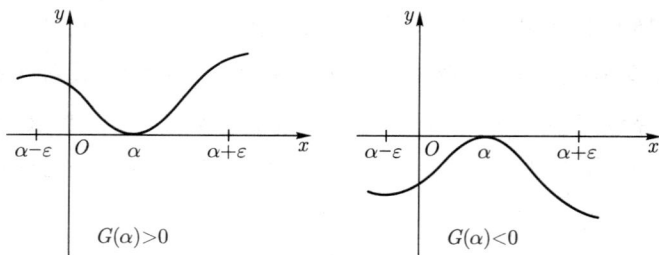

图 5.9

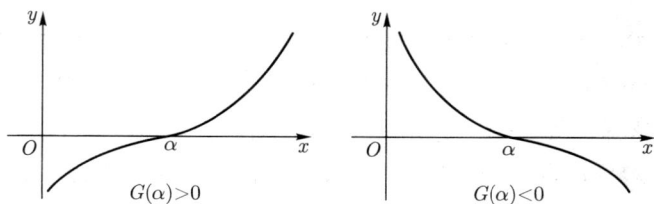

图 5.10

性根的数目与减性根的数目的差值 (若根的重数为偶数, 则不参与计数) 称为多项式 $F(x)$ 在区间 $[a,b]$ 上的**特征**, 记作 $[F(x)]_a^b$.

比如对于图 5.11 中的多项式 $F(x)$, 它有 3 个增性根, 2 个减性根, 所以 $[F(x)]_a^b = 1$.

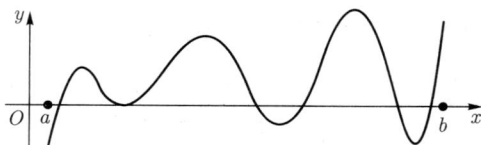

图 5.11

简而言之, 随着 x 的增大, 在增性根附近多项式由负值变为正值; 在减性根附近多项式由正值变为负值. 根据定义, 增性根的后面必是减性根 (重数是偶数的情形不予考虑). 因此多项式的特征可由 $F(a)$ 和 $F(b)$ 的符号来确定:

$$[F(x)]_a^b = \begin{cases} 0, & \text{若 } F(a) \text{ 和 } F(b) \text{ 符号相同,} \\ 1, & \text{若 } F(a) < 0 \text{ 且 } F(b) > 0, \\ -1, & \text{若 } F(a) > 0 \text{ 且 } F(b) < 0. \end{cases}$$

对此我们可以打个这样的比方: 乘车来回往返于法国和德国. 从法国去往德国与从德国去往法国这两者的次数相差多少呢? 若开始出发和最后回到的是同一个国家, 那么两个次数显然是相等的; 如果从法国出发最后留在德国, 那么差值为 1; 如果从德国出发最后留在法国, 那么差值为 -1. 若以 x 轴上方的区域表示法国, 下方表示德国, 那么行车路线图大致与图 5.11 一样.

由上可知, 多项式 $F(x)$ 在给定区间上的特征由其在端点处的值来决定. 按照定义, 特征是与多项式的根相联系的. 多项式的根很难查找, 但特征却很容易计算出来.

现在考虑两个多项式 f 和 g, 并假设两者没有公共根, 且 f 在 $x = a$ 和 $x = b$ 处不为 0. 显然多项式 f 的根也是多项式 fg 的根, 那么 f 的这些根中必定有一部分是 fg 的增性根, 有一部分是 fg 的减性根. 我们将前者数目与后者数目的差值称为多项式 $f(x)$ 在区间 $[a, b]$ 上相对于 $g(x)$ 的特征, 记作 $(f, g)_a^b$.

引进上述定义的主要原因在于下面这个定理.

定理 36 假设多项式 $f(x)$ 在区间 $[a, b]$ 上没有重根, 且在端点 a 和 b 处多项式的值不为零, 那么特征 $(f, f')_a^b$ 等于多项式 $f(x)$ 在区间 $[a, b]$ 上的根的个数.

这个定理是定理 34 的简单推论. 我们只需说明多项式 $f(x)$ 的所有根都是多项式 ff' 的增性根, 然后按照特征的定义就证明了定理. 根据定理 16, 多项式 f 和 f' 没有公共根. 如果 α 是 f 的根, 且 $f'(\alpha) > 0$, 那么根据定理 34, α 是 $f(x)$ 的增性根. 再因为对于非常接近 α 的 x 有 $f'(x) > 0$, 所以 α 也是 $f(x)f'(x)$ 的增性根. 若 $f'(\alpha) < 0$, 那么 α 是 $f(x)$ 的减性根. 再因为对于非常接近 α 的 x 有 $f'(x) < 0$, 所以 α 仍是 $f(x)f'(x)$ 的增性根. ∎

特征可以由带余除法计算出来. 我们先来考察特征的几个简单性质.

1. $(f, -g)_a^b = -(f, g)_a^b$.

这很明显. 当多项式 g 乘以 -1 时, fg 的增性根就变成了减性根. 反之亦然.

2. 若 $g(a) \neq 0$ 且 $g(b) \neq 0$, 则 $(f, g)_a^b + (g, f)_a^b = [fg]_a^b$.

这个结论也是显然的. 根据假设, 多项式 f 和 g 没有公共根. 因此 fg 的

根可以分为 f 的根和 g 的根. 多项式 fg 的增性根 (减性根亦然) 的个数等于多项式 f 与多项式 g 的根中亦为 fg 增性根的那些根的个数之和. 由此证明了结论.

3. 若多项式 g 和 h 在 f 的根处取值都相等 (即若 α 满足 $f(\alpha) = 0$, 则有 $g(\alpha) = h(\alpha)$), 则

$$(f,g)_a^b = (f,h)_a^b.$$

对于多项式 $f(x)$ 的根 α, 由 $g(\alpha) = h(\alpha)$ 可知, α 同时是多项式 fg 和 fh 的增性根或减性根.

4. 设多项式 f 可被多项式 g 整除, 则多项式 g 的根就是 f 和 g 的公共根. 但根据条件, f 和 g 没有公共根, 这说明多项式 g 不能有根. 由此可知多项式 f 和 fg 有相同的根, 故有

$$(f,g)_a^b = [fg]_a^b.$$

现在来论述如何计算特征 $(f,g)_a^b$. 用 g 除 f, 可得

$$f = gq + r. \tag{5.22}$$

依据性质 2, 有 $(f,g)_a^b = -(g,f)_a^b + [fg]_a^b$. 另一方面, 由 (5.22) 可知, 当 $g(\alpha) = 0$ 时有 $f(\alpha) = r(\alpha)$. 所以依据性质 3, 有 $(g,f)_a^b = (g,r)_a^b$. 将两者结合起来可得

$$(f,g)_a^b = -(g,r)_a^b + [fg]_a^b. \tag{5.23}$$

(5.23) 已经解决了我们的问题, 因为它将特征 $(f,g)_a^b$ 的计算转化为 $(g,r)_a^b$ 的计算, g 和 r 是次数较低的多项式. 同时, $[fg]_a^b$ 由多项式 f 和 g 在区间 $[a,b]$ 的端点 a、b 处的取值决定.

这里将多项式对 (f,g) 转化为低次多项式对的过程, 与之前求多项式 f 和 g 的最大公因式的过程是一样的. 算法的最后, 我们会得到两个多项式 u 和 v, 其中 u 可以被 v 整除. 此时, 特征将由性质 4 来确定.

下面再从两个方面来完善我们的结果. 一方面, 我们将由欧几里得算法得到的最终结果写成更简洁的形式; 另一方面, 要保证前面的操作可行, 需要 f

和 g 所满足的条件也必须对 g 和 r 成立, 后续也都要如此. 我们将说明这一额外限制其实可以忽略.

这样的限制条件有两个: (1) 多项式 f 和 g 没有公共根; (2) 同时满足 $f(a) \neq 0$ 且 $f(b) \neq 0$. 从多项式对 (f, g) 转化为 (g, r) 时第一个条件仍然是满足的. 这由 (5.22) 很容易看出来: 多项式 g 和 r 的公共根必然也是 f 的根, 但根据条件 1, f 和 g 没有公共根. 条件 2 ($f(a) \neq 0$、$f(b) \neq 0$) 可能在 g 或 r 上得不到满足, 也可能在后续的某个多项式上得不到满足. 因此我们要额外假设算法过程中所有相关多项式都满足条件 2.

先来对之前的答案 (5.23) 稍微做个变形. 令 f_1 表示 f, f_2 表示 g, f_3 表示 $-r$. 由性质 1, (5.23) 可变为

$$(f_1, f_2)_a^b = (f_2, f_3)_a^b + [f_1 f_2]_a^b, \qquad (5.24)$$

同时 (5.22) 变为 (用 q_1 替换 q)

$$f_1 = f_2 q_1 - f_3.$$

考虑到将多项式的次数变低, 因此如何不断利用 (5.24) 式做计算就很清楚了. 从 f_1 和 f_2 开始, (假定 f_{i-1} 与 f_i 已得到定义) 归纳定义 f_i 如下:

$$f_{i-1} = f_i q_{i-1} - f_{i+1}, \qquad (5.25)$$

其中 f_{i+1} 的次数低于 f_i 的次数. 显然 f_{i+1} 与带余除法得到的多项式只相差一个负号. 若干步之后, 我们将得到 (不考虑符号的情况下) 等于 $\gcd(f_1, f_2)$ 的多项式 f_k.

对 f_2 和 f_3 应用 (5.24), 可得

$$(f_2, f_3)_a^b = (f_3, f_4)_a^b + [f_2 f_3]_a^b.$$

以此替换 (5.24) 中的 $(f_2, f_3)_a^b$, 有

$$(f_1, f_2)_a^b = (f_3, f_4)_a^b + [f_1 f_2]_a^b + [f_2 f_3]_a^b.$$

同理可得

$$(f_{i-1}, f_i)_a^b = (f_i, f_{i+1})_a^b + [f_{i-1} f_i]_a^b.$$

我们将多项式序列 $f_1, f_2, \cdots, f_k$ 称为多项式 f_1 和 f_2 的斯图姆序列. 找出斯图姆序列的过程与计算 f_1 和 f_2 的最大公因式的过程几乎一模一样 (只是余式的符号作下变动). 通过斯图姆序列很容易就可以算出特征 $(f_1, f_2)_a^b$.

将算法操作 $k-2$ 次, 且根据性质 4 有 $(f_{k-1}, f_k)_a^b = [f_{k-1}f_k]_a^b$, 因此可得

$$(f_1, f_2)_a^b = [f_1 f_2]_a^b + [f_2 f_3]_a^b + \cdots + [f_{k-1} f_k]_a^b. \tag{5.26}$$

当然, 为了持续应用 (5.24), 我们需要假设对 $i = 1, 2, \cdots, k$ 都有 $f_i(a) \neq 0$ 且 $f_i(b) \neq 0$.

利用之前计算 $[F(x)]_a^b$ 的方法可以计算出 $[fg]_a^b$. 令 $F = fg$, 则有

$$[fg]_a^b = \begin{cases} 0, & f(a)g(a) > 0 \text{ 且 } f(b)g(b) > 0, \text{ 或 } f(a)g(a) < 0 \text{ 且 } f(b)g(b) < 0, \\ 1, & f(a)g(a) < 0 \text{ 且 } f(b)g(b) > 0, \\ -1, & f(a)g(a) > 0 \text{ 且 } f(b)g(b) < 0. \end{cases}$$

给定两个非零的数 A 和 B, 如果两数异号, 那么说数对 (A, B) 变一次号; 如果两数同号, 那么数对 (A, B) 不变号. 我们可以用这个记号来为 $[fg]_a^b$ 的取值建一个表格. 设 m 表示数对 $(f(a), g(a))$ 变号的次数 (因而取值为 0 或 1), n 表示数对 $(f(b), g(b))$ 变号的次数, 可得如下表格:

$[fg]_a^b$	m	n
0	0	0
0	1	1
1	1	0
-1	0	1

易知在所有情况下都有 $[fg]_a^b = m - n$. 将这个等式应用于 (5.26), 设 m_i 表示 $(f_i(a), f_{i+1}(a))$ 变号的次数, n_i 表示 $(f_i(b), f_{i+1}(b))$ 变号的次数, 于是 (5.26) 变为

$$\begin{aligned} (f_1, f_2)_a^b &= m_1 - n_1 + m_2 - n_2 + \cdots + m_{k-1} - n_{k-1} \\ &= (m_1 + \cdots + m_{k-1}) - (n_1 + \cdots + n_{k-1}). \end{aligned} \tag{5.27}$$

数 $m_1 + \cdots + m_{k-1}$ 是什么呢? 按次序列出 $f_1(a), f_2(a), \cdots, f_k(a)$, 然后将每个数与后继的数相比, 看看总共变号了多少次, 这个数目就是 $m_1 + \cdots + m_{k-1}$. 一般地, 给定一列非零的数 $A_1, \cdots, A_r$, 统计出所有与其后继数符号不同的数的个数, 这个数目称为序列的变号次数 (值介于 0 到 $r-1$ 之间). 比如序列 $1, -1, 2, 1, 3, -2$ 的变号次数就是 3. 因此可以说 $m_1 + \cdots + m_{k-1}$ 是序列 $f_1(a), f_2(a), \cdots, f_k(a)$ 的变号次数, $n_1 + \cdots + n_{k-1}$ 是序列 $f_1(b), f_2(b), \cdots, f_k(b)$ 的变号次数. 这样我们可以把 (5.27) 总结为下述定理.

定理 37 如果多项式 f_1 和 f_2 没有公共根, 且它们的斯图姆序列 $f_1, \cdots, f_k$ 中的所有多项式在 a 和 b 处的值都不为零, 那么特征 $(f, g)_a^b$ 就等于斯图姆序列在 a 和 b 处的变号次数之差.

要求 $i = 1, \cdots, k$ 时都有 $f_i(a) \neq 0$ 且 $f_i(b) \neq 0$ 在应用中太不方便了, 我们希望取消这个限制. 不过 $f_1(a) \neq 0$ 和 $f_1(b) \neq 0$ 还是需要的. 为此我们将变号次数这个概念做些推广. 如果序列 $A_1, \cdots, A_r$ 中某些数是 0, 我们将这些 0 去掉, 但不改变其余数的顺序, 这样就得到了新的序列. 我们将这个新序列的变号次数作为原序列的变号次数. 比如去掉序列 $1, 0, 2, -1, 0, 3, 1$ 中的 0 可得新序列 $1, 2, -1, 3, 1$, 其变号次数为 2, 因此 (按定义) 原序列的变号次数就是 2.

设所有 $f_i(x)$ 的所有 (不为 a 的) 根中离 a 最近的是 x_0, $\varepsilon = |x_0 - a|$, 则当 $a < x < a + \varepsilon$ 时有 $f_i(x) \neq 0$. 任取满足 $a < a' < a + \varepsilon$ 的 a'. 同理任取满足 $b - \eta < b' < b$ 且 $f_i(b') \neq 0$ 的 b'.

引理 14 序列 $f_1(a), \cdots, f_k(a)$ 的变号次数等于序列 $f_1(a'), \cdots, f_k(a')$ 的变号次数. 将 a 换成 b, a' 换成 b', 结论同样成立.

先来说明, 借助上面的引理我们就可以将定理 37 的使用条件放宽为 f_1 和 f_2 没有公共根, 以及 $f_1(a) \neq 0$ 且 $f_1(b) \neq 0$.

根据假设, f_1 在区间 $[a, a']$ 和 $[b', b]$ 上都没有根. 因此它在 $[a, b]$ 上的所有根都包含在区间 $[a', b']$ 上, 故 $(f_1, f_2)_a^b = (f_1, f_2)_{a'}^{b'}$. 依据 a' 和 b' 的选择要求, 可以对特征 $(f_1, f_2)_{a'}^{b'}$ 应用定理 37. 序列 $f_1(a'), \cdots, f_k(a')$ 及 $f_1(b'), \cdots, f_k(b')$ 的变号次数由引理 14 确定. 因此得到了所希望的结果:

定理 38 如果多项式 f_1 和 f_2 没有公共根, $f_1(a) \neq 0$ 且 $f_1(b) \neq 0$, $f_1(x), \cdots,$ $f_k(x)$ 是多项式 f_1 和 f_2 的斯图姆序列, 则特征 $(f_1, f_2)_a^b$ 等于序列 $f_1(a), \cdots, f_k(a)$ 与 $f_1(b), \cdots, f_k(b)$ 的变号次数之差.

现在我们来证明引理 14. 以 $x = a$ 为例. 假设 $1, \cdots, k$ 中的某个数 i 使得 $f_i(a) = 0$. 根据假设 $f_1(a) \neq 0$, 所以 $i \neq 1$. 另外, 因为 $f_k(x)$ 与 $\gcd(f_1, f_2)$ 只相差一个符号, 因此它没有根, 所以 $i \neq k$. 再来说明必有 $f_{i-1}(a) \neq 0$ 及 $f_{i+1}(a) \neq 0$. 若有 $f_i(a) = 0$ 以及 $f_{i+1}(a) = 0$, 那么由 (5.25) 可知 $f_{i-1}(a) = 0$. 同样地, 由此也能得到 $f_{i-2}(a) = 0$, 等等, 一直往前推, 直到 $f_1(a) = 0$. 这与假设相矛盾. 其实我们可以得到的更多: 数 $f_{i-1}(a)$ 与 $f_{i+1}(a)$ 不仅不为零, 而且两者还异号. 这一点从 (5.25) 和 $f_i(a) = 0$ 立即可以得到.

现在来比较序列 $f_1(a), \cdots, f_k(a)$ 和 $f_1(a'), \cdots, f_k(a')$. 设 $f_i(a) = 0$, 则由前面可知 $f_{i-1}(a) \neq 0$ 和 $f_{i+1}(a) \neq 0$, 并且这两者异号. 易知 $f_{i-1}(a') \neq 0$ 且 $f_{i+1}(a') \neq 0$, 另外还有 $f_{i-1}(a')$ 与 $f_{i-1}(a)$ 同号, $f_{i+1}(a')$ 与 $f_{i+1}(a)$ 同号. 理由如下: 因为多项式 f_{i-1} 与 f_{i+1} 在区间 $[a, a']$ 上没有根, 所以根据波尔查诺定理, 函数在端点处不能取不同的符号. 不妨设 $f_{i-1}(a) > 0$, 于是可将前面的结论写成下面的表格:

	$f_{i-1}(x)$	$f_i(x)$	$f_{i+1}(x)$
$x = a$	$+$	0	$-$
$x = a'$	$+$	$?$	$-$

特征 $(f_1, f_2)_{a'}^{b'}$ 依赖于最后一列的变号次数. 无论那个未知的符号 (表中以 ? 表示) 是什么, 它的变号次数都是 1. 这与 $x = a$ 那一列的变号次数相同. $f_{i-1}(a) < 0$ 的情形同理可得. 由此就证明了引理. ∎

结合定理 38 和定理 36, 我们就得到了下述基本定理:

定理 39 (斯图姆定理) 如果多项式 $f(x)$ 没有重根, 且在 $x = a$ 和 $x = b$ 处的值不为零, 则它在区间 $[a, b]$ 上的根的个数等于多项式 $f(x)$ 和 $f'(x)$ 的斯图姆序列在 $x = a$ 和 $x = b$ 处的变号次数之差.

首先注意到, 根据定理 16, 多项式 $f(x)$ 没有重根等价于 $f(x)$ 和 $f'(x)$ 没有公共根. 然后对多项式 $f(x)$ 应用定理 36, 对多项式对 $f(x)$ 和 $f'(x)$ 应用

定理 38 即可. ∎

斯图姆定理回答了多项式根的分布的问题. 首先可以用它来确定多项式根的个数. 为此回顾一下定理 33 的推论 1, 它给出了数 N, 保证多项式的根都在 $-N$ 和 N 之间. 之后在区间 $[-N, N]$ 上应用斯图姆定理即可. 然而神奇的是, 我们既不必计算出 N, 也不必靠计算斯图姆序列在 $x = N$ 和 $x = -N$ 处的值来确定根的数目. 实际上, 我们根本不需要知道 $f_i(\pm N)$ 具体是多少, 只要知道它们的符号就行. 为此我们选择一个足够大的 N, 使得区间 $[-N, N]$ 不仅包含 $f_1(x)$ 的所有根, 也包含了斯图姆序列中每个 $f_i(x)$ 的所有根 (为每个 $f_i(x)$ 选择一个 N_i, 然后取所有 N_i 中最大的为 N). 根据定理 33 的推论 1, $f_i(N)$ 和 $f_i(-N)$ 的值与 $f_i(x)$ 的首项在 $x = N$ 和 $x = -N$ 处的值具有相同的符号. 这些符号由首项系数的符号与 x 的幂次决定. 因此我们没必要计算出 N 以及 $f_i(\pm N)$.

当多项式根的数目确定之后, 我们可以找出那些仅包含单个根的区间. 为此我们需要计算出 N 的值, 将区间 $[-N, N]$ 分成两等份, 再利用斯图姆定理确定每个区间上有多少个根. 接着再对 $[-N, 0]$ 和 $[0, N]$ 进行同样的操作, 如此下去, 直到找出那些仅包含一个根的区间.

如果区间 $[a, b]$ 只包含多项式 $f(x)$ 的一个根, 并且多项式没有重根, 那么 $f(a)$ 与 $f(b)$ 必定异号. 实际上, 若设根为 α, 则根据定理 34, 对于足够小的 ε 有 $f(\alpha - \varepsilon)$ 和 $f(\alpha + \varepsilon)$ 异号. 但 $f(\alpha - \varepsilon)$ 与 $f(a)$ 同号, 因为否则的话多项式在 $[a, \alpha - \varepsilon]$ 上有根. 同理有 $f(\alpha + \varepsilon)$ 与 $f(b)$ 同号. 由此可知 $f(a)$ 和 $f(b)$ 异号. 利用这一点, 我们可以将 α 计算到任意精度. 在区间上取点 c 将区间分成两部分 (等分即是一种分法), 然后计算 $f(c)$ 的符号. 若 $f(c) = 0$, 则就是所求的根. 如果 $f(c) \neq 0$, 则必有 $f(a)$ 与 $f(c)$ 异号或 $f(c)$ 与 $f(b)$ 异号. 若是前一种情形, 则 α 在区间 $[a, c]$ 上, 在第二种情形下根 α 在 $[c, b]$ 上. 如此反复, 直至得到一个长度足够小的包含 α 的区间. 这样我们就能将 α 计算到指定精度了.

我们以多项式 $f(x) = x^3 + 3x - 1$ 为例将前面的说明演示一下. 因为 $4a^3 + 27b^2 = 4 \times 27 + 27$ 是正数, 所以根据前面的说明, 多项式有一个根. 由定理 33,

可取 $N = 3$, 即多项式的根在 -3 和 3 之间. 其实由 $f(-3) < 0$ 和 $f(3) > 0$ 也能看出这一点. 因为 $f(0) < 0$, 所以根在 0 和 3 之间. 因为 $f(1) = 3 > 0$, 所以根在 0 和 1 之间. 为了精确到一位小数, 我们将区间 $[0,1]$ 分成十等份, 看看根在哪一个区间里. 取 $x = 1/2$, 得到 $f(1/2) = 5/8 > 0$, 所以根在 0 和 $1/2$ 之间. 再取 $x = 3/10$, 因为 $f(3/10) = 27/1000 + 9/10 - 1 = 27/1000 - 1/10 < 0$, 所以根在 $3/10$ 和 $5/10$ 之间. 最后再计算 $f(4/10) = 64/1000 + 12/10 - 1 > 0$, 所以根在 $3/10$ 和 $4/10$ 之间, 写成小数必形如 $\alpha = 0.3\cdots$.

鉴于其应用广泛, 叙述简洁, 所以斯图姆定理一经证明便广为流传. 当法国数学家斯图姆在演讲中谈到这个定理时, 他说了这么一句: "现在我来证明这个很荣幸冠以我名的定理."

习 题

1. 对 $f(x) = x^2 + ax + b$ 和 $f(x) = x^3 + ax + b$ 这两种情形构造相应的斯图姆序列. 利用斯图姆定理, 我们再次得到了本节中曾说过的关于方程根的数目的相关结论. (提示: 对于 $f(x) = x^3 + ax + b$, 分开考虑 a 和 $D = 4a^3 + 27b^2$ 的符号.)

2. 试用斯图姆定理来确定多项式 $x^n + ax + b$ 的根的数目如何依赖于 n (它的奇偶性是重要因素)、a 和 b.

3. 试确定多项式 $x^5 - 5ax^3 + 5a^2 x + 2b$ 的根的数目. (提示: 结果依赖于 $a^5 - b^9$ 的符号.)

4. 设多项式 $f(x)$ 没有重根, a 是 $f'(x)$ 的根. 令 $f_1(x) = f(x)$, $f_2(x) = f'(x)/(x - a)$, $f_1(x), \cdots, f_k(x)$ 是 $f_1(x)$ 和 $f_2(x)$ 的斯图姆序列. 取 N 为一个充分大的数, 试用 $f_i(N)$、$f_i(a)$ 和 $f_i(-N)$ $(i = 1, \cdots, k)$ 这三个序列的变号次数来表示多项式 $f(x)$ 的根的个数.

5. 设多项式 $f_1(x)$ 和 $f_2(x)$ 的次数分别是 n 和 $n - 1$, 它们的斯图姆序列中的多项式 $f_i(x)$ 的次数为 $n - i + 1$, 且 x^{n-i+1} 这一项的系数是正数. 试证明多项式 $f_1(x)$ 有 n 个根, 对任意的 i, 多项式 $f_i(x)$ 有 $n - i + 1$ 个根, 而且 $f_i(x)$ 的任意两个相邻的根构成的区间都包含多项式 $f_{i+1}(x)$ 的一个根.

6. 设 n 次多项式 $f(x)$ 有 n 个根, 证明: 对于 f 和 f' 的斯图姆序列中的任意两个相邻的多项式, 后继多项式总是比其前一个多项式的次数小 1, 并且序列中每个多项式的首项系数都是正数.

第六章　无限集

| **主题: 集合** |

| 18　等势

本章我们研究无限集. 有些 "无限" 是从第三章中的概念自然衍生出来的. 比如, 设 $S_1, S_2, S_3, \cdots$ 是某集合 S 的无限多个子集构成的序列. 由所有至少属于某个 S_i 的元素组成的子集 S', 则和之前一样, 称之为这些无限多个子集的并, 记作 $S' = S_1 \cup S_2 \cup S_3 \cup \cdots$. 我们也可以将这个符号简写作

$$S' = \bigcup_{n \geqslant 1} S_n.$$

若 S 是所有自然数的集合, 子集 S_n 由所有不超过 2^n 的自然数 k 组成, 则 $\bigcup_{n \geqslant 1} S_n = S$.

同样地, 如果 $S_1, S_2, S_3, \cdots$ 是某集合 S 的无限多个子集构成的序列, 则所有同时属于每个 S_i 的元素构成的子集就是它们的交, 记作 $S_1 \cap S_2 \cap S_3 \cap \cdots$ 或 $\bigcap_{n \geqslant 1} S_n$. 比如 S 是所有自然数构成的集合, S_n 由能被 n 整除的所有自然数构成, 则 $\bigcap_{n \geqslant 1} S_n$ 是空集.

若诸集合 S_i 两两无交 (无公共元素, 即当 $i \neq j$ 时 $S_i \cap S_j = \varnothing$), 则这些集合的并称为它们的和, 记作 $S_1 + S_2 + \cdots + S_n + \cdots$. 比如 S 是全体自然数的集合, S_n 由所有满足 $2^{n-1} \leqslant k < 2^n$ 的自然数 k 组成, 则有 $S = S_1 + S_2 + \cdots + S_n + \cdots$.

在考虑无限集时, 第三章中的一个关乎所有问题的基本概念现在却失效了, 那就是集合中元素的个数. 不过, 在第三章中我们介绍了表达两个不同的有限集等势的原理: 两个有限集等势, 当且仅当它们之间可以建立一一对应.

在"集合的元素个数"与"一一对应"这两个概念中, 前者对无限集失效, 后者却仍然有用. 因此我们可以把前面的原理改编为等势的定义, 使得它对任意集合都有意义: 如果两个集合之间可以建立一一对应, 那么我们就称这两个集合等势.

对于有限集, 我们可以按元素数目 (一元集、二元集、三元集等) 来区分集合. 对于无限集, 我们按等势与否来进行区分. 这种思考无限集的途径长久以来吸引了众多的思想家. 但在这个过程中, 他们发现了看似自相矛盾的现象: 一个集合可以与自身的一部分等势. 比如全体自然数的集合与全体正偶数的集合等势. 将自然数 n 与偶数 $2n$ 对应, 这显然是两个集合间的一一对应. 这种现象之所以显得"自相矛盾", 是因为有限集绝不可能有这种事情发生. 这也是"等势"这个概念一度变得无意义的原因. 伽利略在《关于两门新科学的对话》中通过将 n 与 n^2 相互对应, 给出了自然数集与平方数集间的一个一一对应. 谈话的一位参与者这样总结道: "相等的概念, 或类似的大小的概念在碰到无限时都派不上用场了."

只有到了后来, 19 世纪下半叶的时候, 戴德金反其道而行之, 将等势的概念作为无限集研究的基础. 他甚至将之前那个看似"自相矛盾"的性质当作了无限集的定义: 如果集合 S 与自身的一个真子集 S' 等势, 那么就称它是无限集. 我们很快将证明这一性质与之前说的集合的无限性是等价的.

我们后面会经常用到下述事实: 如果集合 A 和 B 等势, 集合 B 和 C 等势, 那么集合 A 和 C 也等势. 实际上, 集合 A 和 B 等势, 说明这两个集合之间有一个一一对应. 记这个一一对应由若干元素对 (a,b) 表示. 同样地, B 和 C 等势说明这两个集合之间也有一个可用元素对表示的一一对应. 任取 $a \in A$, 根据 A 与 B 之间的一一对应, 通过元素对 (a,b) 与 $b \in B$ 对应. 再利用 B 和 C 之间的一一对应, b 与 $c \in C$ 相对应. 因此就得到了元素对 (a,c). 所有这些元素对构成了 A 和 C 之间的一一对应 (请自行验证). 因此集合 A 和 C 也等势.

基于这个性质, 当我们想证明集合 A 和 B 等势的时候, 我们可以证明与 A 等势的集合 A' 也与 B 等势. 同样地, 我们也可以用与 B 等势的 B' 来做替换. 后面我们会经常用这个技巧, 而不再另行说明. 与之相似的一种推理如下: 要证明 $a = b$, 我们可以证明 $a = a'$ 以及 $a' = b$.

首先关注一些简单的无限集. 最简单的例子当然是由全体自然数构成的集合. 如果一个集合与自然数集等势, 那么就称它为可数集.

如果 S 是可数集, 那么它与自然数集 N 之间必有一一对应. 如果这个一一对应将 $a \in S$ 与自然数 n 对应, 那么就可以给这个元素指定一个指标 n, 因而 S 中的元素可以被枚举. 换句话说, 如果集合 S 可以写成无穷序列的形式 $S = \{a_1, a_2, \cdots\}$, 那么它就是可数集.

从某种角度来看, 可数集是 "最小的" 无限集. 至少如下事实暗示了这一点: 可数集的任一子集要么是有限集, 要么是可数集. 实际上, 可数集 S 中的元素可以被枚举: $S = \{a_1, a_2, \cdots, a_n, \cdots\}$. 设 S' 是 S 的子集. 我们对 S' 中的元素进行枚举, 将 S' 中有最小下标的元素 a_k 当作第一个元素, 将 S' 的剩余元素中有最小下标的 a_l 当作第二个元素, 以此类推. 这个过程要么在某处终止 (则子集是有限集), 要么不断延续下去, 给出 S' 的一个完全枚举.

将可数集当作 "最小的" 无限集这一点还可以由下述定理反映出来.

定理 40 *每个无限集都有一个可数子集.*

设集合 S 是无限集. 我们从中任取一个元素, 记其为 a_1. 因为 S 是无限集, 所以它必定包含与 a_1 不同的元素. 再从 S 中取一个不为 a_1 的元素, 记其为 a_2. 因为 S 是无限集, 所以它必定包含不同于 a_1 与 a_2 的元素. 由此我们可以选出 a_3. 这个选取过程可以不断进行下去. 如果从 S 中取出了元素 $a_1, \cdots, a_n$, 那么因为 S 是无限集, 所以 S 中除了 $a_1, \cdots, a_n$ 之外必定还有其他元素, 从中任取一个记为 a_{n+1}. 由此得到的子集 $T = \{a_1, a_2, a_3, \cdots\}$ 包含的元素互不相同, 且这个枚举过程给出了 T 与自然数集的一个一一对应. ∎

推论 3 *任意无限集 S 都与自身的某个真子集等势.*

我们来证明一个更明晰的结论: 任取元素 $a \in S$, 则从 S 中去掉 a 后得到的集合 $\overline{\{a\}}$ 与 S 等势. 我们称 $\overline{\{a\}}$ 为集合 $\{a\}$ 在 S 中的补集. 我们先来考虑这么一种情形: S 是自然数集 N, $N' = \overline{\{a\}}$, a 是一个自然数. 将小于 a 的自然数 n 对应到 n, 将大于等于 a 的自然数 n 与 $n+1$ 关联. 显然这就是

自然数集 N 与 (除 a 之外所有自然数组成的集合) N' 之间的一个一一对应. 因此, 同样的结论对所有的可数集都成立.

对任意的无限集 S, 我们应用定理 40. 如前所述, 我们可以构造出一个可数集 N 使得 $a \in N$. 上面已经证明, 在 N 与从 N 中排除 a 之后得到的 N' 间有一一对应. 记 N 在 S 中的补集为 $\overline{N}$, 从 S 中排除掉 a 后得到的集合为 S', 则有 $S = N + \overline{N}$, $S' = N' + \overline{N}$. 因为 N 与 N' 之间有一个一一对应, 再将 $\overline{N}$ 中的元素与自己对应, 于是就得到了 S 与 S' 的一个一一对应, 因此两者等势. ∎

下面举几个可数集的例子.

1. 整数集是可数集.

将 0 与 1 配对, 正整数 n 与 $2n$ 配对, 负整数 $-m$ 与 $2m+1$ 配对. 由此得到了整数集与自然数集之间的一个一一对应.

推论 4 两个可数集的和是可数集.

记 $A = B + C$, B 和 C 是可数集. 易知 B 与正整数集等势, C 与负整数集等势. 因此 A 与整数集等势, 故而是可数集. (在我们这个论证中, 只能得到 A 与非零整数集等势. 请自己绕过这个障碍.) ∎

2. 正有理数构成的集合是可数集.

给定有理数 m/n (其中 m 和 n 互素), 称 $m+n$ 为有理数 m/n 的高. 显然具有给定高的有理数只有有限多个. 我们首先写出高为 1 的有理数, 再写出高为 2 的有理数, 以此类推. 由此得到了一个无穷序列, 每个正有理数都包含于其中. 将每个有理数与它在序列中的序号相对应, 就得到了正有理数集与自然数集之间的一个一一对应. 序列的初始元素如下:

$$1, \quad \frac{1}{2}, \quad 2, \quad \frac{1}{3}, \quad 3, \quad \frac{1}{4}, \quad \frac{2}{3}, \quad \frac{3}{2}, \quad 4, \quad \cdots.$$

这里我们规定 $1 = 1/1, 2 = 2/1, 3 = 3/1, 4 = 4/1, \cdots$.

推论 5 有理数集是可数集.

实际上, 前面我们已经建立了正有理数集与自然数集之间的一个一一对应. 这说明在负有理数集与负整数集之间也有一个一一对应. 再将 0 与 0 对

应, 我们就得到了有理数集与整数集之间的一个一一对应. 在例 1 中已知整数集是可数集, 所以有理数集也是可数集. ■

在例 2 中, 我们将正有理数集 S 写成了可数多个有限子集 S_k 的和, 其中 S_k 是高为 k 的正有理数构成的集合. 因此例 2 可以由如下更一般的结论得到: 可数多个有限集之和是可数集. 我们下面来证明一个更广泛的结论.

3. 可数多个有限集或可数集之和仍是可数集.

证明与例 2 中基于同样的原理. 记 $S = S_1 + S_2 + \cdots$. 因为 S_i 都是有限集或可数集, 所以其中的元素可以被枚举出来. 下面假定每个集合 S_i 中的元素都按枚举顺序标记好了. 我们来为集合 S 中的元素 a 定义高: 如果它属于集合 S_i, 且在集合中按枚举顺序的标号为 j, 那么它的高就是 $i + j$. 给定 $i + j = n$, 那么有 $i < n$, 因此高为 n 的元素只可能属于 $S_1, \cdots, S_{n-1}$ 中的一个. 如果它属于 S_i, 那么它的标号就是 $j = n - i < n$. 因此高为 n 的元素只有有限多个. 我们首先列出高为 2 的元素, 再列出高为 3 的元素, 以此类推. 最终我们可以列出 S 中的每个元素. 这就说明它是可数的. 图 6.1 列出了枚举 S 的操作程序, 图中第一行给出了 S_1 中的元素, 第二行给出了 S_2 中的元素, 以此类推. 图中的折线给出了枚举 S 中元素的顺序. 图 6.1 中假定所有 S_i 都是可数集. 假如 S_1 中有三个元素, S_2 中有两个元素, 其余 S_i 都是可数集, 试画出类似的枚举示意图.

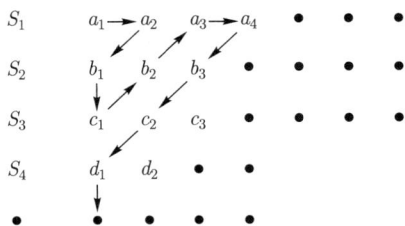

图 6.1

我们已经给出了好几个可数集的例子, 它们显然是互相等势的. 我们这里再给出一些互相等势的例子.

4. 任意两条线段都是等势的.

将两条线段 $[a, b]$ 和 $[c, d]$ 平行放置, 如图 6.2 那样建立一一对应. 设直

线 ac、bd 的交点为 P. 在 $[a,b]$ 上任取点 x, 连接 Px 与直线 cd 交于 y 点. 如此将两条线段上的点作对应即可. (试证明 y 点不可能落在线段 $[c,d]$ 的外面. 另外, 请问 P 点总是存在的吗?)

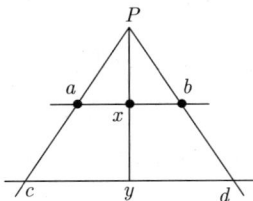

图 6.2

5. 任意线段都与其所在的整条直线等势, 也就是与所有实数构成的集合等势.

回忆例 4, 只要证明一条线段 (比如 $[0,1]$) 与其所在直线等势即可. 记 $I = [0,1]$. 我们用点 $1/2$ 将线段二等分, 并从此处将线段弯折, 放置如图 6.3: 线段 AB 和 BC 的长度都是 $1/2$, 且两者和 x 轴的夹角相等.

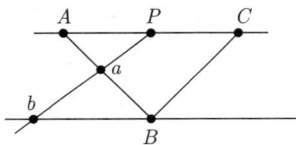

图 6.3

记 AC 的中点为 P. 在 AB 或 BC 上任取点 a, 连接 Pa 与 x 轴交于点 b. 这样就给出了折线段上除 A、C 外的所有点与 x 轴的一个一一对应. 点 A、C 之所以不能与 x 轴上的点建立对应, 是因为直线 $PA = PC$ 与 x 轴平行. 另外显然现在的折线段与原始线段 I 是等势的. 所以我们将构造做了一些改变. 回忆一下定理 40 的推论 3 的证明, 我们其实证明了任意无限集都等势于这个集合去掉一个元素后所得到的集合. 特别地, 线段 $[0,1]$ 等势于线段去掉端点 0 后的集合. 再将这个论证重复一遍, 将得到原线段与线段去掉两个端点后得到的集合等势. 这个新集合正好就是图 6.3 中折线段去掉 A、C 两点后的集合, 记其为 J. 如前所述, 集合 J 等势于原来的线段 I. 图 6.3 说明集合 J 与 x 轴之间有一一对应, 因此结论得证.

习 题

1. 证明两个可数集的积是可数集. 两个集合的积这个概念在第 7 节有介绍, 它对无限集也适用.

2. 证明任一圆都与一条线段等势.

3. 用数 $1/2$ 将线段 $[0,1]$ 二等分, 然后用数 $1/2 + 1/4$ 将线段 $[1/2, 1]$ 再二等分, 以此类推. 这样我们得到了数 $\alpha_n = 1/2 + 1/4 + \cdots + 1/2^n$. 证明区间 $[0,1)$ 是可数个区间 $[\alpha_{n-1}, \alpha_n)$ 的和, 其中规定 $\alpha_0 = 0$. 同样地, 证明直线是可数多个区间 $[n-1, n)$ 的和, n 取遍所有整数. 证明 $[\alpha_{n-1}, \alpha_n)$ 与 $[n-1, n)$ 等势. 由此可以再次证明例 5.

4. 将例 4 中建立的一一对应用公式表示出来.

5. 证明: 在整数集与自然数集之间不存在能保持加法的一一对应. 保持加法的意思是, 在把 m 对应到 m', 把 n 对应到 n' 的同时, 还能把 $m+n$ 对应到 $m'+n'$.

6. 证明: 在整数集与自然数集之间不存在能保持序关系的一一对应. 保持序关系的意思是, 如果 m 对应到了 m', n 对应到了 n', 并且 $m < n$, 那么必然有 $m' < n'$.

7. 对于圆上的任意两个点, 我们将这两点间的劣弧的长度称为这两点的圆距离. 与以往一样, 对于直线上的 A、B 两点, 线段 AB 的长度就是它们之间的直线距离. 试证明在圆与线段之间不存在保距的一一对应. 保距对应的意思是, 如果 A 对应 A', B 对应 B', 那么有 A、B 之间的圆距离等于 A'、B' 之间的直线距离. 如果从圆上抠掉一个点, 那么这个结论还成立吗?

8. 从直线上取出若干两两无交的线段构成一个集合, 试证明这个集合要么是有限集要么是可数集. (提示: 证明从给定线段上取出的两两无交的线段构成的集合是有限集或可数集即可. 为此, 考虑长度大于 1 的线段构成的集合, 长度大于 $1/2$ 的线段构成的集合, 长度大于 $1/3$ 的线段构成的集合, 以此类推.)

9. 平面上有若干个十字形, 每个十字形都由两条线段组成, 它们的长度都为 1, 一条水平一条竖直, 两者在正中间相交. 这些十字形两两无交. 试证明这些十字形要么数目有限么只有可数多个.

10. 设 $S_1, S_2, \cdots, S_n, \cdots$ 是 S 的一个可数的子集列, 证明: 如果每个 S_n 都是可数集, 那么集合 $\bigcup_{n \geqslant 1} S_n$ 也是可数集.

|19 连续统

在上一节的末尾, 我们给出了好多个无限集的例子, 它们可以分为两类: 一类是可数集 (按定义它们互相等势), 一类是与线段等势的集合 (它们当然也互相等势). 现在就有了一个问题: 第一类中的集合与第二类中的集合等势吗? 这一事实对于整个数学具有根本的重要性.

定理 41 线段上的点构成的集合不是可数集.

我们这里给出两个不同的证明, 它们基于的是线段的不同性质. 正如我们在 18 节所看到的, 所有线段都互相等势. 因此下面我们就以线段 $[0,1]$ 为例.

第一个证明 如果线段 $[0,1]$ 是可数集, 那么去掉右端点 1 之后还是可数集. 我们把集合中的每个数都写成十进制小数 $0.a_1a_2\cdots$ 的形式, 其中 a_i 的取值仅限于从 0 到 9 这十个整数. 假定全部元素枚举为 $x_1, x_2, \cdots, x_n, \cdots$, 我们将它们各自的十进制表示列出来, 写成如下形式:

$$\begin{aligned}
&x_1 : 0.a_1a_2a_3\cdots \\
&x_2 : 0.b_1b_2b_3\cdots \\
&x_3 : 0.c_1c_2c_3\cdots \\
&\quad\cdots\cdots\cdots\cdots
\end{aligned} \tag{6.1}$$

我们将构造一个小数, 它不在 (6.1) 之中, 以此与集合为可数集这个假设相矛盾. 按下述步骤构造小数 $y = 0.k_1k_2k_3\cdots$ (k_i 的取值当然还是限于从 0 到 9 这十个整数): 首先要求 $k_1 \neq a_1$, 那么无论后面怎么选择, 都至少有 $y \neq x_1$; 接着再选 $k_2 \neq b_2$, 因此无论下一步怎么选择, 至少有 $y \neq x_2$; 接着再选 $k_3 \neq c_3$, 以此类推: 小数点后第 n 位的数码 k_n 都不与列表 (6.1) 中第 n 行上的小数的小数点后第 n 位相同. 因此对任意 n 都有 $y \neq x_n$.

可能有人会对上述过程提出这样的反对意见. 在第 16 节中, 我们知道实数与十进制小数并不是一一对应的, 不过把含有 9 循环的小数排除掉之后两者就是一一对应的了. 因此我们在上述论证中 (即列表 (6.1)) 必须不用含 9 循环的小数. 另外, 我们构造的小数 y 也不能含有 9 循环. 因为 k_n 是从 $0, 1, 2, \cdots, 9$ 中选择的, 所以要求它不等于 9 是可行的. 这样, 我们仍然构造

出了不在列表 (6.1) 之中, 且不含数码 9 的小数, 仍然完成了证明. 这种构造 y 的方法被称为对角线方法. ∎

第二个证明 这里我们先对采用的记号作点说明. 给定两个不相等的数 a 和 b, 无论是 $a < b$ 还是 $a > b$, 我们都将它们之间所有数的集合记作 $[a, b]$. 也就是说, 如果 $a > b$, 那么 $[a, b]$ 就相当于通常的 $[b, a]$. 有一点先说明一下, 每个区间 $[a, b]$ 都包含一个不同于端点的点, 比如中点 $(a + b)/2$. 再对区间 $[a, (a + b)/2]$ 应用同样的推理, 再加以类推, 可知每个区间都包含无限多个数.

假设区间 $[0, 1]$ 中的数可以枚举如下:

$$x_1, \quad x_2, \quad x_3, \quad x_4, \quad \cdots. \tag{6.2}$$

按照定义, 区间中的数与其标号是一一对应的, 即如果 $m \neq n$, 则有 $x_m \neq x_n$. 我们下面来说明 $[0, 1]$ 是可数集这个假设与闭区间套公理是矛盾的. 选定区间 $[x_1, x_2]$, 以及序列 (6.2) 中属于这个区间的那些数. 如前所述, 这样的数有无限多个, 它们构成了下述序列

$$x_1, \quad x_2, \quad x_p, \quad x_q, \quad x_r, \quad \cdots, \tag{6.3}$$

其中 $1 < 2 < p < q < r < \cdots$.

考虑区间 $[x_p, x_q]$, 以及序列 (6.3) 中属于这个区间的数, 再次得到无穷序列

$$x_p, \quad x_q, \quad x_s, \quad x_t, \quad x_u, \quad \cdots,$$

其中 $p < q < s < t < u < \cdots$.

这个过程可以不断进行下去: 每一步都得到一个区间, 这个区间都包含了无限多个序列 (6.2) 中的数. 因此就产生了下述可数个序列:

$$
\begin{array}{cccc}
x_1, & x_2, & x_p, & \cdots \\
x_p, & x_q, & x_s, & \cdots \\
x_s, & x_t, & x_v, & \cdots \\
\multicolumn{4}{c}{\cdots\cdots\cdots\cdots}
\end{array}
$$

第一行包含了所有属于 $[x_1, x_2]$ 的数，第二行包含了所有属于 $[x_p, x_q]$ 的数，以此类推。按照构造过程，每行序列的第一个数都比上一行第一个数要大，因此序列 (6.2) 中没有哪个数可以属于所有构造出的序列。但从另一个角度来看，序列 (6.2)、(6.3) 等正好给出了一个闭区间套 $[x_1, x_2] \supset [x_p, x_q] \supset [x_s, x_t] \supset \cdots$。根据闭区间套公理，这些区间有一个公共元素。也就是说，有一个数可以属于所有那些序列，这与之前的说明相矛盾。■

第二个证明比第一个证明要复杂一些，但优点是直接，它不需要借助实数用其他形式来表示，而是直接依据实数公理。

这两个证明都是康托尔在 19 世纪 70 年代发现的，这里的第二个证明首先被发现，然后才是第一个证明 (含 9 循环的小数产生的一些困难令他很烦恼)。我们可以看到，这两个证明都比较简单，但能提出这个问题却是非常了不得的。在后来的一项工作中，康托尔说证明线段中的点不可数花费了他八年的时间。康托尔和戴德金之间的部分通信被保留了下来，它们记录了产生这些新思想所做出的种种努力。康托尔写信给戴德金说他不知道线段中的点到底是不是可数的，询问戴德金是否知道答案。戴德金回复说他也不知道该如何证明 (但他们俩都猜出了正确答案)，不过按照他的观点，他觉得这个问题不值得花费大力气，因为这个问题不太可能有什么有趣的后续发展。

戴德金居然没有立马认识到这个问题的重要性，这太令人吃惊了。因为根据线段中的点不可数这个结论，再结合有理数集是可数的，立即就能得出无理数的存在性。更重要的是，这种思考方式是全新的 (此前说明无理数存在的方法都类似于我们在第一章中的讲解)。戴德金自己曾经证明过一个结论，把这个结论和线段中的点不可数这一断言结合起来，将得到一个无比非凡的结论。考虑到这一点，戴德金的失算更令人吃惊。

我们这里介绍一个新概念，它在戴德金和康托尔时代是众所周知的。如果多项式 $f(x) = a_0 + a_1 x + \cdots + a_n x^n$ 的系数 a_i 都是有理数，数 α 是多项式 $f(x)$ 的根，那么称 α 是代数数。因为用非零常数乘以多项式并不改变多项式的根，所以我们可以给多项式 $a_0 + a_1 x + \cdots + a_n x^n$ 乘上 $a_0, \cdots, a_n$ 的公分母，这样我们就可以将代数数定义中的条件"系数 a_i 都是有理数"换成"系

数 a_i 都是整数". 那些不是代数数的数被称为超越数.

定理 42 所有代数数构成的集合是可数集.

设多项式 $a_0 + a_1x + \cdots + a_nx^n$ 的系数都是整数, 我们给多项式定义一个高: $n + |a_0| + |a_1| + \cdots + |a_n|$. 这个高显然是自然数. 对于给定的 m, 高不超过 m 的多项式显然只有有限多个. 实际上, 如果有 $n + |a_0| + |a_1| + \cdots + |a_n| \leqslant m$, 那么必然有 $n \leqslant m, |a_i| \leqslant m$. 因此每个系数至多只有 $2m + 1$ 种可能性 $(-m, -m + 1, \cdots, -1, 0, 1, \cdots, m)$, 故而满足条件的多项式只有有限个.

考虑高不超过 m 的多项式, 将这些多项式的所有的根 (也就是代数数) 构成的集合记作 A_m. 因为高不超过 m 的多项式的个数是有限的, 每个多项式的根的数目也是有限的 (见定理 14), 所以 A_m 是有限集. 对 $m = 1, 2, \cdots$, 所有 A_m 的并集就是全体代数数构成的集合. 根据第 18 节的例 3, 可知全体代数数的集合是可数集. ∎

因为全体实数的集合与线段是等势的 (第 18 节例 5), 所以由定理 42 就得到了超越数的存在性. 这可不是一个简单的结论. 尽管根据定理 41 和 42 可以知道超越数远比代数数要 "多得多", 但要具体构造一个超越数, 或者更麻烦一点, 证明某个数是超越数, 是非常困难的. 直到 19 世纪中叶才能证明一类按特定方法构造出的数是超越数. 最出名的超越数当属 π (圆的周长与直径的比值), 它的超越性直到 19 世纪 80 年代才得到证明.

定理 42 是戴德金在写给康托尔的一封信中证明的. 为了强调新思想有具体应用, 康托尔写了一篇题为《论全体实代数数的一个性质》的论文, 其中给出了定理 41 和 42 的证明, 并由此得到了超越数的存在性. 此后, 戴德金承认, 自己因为兴趣不大而对线段中的点是不是可数的这个问题的反对意见得到了 "果断驳斥".

不过康托尔的下一个发现把他自己都给惊住了. 这就是下述定理.

定理 43 一个正方形中所有点的集合与一条线段中所有点的集合等势.

我们以边长为 1 的正方形与长为 1 的线段为例. 设 S 为正方形, AB、BC 为两条相邻的边 (见图 6.4). 设 P 为正方形中除此两边外其余的部分, L 为边 AB 与 BC 的并, 则 $S = P + L$. 显然 L 等势于一条线段 (它自身是折线段). 如果我们可以证明 P 也与线段等势, 那么 S 就与线段等势. 实际上我们在前面已知, 线段与它去掉一个端点后余下的部分仍等势.

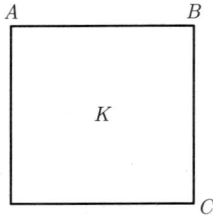

图 6.4

因此我们可以考虑 P 与区间 $[0, 1)$ 等势的问题. 再结合 L 与 $[0, 2]$ 等势, 则可得 S 与 $[0, 2]$ 等势. 因此只要证明集合 P 与 $[0, 1)$ 等势即可. 这些简单的说明可以帮助我们将点集的问题转化为数集的问题. 利用坐标, 我们可以将 P 中的每个点都与一个数组 (x, y) 对应, 其中 $0 \leqslant x < 1$, $0 \leqslant y < 1$. 同样地, 区间 $[0, 1)$ 中的点也与一个数 t 对应, 其中 $0 \leqslant t < 1$. 接下来我们要证明数对 (x, y) 的集合与数 t 的集合之间存在一一对应.

为此, 我们将涉及的数都写成十进制小数的形式:

$$x = 0.a_1 a_2 a_3 \cdots, \tag{6.4}$$

$$y = 0.b_1 b_2 b_3 \cdots, \tag{6.5}$$

$$t = 0.c_1 c_2 c_3 \cdots, \tag{6.6}$$

其中 a_i, b_j, c_k 的取值都仅限于从 0 到 9 这十个整数. 现在通过将 (6.4) 和 (6.5) "混合" 以产生 t: 令 $c_1 = a_1$, $c_3 = a_2$, $c_5 = a_3$, $\cdots$, $c_2 = b_1$, $c_4 = b_2$, $c_6 = b_3$, $\cdots$. 这个对应是一个一一对应, 因为我们可以从 (6.6) 中解构出 (6.4) 和 (6.5): 奇数位的数码 c_j 给出了 (6.4) 中的所有数码, 偶数位的数码 c_j 给出了 (6.5) 中的所有数码.

定理 41 的第一个证明引发的反对意见 (关于那个含有 9 循环的问题) 这里仍可能出现. 实际上, 要使区间中的数与十进制小数能产生一一对应, 必须排除含有 9 循环的小数. 不过即使 (6.6) 中的小数都不含 9 循环, 它所解构出的 (6.4) 或 (6.5) 仍可能会出现 9 循环. 比如 $t = 0.909090 \cdots$, 则有

$x = 0.999\cdots$. 康托尔在将上述证明告知戴德金时, 戴德金就指出了这个问题. 康托尔没能除掉这个瑕疵, 不过他很快给出了另外一个证明, 那个证明不需要十进制小数.

事后来看上述证明很容易修正. 我们需要将之前的 "混合" 过程弄复杂一点, 重点是为了避免 9 循环的出现. 只要没有数码等于 9, 那就和之前一样交叉 "混合". 如果数码 a_k 或 b_k 等于 9, 那么就将此处所有连着的 9 以及后面第一个不为 9 的数合在一起, 放置在 t 的相应位置. 比如 $x = 0.12(995)76\cdots$, $y = 0.4(93)51\cdots$, 则 "混合" 出的 $t = 0.142(93)(995)5716\cdots$. 加括号是为了突出哪些数被合在一起作为一个整体. 相应地, 从 (6.6) 中解构出 (6.4) 和 (6.5) 的过程也要做些变化: 只要数码不为 9, 那么还和之前一样, 交替取出数码得到 (6.4) 和 (6.5). 如果碰到了数码 9, 那么就将此处所有连着的 9 以及后面第一个不为 9 的数合在一起, 放置在 (6.4) 或 (6.5) 中相应的位置上. 可以看到, 每次 "解构" 时都会得到一个不为 9 的数码, 这样就阻止了 9 循环的出现. ∎

这个论证简单的结论似乎与我们的几何直觉相抵触: 维数不同的图形—— 一个是正方形一个是线段 ——居然可以等势! 其实还可以证明立方体与它们也是等势的 (习题 1). 这个结果让康托尔自己都震惊了. 他在给戴德金的信中如此写道: "我最近告诉你的那个结果完全出乎意料, 如此新颖, 尊敬的朋友, 直到我收到了你的回复, 我才镇定下来. 在你承认它之前, 我只能说, 我得到了这个结果, 但我不相信它." 信件本来是用德语写的, 但说到最后一句时, 康托尔出人意料地换成了法语. 对康托尔来说, 维数这个直觉性概念的数学描述需要加以修正: "不同维数间的差异很可能需要一个完全不同的解释, 它们不仅仅是独立坐标的个数不同那么简单 ……"

戴德金在回复中确认了新证明的有效性, 并且表示, 这个结果与我们关于维数等同于坐标个数的信念并不冲突 ("尽管看上去你的理论摧毁了这一点"): "为什么呢? 在用新坐标定义新的点时, 所有作者都心照不宣地做了一个很自然的假定, 新点必定是旧点的连续函数."

在当时, 连续函数的概念已经被准确定义了, 且通行于数学界. 我们不准备过分深入这个问题, 只考虑一个重要的现象, 它来源于正方形中的点与线段中的点一一对应. 更进一步, 它与之前提及的 9 循环问题以及我们克服这个问题的方法有关. 我们考虑两个点 (x, y) 和 (x', y), 其中 $x = 0.10\cdots 0\cdots$, $y = 0.0\cdots 0\cdots$, $x' = 0.09\cdots 90\cdots$ (其中有 n 个连续的 9). 显然

$$y = 0, \quad x = \frac{1}{10}, \quad x' = \frac{9}{10^2} + \cdots + \frac{9}{10^{n+1}}.$$

于是

$$x' = \frac{9}{10^2}\Big(1 + \frac{1}{10} + \cdots + \frac{1}{10^{n-1}}\Big) = \frac{9}{10^2} \times \frac{1 - 1/10^n}{1 - 1/10},$$

即

$$x' = \frac{1}{10}\Big(1 - \frac{1}{10^n}\Big) = \frac{1}{10} - \frac{1}{10^{n+1}}.$$

因此当 n 变大时, x 与 x' 将变得任意接近.

现在来看看, 根据定理 43 的证明所给出的对应方法, 线段中的点 t 与 t' 是什么. 为了得到 t, 将 x 与 y 中的数码 "混合". 先从 x 中取出 1, 然后从 y 中取出 0, 两者剩下的数码全是 0 了, 因此 $t = 0.10\cdots = 1/10$. 现在专心考虑构造 t'. 首先从 x' 中取出 0, 然后从 y 中取出 0, 接着就碰到了数码为 9 的问题, 因此将连续 n 个 9 及之后紧接着的 0 作为一个整体取出. 再之后, 还是交替取数码, 但余下的数码全是 0. 最终可得 $t' = 0.009\cdots 90\cdots$. 换句话说, $t' = 9/10^3 + \cdots + 9/10^{n+2}$. 同样的方法计算可得

$$t' = \frac{9}{10^3}\Big(1 + \frac{1}{10} + \cdots + \frac{1}{10^{n-1}}\Big) = \frac{9}{10^3} \times \frac{1 - 1/10^n}{1 - 1/10} = \frac{1}{100} - \frac{1}{10^{n+2}}.$$

由前面可知, 当 n 变大时 x 与 x' 将变得任意接近, 而 y 又不变, 所以点 (x, y) 和 (x', y) 也将变得任意接近. 但是它们所对应的点 t 和 t' 之间的间隔却不会小于某个常数:

$$t - t' = \frac{1}{10} - \frac{1}{100} + \frac{1}{10^{n+2}} > \frac{1}{10} - \frac{1}{100} = \frac{9}{100}.$$

按照我们的对应, 正方形在某种意义上破裂了: 正方形中那些非常靠近的点所对应的点都彼此分离. 这个过程有点像把一张纸撕成若干小纸片.

在写给康托尔的一封信中, 戴德金提出了这么一个论断: 如果一一对应的定义中包括连续性 (我们前面的定理没有这个要求), 那么在不同维数的几

何对象 (比如正方形和线段, 立方体和正方形) 之间, 是不可能存在——对应的. 他说自己没有时间证明这一点, 不过他把这个假设提升成了 "信念". 康托尔后来同意了戴德金的观点, 甚至发表了一个证明, 可惜那个证明是有问题的. 戴德金的假设最终在 1910 年得到了证明.

与一条线段等势的集合称为连续统. 定理 41 说明了连续统是不可数的. 在实际的数学研究中碰到的无限集都可以归结为两类: 要么是连续统要么是可数集. 我们可以构造出这么一个集合, 它不是连续统, 不是可数集, 也不是有限集 (习题 9), 甚至还能构造出无限多个无限集, 它们两两不等势. 不过这些集合在其他数学领域中没有太大的重要性. 同样地, 正方形与线段等势这一结论似乎也没有值得我们期待的应用. 我们之前解释过部分原因. 通常, 数学中碰到的集合来源很具体, 其中的元素通过某些特定的性质相关联, 比如对它们定义了明确的运算或不等关系, (几何方面) 也可能对它们定义了距离. 还可能是一个数列 a_n 无限接近于元素 a. 对此, 我们只关心那些可以保持元素之间关系的——对应. 这样的——对应其实是非常少的 (见第 18 节的习题 5, 6 和 7). 因此虽然定理 43 动人心弦, 然而并不是一个 "有用" 的数学结果. 不过定理 41 却是数学中最重要的结果之一.

习 题

1. 证明单位立方体与线段等势, 即集合 $\{(x, y, z) \mid 0 \leqslant x < 1, 0 \leqslant y < 1,\ 0 \leqslant z < 1\}$ 与 $\{t \mid 0 \leqslant t < 1\}$ 等势.

2. 设 S_1 和 S_2 是集合 S 的两个不相交的子集, 若两者等势, 则两者的补集也等势.

3. 若 N 是 X 的可数子集, $\overline{N}$ 是无限集, 则 X 与 $\overline{N}$ 等势. (提示: 应用定理 40.)

4. 证明: 一个区间中的无理数构成的集合, 以及区间中的超越数构成的集合都是连续统.

5. 设 a_i 的取值仅限于 0 到 9 这十个整数, 则所有无穷数列 $a_1, a_2, \cdots, a_n, \cdots$ 构成的集合是连续统.

6. 给定自然数 $k > 0$, a_i 是取值仅限于从 0 到 k 的整数, 则所有无穷数列 $a_1, a_2, \cdots, a_n, \cdots$ 构成的集合是连续统.

7. 设 U 是集合 S 的所有子集构成的集合 (我们在第三章碰到过这样的集合, 那里 S 是有限集), 试证明 U 和 S 不等势; 如果 S 是可数集, 那么 U 是连续统. (提示: 假如在

S 的元素和子集之间存在一一对应 $a \leftrightarrow A$. 令 $B = \{a \in S \mid a \notin A\}$. 若在对应中有 $b \leftrightarrow B$, 那么会同时出现 $b \in B$ 和 $b \notin B$.)

8. 构造一个无限集, 它既不可数也不是连续统.

9. 区间 $[0,9]$ 中所有含 9 循环的十进制小数构成的集合是可数集. 试用这个结论重新修改定理 41 的证明的最后部分 (也就是含 9 循环的问题).

|20 薄集

本节我们来看看集合的可数性有哪些特定的性质. 下文的集合 S 都被包含于区间 $[0,1]$ 之中. 我们来讨论是否可以测量出这类集合的 "长度". 将区间 $[0,1]$ 的长度设定为 1 是很自然的, 那么 $[0,1]$ 的子区间 $[a,b]$ 的长度自然是 $b-a$. 如果一个集合包含了有限个两两不相交的区间, 那么它的长度可以认为是这些区间的长度之和. 比如 $S = [0,1/2] \cup [3/4,1]$ 的长度是 $1/2 + 1/4 = 3/4$. 但随便取个集合, 它未必是若干区间之并, 因此要对集合的长度给出一个比较自然的定义是很不容易的. 比如该怎么定义区间 $[0,1]$ 中的有理数或无理数构成的集合的 "长度" 呢?

有一个理论可以对一大类集合 (但不是对所有集合) 定义长度, 这个定义与我们的直觉非常符合. 这个理论就是测度论. 我们不打算深入这个理论, 只介绍那些被认为 "长度为 0" 的集合. 在测度论中, 这些集合被称为零测集, 我们这里称之为薄集.

我们依照几何直觉来分析这个概念, 并在讨论的末尾给出正式的定义. 前面我们已经提及了区间 $[a,b]$ 以及若干无交区间之并的长度该是什么样. 由此我们可以进一步考虑可数多个区间之和的长度. 若 $S = I_1 + I_2 + \cdots + I_n + \cdots$, 这些区间两两不相交, I_k 的长度为 α_k. 如果这些区间都包含于 $[a,b]$, 再考虑到它们互不相交, 那么它们的长度之和显然不会超过 $b-a$. 换句话说, 对任意的 n 都有 $\alpha_1 + \alpha_2 + \cdots + \alpha_n \leqslant b - a$. 根据定理 29, 无限和 $\alpha_1 + \alpha_2 + \cdots + \alpha_n + \cdots$ 存在, 且不超过 $b-a$. 我们把这个和称为集合 S 的长度. 比如 (见图 6.5)

$$I_1 = \left[0, \frac{1}{2}\right], \qquad I_k = \left[1 - \frac{1}{2^{2k-2}}, 1 - \frac{1}{2^{2k-1}}\right],$$

则

$$\alpha_k = \left(1 - \frac{1}{2^{2k-1}}\right) - \left(1 - \frac{1}{2^{2k-2}}\right) = \frac{1}{2^{2k-1}}.$$

因此

$$\alpha_1 + \alpha_2 + \cdots = \frac{1}{2} + \frac{1}{8} + \frac{1}{32} + \cdots = \frac{1}{2} \times \frac{1}{1 - 1/4},$$

即我们这个集合的长度是 2/3.

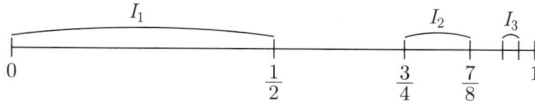

图 6.5

为了得到所需的定义我们引进两个假定. 首先, 当集合 S 是区间 $I_1, I_2, \cdots,$ $I_n, \cdots$ 之并时, 可以允许它们之间存在非空交集. 当定义 S 的长度时, 很自然地应该有长度不超过这些区间 I_k 的长度之和. 当然, 现在我们不能再认为无限和 $\alpha_1 + \alpha_2 + \cdots + \alpha_n + \cdots$ 是有界的了. 现在所有区间都等同的情况是可以允许的. 因此我们可以使用新的假定, 不过要保证无限和 $\alpha_1 + \alpha_2 + \cdots + \alpha_n + \cdots$ 存在. 第二个假定更符合直觉: 如果集合 S_1 和 S_2 的长度都有定义, 并且 $S_1 \subset S_2$, 那么必然要满足 S_1 的长度不能超过 S_2 的长度.

即使有了这些假定, 仍可能给不出一般集合的长度的测量, 因为一般情况下, 随便取的集合不可能表示为可数多个区间的并. 比如, 区间 $[0,1]$ 上的无理数构成的集合就没有这样的表示 (习题 1). 不过只要长度的定义符合假定, 不论这个长度怎么定义, 我们都可以用第二个假定来估计一个集合的长度. 比如当 S 包含在区间 $I_1, I_2, \cdots, I_n, \cdots$ 的并之中时, 它的长度不会超过这些区间的长度之和. 要测量 S, 我们可以将它放进 (包含于) 各种集合之中, 这些集合都能表示成可数个区间之并. 如果对 S 长度的估计可以越来越小 (接近 0), 那么只能认为集合 S 的长度为 0. 这就引出了薄集的定义.

为了表述简便, 在集合 S 包含于 $S_1, S_2, \cdots, S_n, \cdots$ 的并集时, 我们说 S 被那些集合覆盖了, 并且将包含

$$S \subset S_1 \cup S_2 \cup \cdots \cup S_n \cup \cdots$$

称为众集合 S_k 对 S 的一个覆盖.

定义 设 S 是实数集的子集, 如果对任意正数 ε, 都存在一列区间 $I_1, I_2, \cdots,$ $I_n, \cdots$ (区间个数有限或可数) 覆盖集合 S, 并且这些区间的长度之和不超过 ε, 那么 S 就是薄集.

这里再次强调一下, 前文的所有讨论没有证明任何结论, 它们只是对这个定义的解释.

现在来考虑一些薄集的例子. 包含单个元素 x 的集合显然是薄集. 因为对任意 $\varepsilon > 0$, 取 $I_\varepsilon = [x - \varepsilon/2, x + \varepsilon/2]$, 则有覆盖 $\{x\} \subset I_\varepsilon \cap [0, 1]$ (因为 I_ε 不一定完全包含于 $[0, 1]$ 之中, 所以我们取了交集). 我们还可以用同样的方法证明, 只包含有限多个数的集合都是薄集.

我们现在来阐明薄集这个概念与可数性有什么关系.

定理 44 区间 $[0, 1]$ 的可数子集都是薄集.

设 $S = \{a_1, a_2, \cdots\}$ 是一个可数子集. 任取 $\varepsilon > 0$, 我们来构造区间 $I_1, I_2, \cdots, I_n, \cdots$ 以覆盖 S, 并保证这些区间的长度之和不超过 ε. 如果构造成功, 那么根据定义, S 就是薄集. 对任意的 k, 取 $I_k = [a_k - \varepsilon/2^{k+1},$ $a_k + \varepsilon/2^{k+1}]$. 显然 I_k 的长度是 $\varepsilon/2^k$, 所有区间的长度之和不超过 $\varepsilon/2 + \varepsilon/4 +$ $\varepsilon/8 + \cdots = \varepsilon$. 因为 $a_k \in I_k$, 所以 S 被区间 $I_1, I_2, \cdots, I_n, \cdots$ 覆盖. ■

据此可知有理数集是薄集, 这一点不是那么显然的.

我们再来看一个性质.

定理 45 两个薄集的并集也是薄集.

设 S_1 和 S_2 是薄集, $S = S_1 \cup S_2$. 为了证明 S 是薄集, 对于任意的 $\varepsilon > 0$, 我们需要构造出一列区间 $I_1, I_2, \cdots, I_n, \cdots$ 以覆盖 S, 并保证这些区间的长度之和不超过 ε. 我们能借助的就是 S_1 和 S_2 是薄集这一条件. 由此可知, 对任意的 $\eta > 0$, S_1 和 S_2 都存在覆盖, 相应的那些区间的长度之和都不超过 η. 既然这对任意的 η 成立, 那取 $\eta = \varepsilon/2$ 当然也成立. 我们将覆盖写在下面:

$$S_1 \subset J_1 \cup J_2 \cup \cdots \cup J_n \cup \cdots,$$
$$S_2 \subset K_1 \cup K_2 \cup \cdots \cup K_n \cup \cdots.$$

我们来考虑区间列 $J_1, K_1, J_2, K_2, \cdots, J_n, K_n, \cdots$. 它们的并显然包含 S_1

与 S_2, 因而它们的并包含 $S = S_1 \cup S_2$. 这意味着, 这是 S 的一个覆盖. 我们需要证明这个覆盖中的区间长度之和不超过 ε. 记 J_m 的长度为 a_m, K_m 的长度为 b_m, 则区间列 $J_1, K_1, J_2, K_2, \cdots$ 的长度之和为

$$a_1 + b_1 + a_2 + b_2 + \cdots = (a_1 + a_2 + \cdots) + (b_1 + b_2 + \cdots). \tag{6.7}$$

因为 $a_1 + a_2 + \cdots < \varepsilon/2$, $b_1 + b_2 + \cdots < \varepsilon/2$, 所以 (6.7) 式左侧的和不超过 $\varepsilon/2 + \varepsilon/2 = \varepsilon$. 这就是我们需要证明的结论.

上述论证有个地方需要考究一番, 那就是 (6.7) 式. 在计算有限和时, 括号当然可以随便加, 这是由加法交换律和结合律 (第五章的公理 I_1 和 I_2) 保证的. 但我们并没有对无限和引进这样的公理, 因此 (6.7) 式需要证明. 实际上, 我们只需证明 (6.7) 式的左侧不超过右侧即可. 记 $a_1 + a_2 + \cdots = \alpha$, $b_1 + b_2 + \cdots = \beta$. 左侧前面任意有限项的和都可以分为 $a_1, \cdots, a_n$ 和 $b_1, \cdots, b_m$ 的和 (如果求前 k 项的和, 那么 k 是偶数时 $m = n$, k 是奇数时 $m = n - 1$). 既然是求有限项的和, 那么这个和式就等于 $a_1 + \cdots + a_n + b_1 + \cdots + b_m$. 因为 $a_1 + \cdots + a_n < \alpha$, $b_1 + \cdots + b_m < \beta$, 因此所有有限项的和都不超过 $\alpha + \beta$. 这意味着 (6.7) 式左侧的无限和不超过 $\alpha + \beta$. ∎

利用归纳法, 由定理 45 易知, 任意有限多个薄集的并集都是薄集. 不过这里有个更强的结论, 定理 44 成了它的一个特殊情形.

定理 46 *可数个薄集的并集是薄集.*

定理 45 的证明方法此处也适用, 因此我们只给出概要. 设 $S_1, S_2, \cdots$, $S_n, \cdots$ 是可数个薄集, S 是它们的并集. 取定 $\varepsilon > 0$. 我们需要构造可数个区间来覆盖 S, 并且这些区间的长度之和不能超过 ε. 做到这一点, 我们就证明了 S 是薄集. 因为每个 S_n 都是薄集, 所以它都可以被可数个区间覆盖, 且这些区间的长度之和不超过 $\varepsilon/2^n$. 设各 S_n 的覆盖如下:

$$S_1 \subset I_1 \cup I_2 \cup \cdots,$$
$$S_2 \subset J_1 \cup J_2 \cup \cdots,$$
$$S_3 \subset K_1 \cup K_2 \cup \cdots,$$
$$\cdots\cdots\cdots\cdots$$

我们来考虑所有的区间 I_r, 所有的区间 J_s, 所有的区间 K_t, $\cdots$ 这些区间构成的集合是可数多个可数集的集合, 即我们有可数多个区间 (见第 18 节的习题 10), 这些区间的长度之和不超过 $\varepsilon/2 + \varepsilon/2^2 + \cdots + \varepsilon/2^n + \cdots = \varepsilon$. ■

有一点要说明的是, 这里我们也遇到了和定理 45 的证明 (与 (6.7) 式相关) 同样的问题, 但现在的情形要困难一点. 我们这里要处理可数个等式:

$$a_1 + a_2 + \cdots = \alpha, \quad b_1 + b_2 + \cdots = \beta, \quad c_1 + c_2 + \cdots = \gamma, \quad \cdots.$$

我们现在要把所有的 $a_i, b_j, c_k, \cdots$ "混合" 加起来. 不过和前面一样, 只要说明这个无限和不超过 $\alpha + \beta + \gamma + \cdots$ 即可. 证明同上.

最后我们来考虑薄集的一个非常重要的性质. 也就是说, 我们必须保证用来塑造这个概念的那些假设互相之间没有冲突. 回忆一下, $[0,1]$ 的子集 $[a,b]$ 的长度是 $b - a$; 薄集的 "长度为 0". 如果在 $b \neq a$ 时 $[a,b]$ 是薄集, 那么我们的理论就自相矛盾了. 我们来证明这一点是不可能发生的. 与此同时, 我们来给出一个不是薄集的集合的例子 (我们之前都在证明这样或那样的集合是薄集). 如果薄集在这里的角色和第 19 节中的可数集类似, 那么区间就相当于连续统的角色. 定理 42 说明连续统是不可数的, 下面的定理也说明类似的问题.

定理 47 区间不是薄集.

设有区间 $I = [a,b]$. 假设它是薄集, 那么对任意 $\varepsilon > 0$, 它都有一个覆盖, 覆盖中的这些区间的长度之和不超过 ε. 设覆盖为

$$I \subset I_1 \cup I_2 \cup \cdots,$$

其中 I_k 的长度为 α_k, 则 $\alpha_1 + \alpha_2 + \cdots$ 不会超过 ε. 下面我们会看到, 处理 (a_k, b_k) (即将 $[a_k, b_k]$ 的左右端点去掉, 称作开区间) 这种形式的区间更方便. 和之前一样, 约定在 $c < d$ 时区间 $J = (c, d)$ 的长度等于 $d - c$. 我们来证明在给定的假设下, 区间 I 有一个由开区间构成的覆盖, 这些区间的长度之和可以任意小. 对任意正数 η, 区间 $I_k = [a_k, b_k]$ 包含于开区间 $J_k = (a_k - \eta/2^{k+1}, b_k + \eta/2^{k+1})$ 之中. I_k 与 J_k 的长度相差 $\eta/2^k$, 因此所有 J_k 的长度之和不超过

$$\left(\alpha_1 + \frac{\eta}{2}\right) + \left(\alpha_2 + \frac{\eta}{4}\right) + \cdots + \left(\alpha_n + \frac{\eta}{2^n}\right) + \cdots \leqslant \varepsilon + \eta.$$

另一方面, 因为 $I_k \subset J_k$, 所以有

$$I \subset I_1 \cup I_2 \cup \cdots \subset J_1 \cup J_2 \cup \cdots, \tag{6.8}$$

即 $J_1, J_2, \cdots$ 是区间 I 的一个覆盖. 因为 ε 和 η 可以任意小, 所以区间 J_k 可以作适当改变以使得长度之和任意小.

先对一个简单情形 —— (6.8) 中的区间数目是有限的 —— 来证明定理是成立的. 令 $l(I)$ 和 $l(J)$ 分别表示 $I = [a, b]$ 和 $J = (a, b)$ 的长度, 设 (6.8) 中的区间数目有限, 记为 n. 我们来证明 $l(I) \leqslant l(J_1) + \cdots + l(J_n)$ 永远成立. 在此基础上, 若取 $\varepsilon < l(I)$, 则不可能有覆盖满足 $l(J_1) + \cdots + l(J_n) < \varepsilon$.

对所有区间 J_k 进行重排, 使得 $b \in J_n$, 即有 $a_n < b < b_n$ (提醒一下: $I = [a, b]$, $J_n = (a_n, b_n)$). 下面分两种情况讨论.

(1) 当 $k < n$ 时 J_k 不与 J_n 相交. 这说明, 若 $J_k = (a_k, b_k)$, 则此时必有 $b_k < a_n$ 或 $a_k > b_n$. 无论是哪种情况, a_n 都不属于 J_k. 与此同时, 因为 J_n 是开区间, a_n 也不属于 J_n. 但是 $I \subset \bigcup J_k$, 所以 a_n 不属于 I, 即有 $a_n < a$ 或 $a_n > b$. 因为之前假定了 $a_n < b < b_n$, 所以 $a_n < a$. 由此可知 $l(J_n) = b_n - a_n > b - a = l(I)$, 此时当然有 $l(I) \leqslant l(J_1) + \cdots + l(J_n)$.

(2) 区间 J_n 可以和其他区间相交. 不妨设 J_{n-1} 和 J_n 相交, 则 $J_{n-1} \cup J_n$ 是开区间 (自行验证), 不妨记为 J'_{n-1}. 由此可将 (6.8) 重新写作

$$I \subset J_1 \cup J_2 \cup \cdots \cup J_{n-2} \cup J'_{n-1}.$$

对 n 作归纳 ($n = 1$ 的情形是显然成立的), 并假定下式成立

$$l(I) \leqslant l(J_1) + \cdots + l(J_{n-2}) + l(J'_{n-1}),$$

则只需再证明 $l(J'_{n-1}) \leqslant l(J_{n-1}) + l(J_n)$ 即可.

区间 J_{n-1} 和 J_n 相交, 说明存在数 x 同时满足

$$a_{n-1} < x < b_{n-1}, \quad a_n < x < b_n.$$

如果 $J'_{n-1} = J_{n-1} \cup J_n = (c, d)$, 则 c 是 a_{n-1} 与 a_n 中较小的那个数, d 是 b_{n-1} 与 b_n 中较大的那个数, 由此得到

$$l(J'_{n-1}) = d - c = d - x + x - c \leqslant b_n - a_n + b_{n-1} - a_{n-1} = l(J_{n-1}) + l(J_n).$$

至此, 开区间数目有限的情况得到了证明.

现在来考虑开区间数目是无限的情况. 将开区间 J_k 当作实数集的子集, 记 $\overline{J_k}$ 是它的补集, $I'_k = \overline{J_k} \cap I$. 也就是说, I'_k 是区间 I 中那些不属于开区间 J_k 的数构成的集合. 于是 (6.8) 就等价于

$$I'_1 \cap I'_2 \cap I'_3 \cap \cdots = \varnothing. \tag{6.9}$$

(6.9) 不过就是将 "区间 I 中的每个数都属于某个开区间 J_k" 换个说法, 因而当然与 (6.8) 等价.

集合 I'_k 与区间类似, 不过不一定是区间: 它可能是一个区间, 也可能是两个区间的并. 另外, 端点现在被包括在区间之内了. 我们还需要注意区间退化为单点的情形: $[a, a] = a$ (见图 6.6).

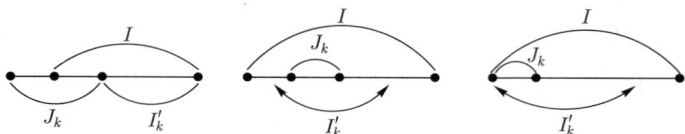

图 6.6

记 $A_n = I'_1 \cap I'_2 \cap \cdots \cap I'_n$. 显然有 $A_n \subset A_{n-1}$. 关系式 (6.9) 意味着

$$A_1 \cap A_2 \cap A_3 \cap \cdots = \varnothing. \tag{6.10}$$

这一情况类似于闭区间套公理. 如果 A_n 是区间, 那么由闭区间套公理可知存在数 x 被包含在所有 A_n 之中. 这一结论与 (6.10) 矛盾, 因而可以证明定理. 然而, A_n 一般来说并非是区间, 而是一个更加复杂的集合. 我们需要处理这个难题.

因为两个区间的交集还是区间 (可能退化为一个点), A_n 必定由不交的区间 (包括退化后的点) 组成. 将这些区间 (或者点) 记作 $A_n^{(1)}, A_2^{(2)}, \cdots, A_n^{(k)}$. 因为 $A_n = A_{n-1} \cap I'_n$, 对于给定的 n, 区间 $A_n^{(i)}$ 的数目是有限的 (见习题 9). 我们将整个区间 I 记作 A_0. 我们以小圆圈代表这些区间 $A_n^{(i)}$, 并按 n 增大的顺序分行放置这些区间 (如图 6.7). 另外如果有 $A_n^{(i)} \subset A_{n+1}^{(j)}$, 我们就把代表这两个区间的圆圈连起来. 如果按某条向下的路径可以由 $A_m^{(i)}$ 到达

$A_n^{(j)}$ $(m < n)$，我们就称圆圈 $A_n^{(j)}$ 接在圆圈 $A_m^{(i)}$ 之后. 这也说明区间 $A_n^{(j)}$ 被包含在区间 $A_m^{(i)}$ 之中. 因为 $A_n \subset A_{n-1}$，每个圆圈 $A_n^{(i)}$ 都必定接在某个圆圈 $A_{n-1}^{(j)}$ 之后. 如果区间 $A_n^{(i)}$ 与集合 I_{n+1}' 的交集为空，那么没有圆圈接在圆圈 $A_n^{(i)}$ 之后.

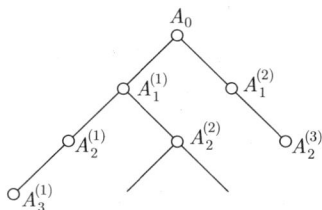

图 6.7

图 6.7 会让我们想起分叉根系. 这些图可以分成两类:

(1) 图中只有有限多个圆圈. 如果圆圈都形如 $A_m^{(i)}$ $(m \leqslant n)$，那么没有圆圈接在圆圈 $A_n^{(i)}$ 之后. 因此 $A_n^{(i)} \cap I_{n+1}' = \varnothing$. 因为 $A_n = I_1' \cap I_2' \cap \cdots \cap I_n'$，且 $A_n = \bigcap A_n^{(i)}$，所以 $I_1' \cap \cdots \cap I_{n+1}' = \varnothing$. 这表明 (6.9) 对区间列 $I_1', \cdots, I_{n+1}'$ 成立，从而 (6.8) 对区间列 $J_1, \cdots, J_{n+1}$ 成立. 这是有限多个区间的情形，我们前面已经处理过了.

(2) 像图 6.7 这样的，其中包含了无限多个圆圈. 如果找到一个路径，连接了无限多个圆圈 (即有 $A_1^{(i)}, A_2^{(j)}, A_3^{(k)}, \cdots$，$A_2^{(j)}$ 接着 $A_1^{(i)}$，$A_3^{(k)}$ 接着 $A_2^{(j)}$，以此类推)，那么我们就得到了一列闭区间套 $A_1^{(i)} \supset A_2^{(j)} \supset A_3^{(k)} \supset \cdots$. 依据闭区间套公理，存在数 x 属于所有这些区间 (此处区间 $A_n^{(i)}$ 含端点是很要紧的).

诸区间 $A_n^{(i)}$ 中有一些很可能会退化为点，即有 $[a_k, b_k]$，其中 $a_k = b_k$. 但对于这种情形，闭区间套公理仍然适用: 如果一列区间中的某一个退化成了点 x，那么所有接着它的区间都必定只包含 x. 因此总是存在数 x 属于所有集合 A_n，这意味着 $x \in A_1 \cap A_2 \cap A_3 \cap \cdots$，它与 (6.10) 矛盾.

我们还需要说明总可以找到一条可以无限往下的路径. 这很简单. 根据假设，此时图中有无限多个圆圈，即接着 A_0 的圆圈有无限多个. 因此必定存在某个 i 使得接着 $A_1^{(i)}$ 的圆圈有无限多个，在接着 $A_1^{(i)}$ 的 $A_2^{(j)}$ 之中必定有一个后面接着无限多个圆圈，以此类推，就得到了无穷序列 $A_0, A_1^{(i)}, A_2^{(j)}, \cdots$. 至

此我们完成了定理 47 的证明. ∎

由定理 44 和定理 47 可知连续统是不可数的, 这就给出了定理 41 的第三个证明.

现在我们终于可以说确实存在一个不是薄集的集合. 比如整个区间就是这样的集合. 但我们所证明的远不止这点, 薄集是如此之 "小" 以至于不可能包含一个区间, 无论这个区间的长度多么小. 因此说薄集 "无限小于" 区间是有道理的. 我们引进一个与此有关的说法: 如果区间中不满足某性质的数构成一个薄集, 那么我们就说某性质对这个区间中几乎所有的数都成立. 比如, 几乎所有的数都是无理数, 几乎所有的数都是超越数 (见第 18 节的例 2、定理 42 和定理 44).

到目前为止, 我们都在讨论薄集的一般性质, 相关的例子却很有限. 特别地, 我们只知道有限集和可数集是薄集. 现在我们给出一个非常有趣的薄集的例子, 它是一个不可数集.

这个集合与区间 $[0,1]$ 中的数的十进制表示有关. 为方便表述, 我们选数码 2 (从 0 到 9 这十个数码任选其一都是可以的), 令 S 是区间中那些十进制表示中不含数码 2 的所有数构成的集合. 我们来说明集合 S 是不可数集, 并且是个薄集. 集合 S 不可数这一点是显然的. 考虑它的一个子集 S', 其中所有元素的十进制表示中只包含两个数码, 当然这两个数码都不是 2, 不妨取 0 和 1. 显然这个集合与数列 $a_1, a_2, a_3, \cdots$ 构成的集合等势, 其中 a_i 要么为 0 要么为 1. 我们知道集合 S' 不是可数集 (见第 19 节习题 6). 因为可数集的子集是可数集或有限集, 因此 S 是不可数的. 容易证明 S 是个连续统 (见本节习题 4).

现在我们来证明 S 是薄集. 将区间 $[0,1]$ 中那些其十进制表示中前 n 位不含数码 2 的数构成的集合记为 S_n. 因此如果数 $x \in S_n$, 则必有

$$x = 0.a_1 a_2 \cdots a_n \cdots , \tag{6.11}$$

其中 $a_1 \neq 2$, $a_2 \neq 2$, $\cdots$, $a_n \neq 2$, 之后的数码可以随便是多少. 易知 $S_n \supset S$. 对每个 n, 我们来构造 S_n 的一个覆盖, 并且随着 n 的增大这些覆盖中的区间长度之和无限接近于 0. 因为 $S_n \supset S$, 所以 S_n 的覆盖同时也是 S 的覆盖, 这

样就说明了 S 是薄集.

任意固定 n 个数码 $a_1, a_2, \cdots, a_n$, 然后问自己: 所有那些十进制表示的前 n 位是这 n 个数码的数构成的集合是什么样的呢? 换句话说, 集合中的数都形如 (6.11): 前面 n 位固定, 后面任意. 设

$$\alpha = 0.a_1 a_2 \cdots a_n 00 \cdots, \qquad \beta = 0.00 \cdots 0 a_{n+1} a_{n+2} \cdots,$$

其中 β 的前 n 位都是 0, 后面的数码与 (6.11) 中的 x 相同. 于是有 $x = \alpha + \beta$. 进一步, β 可以表示所有前 n 位为 0 的小数, 换句话说,

$$\beta = \frac{a_{n+1}}{10^{n+1}} + \cdots = \frac{1}{10^n} \left(\frac{a_{n+1}}{10} + \frac{a_{n+2}}{10^2} + \cdots \right).$$

因为 $a_{n+1}, a_{n+2}, \cdots$ 可以随便取, 因此括号中的表达式可以表示任意的 y ($0 \leqslant y < 1$). 因为 $\beta = y/10^n$, 所以 $\alpha + \beta$ (这代表了我们之前的整个集合) 被包含在区间 $[\alpha, \alpha + 1/10^n]$ 之中. 我们考虑的是前 n 位都被固定的数. 因为 $a_i \neq 2$, 所有数码的集合与 n 个 9 元集 $\{0, 1, 3, 4, 5, 6, 7, 8, 9\}$ 的乘积等势, 所以按照定理 20, α 共有 9^n 种可能. 由此可知集合 S_n 可以被 9^n 个形如 $[\alpha, \alpha + 1/10^n]$ 的区间所覆盖. 每个区间的长度为 $1/10^n$, 所以这些区间之和为 $9^n/10^n = (9/10)^n$. 因为 $9/10 < 1$, 所以依据引理 12 有 $(9/10)^n \to 0 \, (n \to \infty)$. 这就证明了我们的结论.

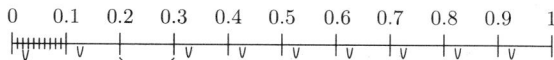

图 6.8

图 6.8 给出了 $n = 1$ 和 2 时集合 S_n 的 9^n 个覆盖. 为了构造 S_1 的覆盖, 只需挖掉区间 $[0.2, 0.3]$ 的内部, 即开区间 $(0.2, 0.3)$ (图中以大弧表示). 因此余下 9 个长度为 $1/10$ 的区间 $[0, 0.1], [0.1, 0.2], [0.3, 0.4], [0.4, 0.5], [0.5, 0.6], [0.6, 0.7], [0.7, 0.8], [0.8, 0.9]$ 和 $[0.9, 1]$. 要构造 S_2 的覆盖, 需要在上述 9 个区间中各挖掉一个长度为 $1/100$ 的区间的内部 (图中以小弧表示). 比如, 我们要从区间 $[0, 0.1]$ 中挖掉 $(0.02, 0.03)$, 从 $[0.1, 0.2]$ 中挖掉 $(0.12, 0.13)$. 由此每个大区间可以分出 9 个较小的长度为 $1/100$ 的区间. 这样就得到了 9^2 个区间, 它们的长度之和为 $9^2/10^2$.

设 r 的取值仅限于从 0 到 9 的整数, S_r 表示区间 $[0,1]$ 中其十进制表示中不含数码 r 的所有数构成的集合. 前面的论证 (我们考虑了 S_2) 告诉我们 S_r 是薄集. 因此根据定理 45, 集合 $S_0 \cup S_1 \cup \cdots \cup S_9$ 也是薄集. 换句话说, 区间 $[0,1]$ 中几乎所有的小数都包含所有的数码. 这个命题只是一个更一般结论的特例.

可以证明, 对于几乎所有的小数, 各数码出现的平均次数都相等. 严格的陈述如下: 对于给定的 $x \in [0,1]$, 我们任取一个数码 r, 数码 r 在 x 的十进制表示的前 n 位中出现的次数记为 k_n. 比如对于 $x = 0.12237152097$, $r = 2$, 则有 $k_1 = 0$, $k_2 = 1$, $k_3 = 2$, $k_4 = 2$, $k_5 = 2$, $k_6 = 2$, $k_7 = 2$, $k_8 = 3$, $k_9 = 3$, $k_{10} = 3$, $k_{11} = 3$. 数字 k_n 依赖于 r 的选择. 如果 x 不变, 此时 $r = 1$, 则有 $k_1 = 1$, $k_2 = 1$, $k_3 = 1$, $k_4 = 1$, $k_5 = 1$, $k_6 = 2$, $k_7 = 2$, $k_8 = 2$, $k_9 = 2$, $k_{10} = 2$ 以及 $k_{11} = 2$. 对所有的 r, 当 n 固定时, 所有 k_n 之和为 n, 因为前 n 位只有 n 个数码. 如果在 x 的前 n 位中各数码 r 出现的次数相等, 那么对所有的 r, 都有 $k_n = n/10$. 换句话说, 我们有 $k_n/n = 1/10$. 我们说所有数码 r 在十进制表示中出现的平均次数相等, 是指极限意义下的相等, 即对任意的数码 r 都有 $k_n/n \to 1/10$ $(n \to \infty)$. 满足这种性质的数被称为正规数. 我们有这样一个非凡的结论, 几乎所有的数都是正规数, 也就是说, 非正规数构成的集合是薄集. 这比我们前面证明的结论要广泛多了. 如果某个数码 r 不出现在十进制表示中, 那么对所有的 n 都有 $k_n = 0$, 因此 $k_n/n \to 0$. 这样的数当然不是正规数.

几乎所有的数都是正规数是一个了不起的结果. 实际上很容易就可以构造出与正规数差别极大的数, 比如可以使得对给定的数码 r 有 $k_n/n \to p$, 其中 p 是介于 0 和 1 之间的任意一个数; 也可以使得对数码 0 有 $k_n/n \to 0$, 对数码 1 有 $k_n/n \to 1$; 还可以使得对给定的数码 r, k_n/n 没有极限 (见习题 6、7 和 8). 这就使得数码在小数中的分布规律显得一团糟, 简单的规律 (数是正规的) 只可能对某些例外的情形成立. 事实上, 规律几乎总是成立, 满足 "一团糟" 的情形的数只能构成一个薄集.

几乎所有的数都是正规数这个定理的证明依赖于本章以及本书其他章节

的想法. 不过它比较复杂, 因此我们将它挪到了补充材料里.

习 题

1. 证明无理数集不可能包含某个区间.

2. 证明无理数集不是薄集.

3. 如果无限和 $a_1 + a_2 + \cdots$ 和 $b_1 + b_2 + \cdots$ 都存在, 证明

$$a_1 + b_1 + a_2 + b_2 + \cdots = (a_1 + a_2 + \cdots) + (b_1 + b_2 + \cdots).$$

(正文中我们只说明了左侧的和式不会超过右侧.)

4. 证明: 区间 $[0, 1]$ 中其十进制表示不含数码 2 的所有数构成的集合是连续统. (提示: 利用第 19 节的习题 6.)

5. 正文中我们证明了, 区间 $[0, 1]$ 中其十进制表示的前 n 位不含数码 2 的所有数构成的集合 S_n 可以被 9^n 个长度为 $1/10^n$ 的区间所覆盖. 请问这些区间中不属于 S_n 的数有哪些?

6. 对满足 $0 \leqslant p \leqslant 1$ 的任意实数 p, 构造实数 x 使得对于数码 2 有 $k_n/n \to p \ (n \to \infty)$.

7. 设非负实数 p 和 q 满足 $p+q \leqslant 1$, 构造实数 x 使得对于数码 2 有 $k_n/n \to p \ (n \to \infty)$, 对于数码 3 有 $k'_n/n \to q \ (n \to \infty)$.

8. 构造实数 x 使得对于数码 2 数列 k_n 不存在极限.

9. 证明图 6.7 中的圆圈 $A_n^{(i)}$ 的数目总不超过 2^n.

补充: 正规数

我们考虑区间 $[0, 1]$ 中的实数 x, 它的十进制表示为

$$x = 0.a_1 a_2 \cdots a_n \cdots . \tag{6.12}$$

回忆一下正规数的定义: 对于从 0 到 9 的任意整数 r, 它们在 x 的十进制表示中出现的次数 "均等". 确切的说法如下. 对数字 r, 记它在 x 的小数表示前 n 位中出现的次数为 k_n, 考虑极限

$$\frac{k_n}{n} \to \frac{1}{10} \quad (n \to \infty). \tag{6.13}$$

若对 $r = 0, 1, \cdots, 9$ 都有 (6.13) 式成立, 则数 x 就是正规数. 需要指出的是, 每个 r 都有自己的 k_n 序列. 给定 r, 将满足 (6.13) 的实数构成的集合记作 N_r, 那么

$$N = N_0 \cap N_1 \cap \cdots \cap N_9 \tag{6.14}$$

就是所有正规数的集合.

这篇补充材料就是要证明下述命题.

定理 48 区间 $[0, 1]$ 中的非正规数构成的集合是薄集.

首先来分析一下我们到底需要证明什么. 因为 N 是 $[0, 1]$ 的子集, 所以它的补集 $\overline{N}$ 就是所有非正规数的集合. 由 (6.14) 可得

$$\overline{N} = \overline{N_0} \cup \overline{N_1} \cup \cdots \cup \overline{N_9}.$$

因为有限多个薄集的并还是薄集, 所以只要证明每个 $\overline{N_r}$ $(r = 0, 1, \cdots, 9)$ 都是薄集即可. 在下文中我们固定 r, 假定对于 r 已经得到了序列 k_n (也就是说它能告诉我们 r 在小数表示的前 n 位出现的次数).

令 U 表示区间 $[0, 1]$ 中所有不满足 (6.13) 的实数的集合 (r 当然是固定的). 复习一下 (6.13) 式的意思: 对任意 $\varepsilon > 0$, 存在 $n(\varepsilon)$ (表示这个数的选择依赖于 ε) 使得当 $n > n(\varepsilon)$ 时有

$$\left| \frac{k_n}{n} - \frac{1}{10} \right| < \varepsilon.$$

如果 x 不满足这个性质, 那么就意味着存在一个 $\varepsilon > 0$, 对于无论限定什么样的范围总会存在某个 n 使得不等式

$$\left| \frac{k_n}{n} - \frac{1}{10} \right| < \varepsilon$$

不成立. 也就是说, 对于数 x, 存在无限多个 n 使得

$$\left| \frac{k_n}{n} - \frac{1}{10} \right| \geqslant \varepsilon \tag{6.15}$$

成立. 给定 ε, 记 $U(\varepsilon)$ 为所有这样的数组成的集合. 因此对每个 $x \in U$, 都存在 ε 使得 $x \in U(\varepsilon)$. 换句话说, U 是所有 $U(\varepsilon)$ 的并集. 我们可以对这个说法

做些简化. 按定义可知, 如果 $\varepsilon_1 < \varepsilon_2$, 则必有 $U(\varepsilon_1) \supset U(\varepsilon_2)$. 因此若取足够大的 m 使得 $\varepsilon > 1/m$, 则有 $U(\varepsilon)$ 被包含在 $U(1/m)$ 之中. 因此所有 $U(\varepsilon)$ 之并与所有 $U(1/m)$ 的并集 $\bigcup_{m \geqslant 1} U(1/m)$ 相等. 我们也可以用任意一个趋近于 0 的数列 ε_m 来代替数列 $1/m$. 关键之处在于 U 是可数多个集合 $U(\varepsilon_m)$ 之并: $U = \bigcup_{m \geqslant 1} U(\varepsilon_m)$. 因为可数多个薄集之并还是薄集, 所以只需证明每个 $U(\varepsilon_m)$ 都是薄集即可. 下面就来证明对每个 $\varepsilon > 0$, 集合 $U(\varepsilon)$ 都是薄集.

给定 n 和 ε, 记所有满足 (6.15) 的数构成的集合为 $V(n, \varepsilon)$. 于是 $x \in U(\varepsilon)$ 就意味着存在 n_i 使得 $x \in V(n_i, \varepsilon)$, 其中 $n_1 < n_2 < \cdots$ 是一些自然数构成的无穷数列. 这就是说, 无论取多大的自然数 N, 总有某个 $n > N$ 使得 $x \in V(n, \varepsilon)$.

令

$$U_N(\varepsilon) = V(N, \varepsilon) \cup V(N+1, \varepsilon) \cup V(N+2, \varepsilon) \cup \cdots,$$

也可以简写作

$$U_N(\varepsilon) = \bigcup_{n \geqslant N} V(n, \varepsilon). \tag{6.16}$$

因此如果 x 不是正规数, 那么有 $x \in U_N(\varepsilon)$, 这说明对所有的 N 都有

$$U(\varepsilon) \subset U_N(\varepsilon). \tag{6.17}$$

我们将证明对足够大的 N, 集合 $U_N(\varepsilon)$ 可以被一列区间覆盖, 它们的长度之和可以任意小. 结合 (6.17), 就可以证明集合 $U(\varepsilon)$ 是一个薄集.

以上是对定理的陈述进行的纯逻辑的解析. 我们必须看看哪些数确实在我们的集合里面. 集合 $V(n, \varepsilon)$ 是整个问题的关键. 细致的分析将告诉我们, 每个这样的集合都是有限多个区间的并集, 和第 20 节分析的缺失了某个数码的问题类似.

先考虑小数的前 n 位固定的情形, 即

$$x = 0.a_1 a_2 \cdots a_n c_{n+1} c_{n+2} \cdots,$$

其中 $a_1, \cdots, a_n$ 固定, c_i $(i \geqslant n+1)$ 可以取从 0 到 9 这些整数中的任意一个. 记 $\alpha = 0.a_1 a_2 \cdots a_n$, $\gamma = 0.00 \cdots 0 c_{n+1} c_{n+2} \cdots$ (前 n 位都是 0), 则有

$x = \alpha + \gamma$, 其中 α 固定, γ 可取遍所有形如 $c_{n+1}/10^{n+1} + c_{n+2}/10^{n+2} + \cdots$ 的数. 换句话说, $\gamma = \beta/10^n$, 其中 $\beta = 0.c_{n+1}c_{n+2}\cdots$, 即 β 可以表示区间 $[0,1]$ 中去掉 1 之外的所有数. 此时有 $x = \alpha + \beta/10^n$, 其中 α 固定, β 为区间 $[0,1]$ 中去掉 1 之外的所有数. 显然这样的数被包含在区间 $[\alpha, \alpha + 1/10^n]$ 之中. 因此 $V(n,\varepsilon)$ 可以分成若干长度为 $1/10^n$ 的区间, 区间数目等于数列 $a_1, a_2, \cdots, a_n$ 的个数, 这些数列需要满足固定的 r 在其中出现 k 次, 而这个 k 要满足不等式

$$\left| \frac{k}{n} - \frac{1}{10} \right| \geqslant \varepsilon. \tag{6.18}$$

我们现在需要计算出满足 r 在其中出现 k 次的数列的数目. 如果 r 出现在 k 个固定的位置, 其余数码出现在另外的 $n-k$ 个位置上, 这就有 9^{n-k} 种可能 (利用第三章的定理 20). 另外, 有 C_n^k 种方法从 n 个位置中选出 k 个数码 r, 这里的 C_n^k 是二项式系数, 也是 n 元集的 k 元子集的数目 (见定理 22). 因此我们考虑的数列的总数是

$$C_n^k 9^{n-k}.$$

考虑所有满足不等式 (6.18) 的 k,

$$\text{记 } T_n(\varepsilon) \text{ 为所有 } C_n^k 9^{n-k} \text{ 之和}, \tag{6.19}$$

这就是要求的数列 $a_1, \cdots, a_n$ 的总数.

令人惊讶的是, 在第三章的补充材料中, 关于伯努利概型的切比雪夫定理中出现了几乎一模一样的和式. 为了看出其中的关联, 我们将 $T_n(\varepsilon)$ 除以 10^n. 因此有 $T_n(\varepsilon)/10^n$ 等于所有 $C_n^k(1/10)^k(9/10)^{n-k}$ 之和 (k 满足 (6.18)). 设 $p = 1/10$, $q = 9/10$, 我们就得到了第三章补充材料中考虑的和式 S_ε.

为什么两个看上去完全不同的问题会得出一模一样的表达式, 我们可以对此做更深入的理解. 也就是说, 数列 $a_1, a_2, \cdots, a_n$ 可以看作一个伯努利概型 I^n, 其中概型 I 由两个事件组成: "数码为 r" 和 "数码不为 r", 两者的概率分别为 $1/10$ 和 $9/10$. 但对于这一联系我们不再剖析了, 因为第三章补充材料中的结果不能用. 相比于那里的定理, 我们需要一个更精细的不等式. 我们现

在就来证明这一点. 相关概念及说明与第三章那里一致, 概率 p 为介于 0 和 1 之间的任意数. 然后将其应用于 $p = 1/10$ 的情形, 不过有一般结论可用是有好处的.

增强版切比雪夫不等式 将 $C_n^k p^k q^{n-k}$ 对满足 $0 \leqslant k \leqslant n$ 以及不等式 (6.18) 的所有 k 求和, 得到的和 S_ε 不超过 $1/(4\varepsilon^4 n^2)$.

这个不等式的证明后面再说, 这里先借此来证明定理. 前面已知集合 $V(n, \varepsilon)$ 被包含在 $T_n(\varepsilon)$ 个长度为 $1/10^n$ 的区间之并中. 另外, 因为 $T_n(\varepsilon)/10^n = S_\varepsilon$, 所以 $T_n(\varepsilon) = 10^n S_\varepsilon$. 因为每个区间的长度都是 $1/10^n$, 所以这些区间长度之和正好是 S_ε. 根据增强版切比雪夫不等式, $S_\varepsilon \leqslant 1/(4\varepsilon^4 n^2)$. 因此集合 $V(n, \varepsilon)$ 是有限个区间之并, 且这些区间长度之和不超过 $1/(4\varepsilon^4 n^2)$.

根据 (6.16) 式, $U_N(\varepsilon)$ 是所有 $V(n, \varepsilon)$ 之并, 其中 $n \geqslant N$. 这表明集合 $U_N(\varepsilon)$ 被包含于若干区间的并集之中, 所有这些区间的长度之和不超过

$$\frac{1}{4\varepsilon^4} \left(\frac{1}{N^2} + \frac{1}{(N+1)^2} + \cdots \right). \tag{6.20}$$

我们在第 15 节遇到过这样的和式 (见引理 13). 因为对任意的自然数 n, 和式 $1/1^2 + 1/2^2 + \cdots + 1/n^2$ 都有界, 所以当 N 足够大时, 和式

$$\frac{1}{N^2} + \frac{1}{(N+1)^2} + \cdots$$

将小于任意给定的正实数. 即可以取 N 使得和式 (6.20) 小于给定的任意数 $\delta > 0$. 这表明, 对足够大的 N, 集合 $U_N(\varepsilon)$ 可以被可数个区间覆盖, 且这些区间之和小于 δ. 回忆一下 (6.17), 集合 $U(\varepsilon)$ 包含于任意 $U_N(\varepsilon)$ 之中, 因此对任意的数 $\delta > 0$, 集合 $U(\varepsilon)$ 都能被可数个区间所覆盖, 且这些区间之和小于 δ. 换句话说, $U(\varepsilon)$ 是薄集. 根据证明之初的说明, 这就完成了整个定理的证明.

现在只需证明增强版切比雪夫不等式即可. 如果读者已经解决了第三章补充材料的习题 5, 那么这个证明就没什么可说的了, 毕竟那个习题就要求证明增强版切比雪夫不等式. 考虑到没能解决那个习题的读者, 我们将证明写在这里. 虽然将会出现一些比较长的公式, 但基本的想法与第三章补充材料中切比雪夫定理的证明仍是相同的, 只是去括号与合并同类项罢了.

考虑所有 $C_n^k p^k q^{n-k}$ 的和 S_ε, 其中 k 满足 $0 \leqslant k \leqslant n$ 以及 $|k/n - p| \geqslant \varepsilon$. 与证明切比雪夫不等式时一样, 我们将和式中的每一项乘以 $\left((k-np)/(n\varepsilon)\right)^4$. 因为只对满足 $|k/n - p| \geqslant \varepsilon$ 的 k 求和, 即有 $|(k-np)/(n\varepsilon)| \geqslant 1$, 所以新的和式不会小于原来的和式. 下面对 $k = 0, 1, \cdots, n$ 考虑所有的

$$\left(\frac{k-np}{n\varepsilon}\right)^4 C_n^k p^k q^{n-k}$$

之和. 我们将新的和式记作 $\overline{\overline{S_\varepsilon}}$, 于是有 $S_\varepsilon \leqslant \overline{\overline{S_\varepsilon}}$. 我们来说明 $\overline{\overline{S_\varepsilon}}$ 可以明确计算出来, 由此可以证明不等式.

将 $\overline{\overline{S_\varepsilon}}$ 中的公因式 $1/(n^4\varepsilon^4)$ 提出来, 即有 $\overline{\overline{S_\varepsilon}} = (1/(n^4\varepsilon^4))P$, 其中 P 是所有 $(k-np)^4 C_n^k p^k q^{n-k} (k = 0, 1, \cdots, n)$ 之和. 利用二项式公式来展开 $(k-np)^4$:

$$(k-np)^4 = k^4 - 4k^3 np + 6k^2 n^2 p^2 - 4kn^3 p^3 + n^4 p^4.$$

于是有

$$P = \sigma_4 - 4np\sigma_3 + 6n^2 p^2 \sigma_2 - 4n^3 p^3 \sigma_1 + n^4 p^4 \sigma_0, \tag{6.21}$$

其中 σ_r 是所有 $k^r C_n^k p^k q^{n-k}$ $(k = 0, 1, \cdots, n)$ 之和. 与证明切比雪夫不等式时一样, 我们需要计算出 $\sigma_0, \sigma_1, \sigma_2, \sigma_3$ 和 σ_4.

引理 15 符号 σ_r 定义同上, 则有

$$\sigma_0 = 1,$$
$$\sigma_1 = np,$$
$$\sigma_2 = n^2 p^2 + npq,$$
$$\sigma_3 = n^3 p^3 + 3n^2 p^2 q - npq(2p - 1),$$
$$\sigma_4 = n^4 p^4 + 6n^3 p^3 q - n^2 p^2 q(11p - 7) + npq(1 - 6pq).$$

证明就是不断重复第三章补充材料中引理 7 中的技巧. 即我们需要将和式 σ_r 写作 $q^n f_r(p/q)$ 的形式 (见 (3.43) 式), 其中 $f_r(t)$ 是所有 $k^r C_n^k t^k$ 之和. 因此找出多项式 $f(t)$ 是关键. 利用

$$f_0(t) = (1+t)^n, \quad f_{r+1}(t) = f_r'(t)t \tag{6.22}$$

(见 (3.44)、(3.45) 式) 可以将多项式相继求出来. 其实我们在第三章已经把 $f_0(t)$、$f_1(t)$ 和 $f_2(t)$ 求出来了 (见 (3.47)、(3.49) 式), 即

$$f_0(t) = (1+t)^n,$$

$$f_1(t) = n(1+t)^{n-1}t,$$

$$f_2(t) = n(n-1)(1+t)^{n-2}t^2 + n(1+t)^{n-1}t.$$

现在我们利用 $f_2(t)$ 和 (6.22) 式来求多项式 $f_3(t)$. 将 $f_2(t)$ 写作 $g(t) + h(t)$, 其中 $g(t) = n(n-1)(1+t)^{n-2}t^2$, $h(t) = n(1+t)^{n-1}t$. 应用第 5 节中的求导法则, 可得

$$f_2' = g'(t) + h'(t). \tag{6.23}$$

再根据 (2.18) 来计算 $g'(t)$ 和 $h'(t)$:

$$g'(t) = n(n-1)(n-2)(1+t)^{n-3}t^2 + 2n(n-1)(1+t)^{n-2}t,$$

$$h'(t) = n(n-1)(1+t)^{n-2}t + n(1+t)^{n-1}.$$

做相应替换之后, 可得

$$f_3(t) = n(n-1)(n-2)(1+t)^{n-3}t^3 + 3n(n-1)(1+t)^{n-2}t^2 + n(1+t)^{n-1}t. \tag{6.24}$$

现在再来计算 $f_4(t)$. 和之前一样, 设 $f_3(t) = u(t) + v(t) + w(t)$, 其中

$$u(t) = n(n-1)(n-2)(1+t)^{n-3}t^3,$$

$$v(t) = 3n(n-1)(1+t)^{n-2}t^2,$$

$$w(t) = n(1+t)^{n-1}t.$$

因此

$$f_3'(t) = u'(t) + v'(t) + w'(t). \tag{6.25}$$

继续应用 (2.18) 来计算这三个多项式的导数:

$$u'(t) = n(n-1)(n-2)(n-3)(1+t)^{n-4}t^3 + 3n(n-1)(n-2)(1+t)^{n-3}t^2,$$

$$v'(t) = 3n(n-1)(n-2)(1+t)^{n-3}t^2 + 6n(n-1)(1+t)^{n-2}t,$$

$$w'(t) = n(n-1)(1+t)^{n-2}t + n(1+t)^{n-1}.$$

做相应的替换之后, 即可得

$$
\begin{aligned}
f_4(t) = {}& n(n-1)(n-2)(n-3)(1+t)^{n-4}t^4 \\
& + 6n(n-1)(n-2)(1+t)^{n-3}t^3 \\
& + 7n(n-1)(1+t)^{n-2}t^2 + n(1+t)^{n-1}t. \quad (6.26)
\end{aligned}
$$

在 (6.24)、(6.26) 中令 $t = p/q$. 因为 $p+q=1$, 所以 $1+p/q = (p+q)/q = 1/q$. 根据关系式 $\sigma_r = q^n f_r(p/q)$ 可得

$$
\sigma_3 = n(n-1)(n-2)p^3 + 3n(n-1)p^2 + np.
$$

因为 $n(n-1)(n-2) = n^3 - 3n^2 + 2n$ 以及 $n(n-1) = n^2 - n$, 对上式进行合并同类项, 然后将其按 n 的幂展开:

$$
\sigma_3 = n^3 p^3 + 3n^2 p^2(1-p) + n(2p^3 - 3p^2 + p).
$$

因为 $2p^3 - 3p^2 + p = p(p-1)(2p-1)$, 由此即得引理中 σ_3 的表达式.

由 (6.26) 式可得

$$
\sigma_4 = n(n-1)(n-2)(n-3)p^4 + 6n(n-1)(n-2)p^3 + 7n(n-1)p^2 + np.
$$

因为

$$
(n-1)(n-2)(n-3) = n^3 - 6n^2 + 11n - 6,
$$

所以

$$
\sigma_4 = n^4 p^4 + (-6p^4 + 6p^3)n^2 + (11p^4 - 18p^3 + 7p^2)n + (-6p^4 + 12p^3 - 7p^2 + p)n.
$$

再因为

$$
\begin{aligned}
& -6p^4 + 6p^3 = 6p^3(1-p) = 6p^3 q, \\
& 11p^4 - 18p^3 + 7p^2 = -p^2(1-p)(11p-7) = -p^2 q(11p-7), \\
& -6p^4 + 12p^3 - 7p^2 + p = p(1-p)(6p^2 - 6p + 1) = pq(1-6pq),
\end{aligned}
$$

作替换之后就能得到引理中 σ_4 的表达式. 至此引理 15 就得到了证明. ■

为了证明增强版切比雪夫不等式, 只需将引理 15 中 σ_r 的表达式代入 (6.21) 式, 然后合并同类项即可. 我们按 n 的幂次来考虑对应项的系数:

$$n^4: \quad p^4 - 4p^4 + 6p^4 - 4p^4 + p^4 = 0,$$

$$n^3: \quad 6p^3q - 12p^3q + 6p^3q = 0,$$

$$n^2: \quad -p^2q(11p - 7) + 4p^2q(2p - 1) = p^2q(-11p + 7 + 8p - 4) = 3p^2q^2,$$

$$n: \quad pq(1 - 6pq).$$

因此就得到

$$P = 3p^2q^2n^2 + pq(1 - 6pq)n.$$

因为 $\overline{\overline{S_\varepsilon}} = P/(n^4\varepsilon^4)$, 所以

$$\overline{\overline{S_\varepsilon}} = \frac{1}{n^4\varepsilon^4}\big(3p^2q^2n^2 + pq(1 - 6pq)n\big).$$

因为 $S_\varepsilon \leqslant \overline{\overline{S_\varepsilon}}$, 所以

$$S_\varepsilon \leqslant \frac{1}{n^4\varepsilon^4}\big(3p^2q^2n^2 + pq(1 - 6pq)n\big). \tag{6.27}$$

在第三章的补充材料部分, 我们注意到 $pq \leqslant 1/4$, 所以对于上式括号中的部分, 我们有

$$\begin{aligned}
3p^2q^2n^2 + pq(1 - 6pq)n &= pq\big(1 + 3(n - 2)pq\big)n \\
&\leqslant \frac{1}{4}\Big(1 + \frac{3(n - 2)}{4}\Big)n \\
&\leqslant \frac{1}{4}n^2.
\end{aligned}$$

结合 (6.27) 式, 即有 $S_\varepsilon \leqslant 1/(4n^2\varepsilon^4)$. ∎

如前所述, 增强版切比雪夫不等式得到证明后, 定理 48 也就被证明了. ∎

注记 1 在增强版切比雪夫不等式中, 我们将原来的分母 $\varepsilon^2 n$ 换为了 $(\varepsilon^2 n)^2$. 两者的证明过程几乎完全一样, 唯一的区别在于原来需要乘以的因式 $((k - np)/(\varepsilon n))^2$ 变成了 $((k - np)/(\varepsilon n))^4$. 此时很自然地出现了一个问题: 我们能不能将这个因式换为 $((k - np)/(\varepsilon n))^{2m}$ (m 是任意自然数)? 这确实是

可行的. 对每个具体情形 (比如 $m = 3$), 前面的证明一样, 所有的变换都可以相应地进行. 但 m 变大时, 变换会更加复杂. 比如, 我们此时需要计算 $2m + 1$ 个和式 $\sigma_0, \sigma_1, \cdots, \sigma_{2m}$. 对任意的 m, 我们需要更精细的论证. 最终, 我们得到的不等式的分母包含了 $(\varepsilon^2 n)^m$. 我们这里不需要对切比雪夫不等式做如此精细的改进, 因此只考虑了 $m = 2$ 的情形.

注记 2   显然, 我们的命题并不局限于十进制表示, 对任意进制下的数都是适用的. 比如考虑 g 进制, 数码 r 在数 x 的 g 进制表示的前 n 位出现了 k_n 次, 如果对任意的 r 都有 $k_n/n \to 1/g$ $(n \to \infty)$, 我们就称数 x 是正规数. 在考虑非正规数时, 我们得到所有 $C_n^k (1/g)^k (1 - 1/g)^{n-k}$ 的和式, 其中 k 满足 $|k/n - 1/g| \geqslant \varepsilon$. 记 $p = 1/g, q = 1 - 1/g$, 则此和式与前面考虑的没有任何区别. 因此考虑不同进制的情形时我们的证明仍然适用.

在 $g = 100$ 时我们会看到一个有趣的结论. 100 进制中的 "数码" 就是十进制中任意两个数码的组合. 将这样的组合数码 (比如 13 或 27) 在 x 的十进制表示前 $2n$ 位中出现的次数记为 k_n, 则不满足 $k_n/n \to 1/100$ 的 x 构成一个薄集. 换句话说, 对几乎所有的数, 任意的两位数码组合出现的 "频率" 都相同 $(1/100)$. 设 $g = 10^l$ (l 是任意自然数), 那么任意 l 位数码的序列在几乎所有的数 x 的十进制表示中有着相同的出现 "频率" $1/10^l$.

注记 3   我们前面证明了几乎所有的数都是正规数. 但判断某个具体的数是不是正规数, 就变得极端困难了. 显然, 数字 $0.0123456789\cdots$ 就是个正规数, 其中数码 $0, 1, \cdots, 9$ 不断重复 (习题 1). 将自然数按顺序排在小数点后得到的数 $0.123\cdots9101112\cdots$ 是一个正规数, 这个结论的证明已经很复杂了. 数学家直到 20 世纪 30 年代才证明了这个结论. 直到现在, $\sqrt{2}$ 或 π 是不是正规数都没人知道, 甚至都没人知道如何着手解决这个问题. (对于大于 1 的数, 如果它的小数部分是正规数, 那么就说这个数是正规数.)

习 题

1. 考虑 $x = 0.0123456789\cdots$, 其中数码 $0, 1, \cdots, 9$ 不断重复. 对任意数码 $r = 0, 1, \cdots, 9$ 求出相应的 k_n, 然后证明 x 是正规数.

2. 证明对任意有理数 x, 对任意给定的数码 $r = 0, 1, \cdots, 9, k_n/n$ 都有确定的极限. (提示: 第 16 节习题 3 表明, 有理数在十进制下的小数表示是循环小数.)

3. 如果一个循环小数是正规数, 那么它的循环节应该满足什么条件?

第七章 幂级数

|21 作为生成函数的多项式

之前我们不止一次遇到过这样的情形, 利用多项式 $f(x) = a_0 + a_1 x + \cdots + a_n x^n$ 可以很方便地表达出有限数列 $a_0, a_1, \cdots, a_n$ 的相关性质. 此时我们就把多项式 $f(x)$ 称为数列 $a_0, a_1, \cdots, a_n$ 的生成函数. 第三章我们考虑过一个让人印象深刻的例子: 给定有限集 S, a_k 是其 k 元子集的数目. 如果引进生成函数 $f_S(x) = a_0 + a_1 x + \cdots + a_n x^n$, 那么当计算与集合 $S_1 + S_2$ 相应的 a_k 时, 我们有特别简单的公式 $f_{S_1+S_2}(x) = f_{S_1}(x) f_{S_2}(x)$ (见 (3.8) 式).

同样地, 生成函数 $(1+x)^n$ 也可以为研究二项式系数 $C_n^k \ (k = 0, 1, \cdots, n)$ 的性质提供便利. 许多关于二项式系数的等式都可以由此很容易地得到 (见 (2.26) 式及第 6 节的习题).

我们再介绍几个类似的例子. 第一个例子与自然数的某些性质有关. 我们来考虑将自然数 n 表示为若干个自然数之和的问题: $n = a_0 + a_1 + \cdots + a_k$, 我们称这样的一个表示法为自然数的一个分拆. 如果两个分拆中出现的项都相同, 仅仅是在和式中的顺序不同, 那么就认为这两个分拆是相同的. 比如对于自然数 6, 如下几个表示

$$4 + 1 + 1 = 1 + 4 + 1 = 1 + 1 + 4$$

代表的是同一个分拆.

对 n 的分拆做如下限制: 拆出来的项数不超过 k, 每一项不超过 l, 满足这种限制的分拆的数目记为 $P_{k,l}(n)$. 现在我们来研究相应的生成函数. 按定义 $P_{0,0}(0) = 1$. 注意到如果 n 存在一个满足限制的分拆, 则有 $n \leqslant kl$. 将所有

的 $P_{k,l}(n)x^n$ $(n = 0, 1, 2, \cdots)$ 合起来, 再结合 $n \leqslant kl$, 就得到了一个多项式, 将其记作 $g_{k,l}(x)$:

$$g_{k,l}(x) = P_{k,l}(0) + P_{k,l}(1)x + \cdots + P_{k,l}(kl)x^{kl}. \tag{7.1}$$

显然有 $g_{0,l}(x) = 1$ 和 $g_{k,0}(x) = 1$. 我们给出两个关系式, 它们将多项式 $g_{k,l}(x)$ 与更低次的多项式联系了起来. 考虑差值 $P_{k,l}(n) - P_{k,l-1}(n)$. 前一项表示满足

$$n = a_1 + \cdots + a_j, \quad j \leqslant k, \quad a_i \leqslant l$$

的分拆的数目, 后一项表示满足

$$n = a_1 + \cdots + a_j, \quad j \leqslant k, \quad a_i \leqslant l - 1$$

的分拆的数目. 因此两者的差值表示满足

$$n = a_1 + \cdots + a_j, \quad j \leqslant k, \quad a_i \leqslant l$$

以及 "$a_1, \cdots, a_j$ 中至少有一个等于 l" 的分拆的数目. 不妨设 $a_1 = l$, 则有 $n - l = a_2 + \cdots + a_j$, 现在分拆出的项数将不超过 $k - 1$, 其中每一项仍不超过 l. 这样我们就在数 n 的 $P_{k,l}(n) - P_{k,l-1}(n)$ 个分拆与数 $n - l$ 的 $P_{k-1,l}(n-l)$ 个分拆之间建立了一一对应. 即有

$$P_{k,l}(n) - P_{k,l-1}(n) = P_{k-1,l}(n-l). \tag{7.2}$$

按照定义, 数 $P_{k-1,l}(n-l)$ 等于多项式 $g_{k-1,l}(x)$ 中 x^{n-l} 的系数, 因此等于多项式 $g_{k-1,l}(x)x^l$ 中 x^n 的系数. (7.2) 式给出了多项式 $g_{k,l} - g_{k,l-1}$ 和 $g_{k-1,l}(x)x^l$ 中 x^n 这一项的系数之间的一个等式. 因为等式对任意的 n 都成立, 故有

$$g_{k,l}(x) = g_{k,l-1}(x) + g_{k-1,l}(x)x^l. \tag{7.3}$$

第二个关系式也可以类似求得. 考虑差值 $P_{k,l}(n) - P_{k-1,l}(n)$. 前一项计数的是项数不超过 k、每一项不超过 l 的分拆; 后一项计数的是项数不超过 $k-1$、每一项不超过 l 的分拆. 这说明两者的差值正好是如下分拆的数目:

$$n = a_1 + \cdots + a_k, \quad a_i \leqslant l.$$

将这个分拆中的每一项都减去 1 (如果原项为 1, 则消去这一项), 可得如下
分拆:

$$n - k = b_1 + \cdots + b_j, \quad j \leqslant k, \quad b_i \leqslant l - 1.$$

因此 $P_{k,l}(n) - P_{k-1,l}(n)$ 就等于上述分拆的数目. 换句话说, 我们得到了

$$P_{k,l}(n) - P_{k-1,l}(n) = P_{k,l-1}(n - k).$$

仿照之前的推理, 可得

$$g_{k,l}(x) = g_{k-1,l}(x) + g_{k,l-1}(x)x^k. \tag{7.4}$$

我们可以通过 (7.3) 和 (7.4) 来具体算出多项式 $g_{k,l}(x)$. 由这两式可得

$$g_{k,l-1}(x) + g_{k-1,l}(x)x^l = g_{k-1,l}(x) + g_{k,l-1}(x)x^k,$$

化简得

$$g_{k,l-1}(x)(1 - x^k) = g_{k-1,l}(x)(1 - x^l).$$

即有

$$g_{k,l-1}(x) = g_{k-1,l}(x)\frac{1 - x^l}{1 - x^k}.$$

用 $l + 1$ 替换 l, 得

$$g_{k,l}(x) = g_{k-1,l+1}(x)\frac{1 - x^{l+1}}{1 - x^k}. \tag{7.5}$$

对多项式 $g_{k-1,l+1}(x)$ 应用 (7.5) 式, 可得

$$g_{k,l}(x) = g_{k-2,l+2}(x)\frac{1 - x^{l+1}}{1 - x^k}\frac{1 - x^{l+2}}{1 - x^{k-1}}.$$

这个过程可以重复 k 次. 因为 $g_{0,l+k}(x) = 1$, 所以

$$g_{k,l}(x) = \frac{(1 - x^{l+1})(1 - x^{l+2}) \cdots (1 - x^{l+k})}{(1 - x^k)(1 - x^{k-1}) \cdots (1 - x)}. \tag{7.6}$$

如果将 (7.6) 式的分子、分母同时乘以 $(1 - x)(1 - x^2) \cdots (1 - x^l)$, 式子将
显得更加对称. 记 $h_m(x) = (1 - x)(1 - x^2) \cdots (1 - x^m)$, 则 (7.6) 式就变为

$$g_{k,l}(x) = \frac{h_{k+l}(x)}{h_k(x)h_l(x)}. \tag{7.7}$$

这个式子的右侧与二项式系数 C_n^k 有着相似的结构, 其中 $h_k(x)$ 相当于 $k!$. 由 (7.7) 定义的多项式 $g_{k,l}(x)$ 称为高斯多项式. 和二项式系数一样, 有理表达式 $h_{k+l}(x)/(h_k(x)h_l(x))$ 其实是个多项式这一结论不是那么显然的. 但将其与分拆 (即 (7.1) 式) 联系起来之后, 这就很明显了 (也可参见本节的习题 3).

现在来研究高斯多项式的一些类似于二项式系数的性质. 由 (7.7) 可知

$$g_{k,l}(x) = g_{l,k}(x), \tag{7.8}$$

这与 $C_{k+l}^k = C_{k+l}^l$ 类似 (因为多项式 $g_{k,l}(x)$ 相当于二项式系数 C_{k+l}^k). 从 (7.8) 式可以看出 (7.3) 和 (7.4) 是可以互相转换的. 设 $g_{k,l}(x) = g_{l,k}(x)$, 对 $g_{l,k}(x)$ 应用 (7.3), 得到 $g_{l,k}(x) = g_{l,k-1}(x) + g_{l-1,k}(x)x^k$. 再利用 (7.8) 式, $g_{l,k-1} = g_{k-1,l}$, $g_{l-1,k} = g_{k,l-1}$. 替换之后就得到了 (7.4). 这两个式子都与关系式 $C_n^k = C_{n-1}^k + C_{n-1}^{k-1}$ 相似. 通过直接计算 (而不是类比) 可以得到如下关系式

$$g_{k,l}(1) = C_{k+l}^k. \tag{7.9}$$

不能直接将 $x = 1$ 代入 (7.6), 不然会出现分子分母同时为 0 的情况. 我们把分子分母同时除以 $(1-x)^k$, 或者更准确地说, 将分子分母中的每一项都除以 $1-x$. 对任意 m, 多项式 $1-x^m$ 都可以被 $1-x$ 整除, 且 $(1-x^m)/(1-x) = 1 + x + \cdots + x^{m-1}$ (见 (1.12) 式). 由此可知

$$\frac{1-x^m}{1-x}(1) = m,$$

因此有

$$g_{k,l}(1) = \frac{(l+k)\cdots(l+2)(l+1)}{1 \cdot 2 \cdots k}.$$

这就说明了 $g_{k,l}(1) = C_{k+l}^k$.

表达式 $g_{k,l}(x)$ 是一个多项式而不是一个数, 这一事实可以给出高斯多项式的一个重要性质, 这个性质是二项式系数所不能类比的. 我们将证明, 对于任意的 k 和 l, 多项式 $g_{k,l}(x)$ 都是自反多项式. 在第 10 节我们介绍了自反多项式, 它指的是多项式 $f(x) = a_0 + a_1 x + \cdots + a_n x^n$ 满足 $a_k = a_{n-k}$ $(k =$

$0, 1, \cdots, n$). 那里我们还证明了一个 n 次多项式 $f(x)$ 是自反多项式当且仅当 $x^n f(1/x) = f(x)$. 因为 kl 可以拆成 k 个 l 相加, 所以 $P_{k,l}(kl) \geqslant 1$, 因此根据 (7.1) 式可知 $g_{k,l}(x)$ 的次数是 kl. 另外还可以计算出 (7.6) 中分子分母的次数, 将两者相减, 也可以得到同样的结论. 现在只要证明 $x^{kl} g_{k,l}(1/x) = g_{k,l}(x)$ 就可以了. 根据 (7.6) 可以立即得到这个结论. 注意到对任意 m, 都有

$$\left(1 - \frac{1}{x^m}\right) = (-1)x^{-m}(1 - x^m).$$

将这个等式代入到 $g_{k,l}(1/x)$ 中. 因为它的分子和分母都有 k 个因式, 所以 (-1) 这一项可以约去. 将每一项中的 x^{-m} 提出来合并, 最后得到 x^{-N}, 其中 N 是分子次数与分母次数的差. 因此有 $g_{k,l}(1/x) = x^{-N} g_{k,l}(x)$. 注意到计算 N 的操作同样也计算出了 $g_{k,l}(x)$ 的次数, 因此 $N = kl$. 这就表明 $g_{k,l}(1/x) = x^{-kl} g_{k,l}(x)$, 即 $x^{kl} g_{k,l}(1/x) = g_{k,l}(x)$. 因此多项式 $g_{k,l}(x)$ 是自反多项式.

根据 (7.1) 式, 高斯多项式 $g_{k,l}(x)$ 的性质可以给出相应的分拆的性质. 因此 (7.8) 告诉我们

$$P_{k,l}(n) = P_{l,k}(n), \tag{7.10}$$

这就是说, 自然数 n 的满足不超过 k 项且每项不超过 l 的分拆数目, 等于满足不超过 l 项且每项不超过 k 的分拆数目. 多项式 $g_{k,l}(x)$ 的自反性意味着

$$P_{k,l}(n) = P_{k,l}(kl - n). \tag{7.11}$$

关系式 (7.9) 告诉我们, 对于给定的 k 和 l, 有

$$P_{k,l}(0) + P_{k,l}(1) + \cdots + P_{k,l}(kl) = C_{k+l}^k. \tag{7.12}$$

当然, 这些简单的性质不借助生成函数 $g_{k,l}(x)$ 也可以证明 (见习题 4、5 和 6). 不过利用生成函数更容易发现这些性质.

除了自反多项式, 我们在第 10 节还介绍了单峰多项式. 对于自反多项式 $a_0 + a_1 x + \cdots + a_N x^N$ 来说, 单峰性意味着当 $i + 1 \leqslant N/2$ 时有 $a_i \leqslant a_{i+1}$. 结合自反性, 则可知当 $j \geqslant N/2$ 时有 $a_j \geqslant a_{j+1}$. 可以证明高斯多项式满足单峰

性, 这意味着当 $n+1 \leqslant kl/2$ 时有

$$P_{k,l}(n) \leqslant P_{k,l}(n+1).$$

长期以来, 这个结论的证明都基于它与代数的一个与此完全不同的分支之间的联系. 也就是说, 当 $n+1 \leqslant kl/2$ 时差值 $P_{k,l}(n+1) - P_{k,l}(n)$ 正好与某个集合的元素个数相同, 这个集合来自另外一个全然不同的概念. 纯组合的证明直到大约十年前才被发现[1], 论证相当复杂. 本书的读者或许会给出一个简单自然的证明.

第二个例子. 我们考虑自然数的一些已知的性质, 不过用生成函数来推导会非常简洁. 给定进制的基之后, 我们看看用它们来表示自然数的可能性.

我们从二进制表示开始. 对任意自然数 n, 我们可以分解出其中 2 的方幂部分, 将其写作 $n = 2^k m$, 其中 k 是自然数或 0 而 m 是奇数. 因为 m 形如 $2r+1$, 所以 n 可以表示为 $n = 2^k + 2^{k+1}r$. 对 r 可以进行同样的操作. 不断重复这个过程, 直到将 n 表示为 2 的不同方幂之和:

$$n = 2^{k_1} + 2^{k_2} + \cdots + 2^{k_m} \quad (k_1 < k_2 < \cdots < k_m).$$

换句话说, 我们要将 n 表示成

$$n = a_0 + a_1 2 + a_2 2^2 + \cdots + a_N 2^N, \tag{7.13}$$

其中诸系数 a_i 只能取 0 或 1. 所有 $a_i = 0$ 的项消去后, 就将 n 表示成了 2 的不同方幂之和. 我们将 (7.13) 称作数 n 的二进制表示. 我们来证明, 对每个自然数 n 表示 (7.13) 都是唯一的.

设 $n = b_0 + b_1 2 + b_2 2^2 + \cdots + b_M 2^M$ 是 n 的另一个表示. 如果 n 是奇数, 则 $a_0 = b_0 = 1$; 如果 n 是偶数, 则 $a_0 = b_0 = 0$. 总之有 $a_0 = b_0$. 对第二个表示作替换 $b_0 = a_0$, 则有

$$\frac{n-a_0}{2} = a_1 + a_2 2 + \cdots + a_N 2^{N-1},$$
$$\frac{n-a_0}{2} = b_1 + b_2 2 + \cdots + b_M 2^{M-1}.$$

---

[1] 组合证明发表于 1990 年, 本书原著出版于 2000 年. ——译者注

因为 $(n-a_0)/2 \leqslant n/2 < n$, 所以得到了比 n 小的数 $(n-a_0)/2$ 的两个不同的表示. 应用归纳法, 可以假设表示的唯一性对 $(n-a_0)/2$ 已经成立, 则由此得到 $a_1 = b_1$, $a_2 = b_2$, 等等. (附带说一句, 读者在解决第 1 节的习题 5 时也许已经使用过这一方法了.)

对于给定的 N, 可以通过令 (7.13) 中所有的 a_i 取最大值以得到最大的 n. 即令 a_i 都取 1, 则 $n = 1+2+2^2+\cdots+2^N = (2^{N+1}-1)/(2-1) = 2^{N+1}-1$. 因此对给定的 N, 所有小于 2^{N+1} 的数都能写成 (7.13) 那种形式; 显然也只有这些数可以写成这种形式.

另一方面, 我们考虑乘积

$$(1+x)(1+x^2)(1+x^4)(1+x^8)\cdots(1+x^{2^N}). \tag{7.14}$$

完全展开时, 和式中每一项 x^n 都需要各项取 1 或 x^{2^i} 来参与乘法, 因此 n 是 2 的若干不同方幂之和, 即 n 是若干不同的数 2^i $(i \leqslant N)$ 相加的结果. 如前所述, 不超过 $2^{N+1}-1$ 的数 n 都能由此得到, 并且每个数只得到一次. 这就是说, 将 (7.14) 式完全展开之后, 对每个不超过 $2^{N+1}-1$ 的数 n, 我们都得到一个项 $1 \cdot x^n$. 换句话说, 每个 $n \leqslant 2^{N+1}-1$ 都有唯一的二进制表示这一事实可以给出如下等式

$$(1+x)(1+x^2)(1+x^4)\cdots(1+x^{2^N}) = 1+x+x^2+x^3+\cdots+x^{2^{N+1}-1}. \tag{7.15}$$

可以自行验证, 上面的推理倒过来也可行. 这就是说, 由等式 (7.15) 可以得到每个自然数 $n \leqslant 2^{N+1}-1$ 都有唯一的二进制表示.

但怎么直接证明 (7.15) 呢? 为此只需利用下式:

$$1+x+x^2+x^3+\cdots+x^{2^{N+1}-1} = \frac{1-x^{2^{N+1}}}{1-x}.$$

由此可知为了证明 (7.15), 只需证明

$$(1-x)(1+x)(1+x^2)(1+x^4)\cdots(1+x^{2^N}) = 1-x^{2^{N+1}}.$$

这很显然成立! 将前两项相乘, 得到 $1-x^2$. 将 $1-x^2$ 与 $1+x^2$ 相乘可得 $1-x^4$, 以此类推, 直到用 $1+x^{2^N}$ 乘以 $1-x^{2^N}$ 得到 $1-x^{2^{N+1}}$.

现在来考虑完全类似的十进制表示. 将自然数 n 除以 10, 可得 $n = 10n_1 + a_0$ $(0 \leqslant a_0 \leqslant 9)$. 然后再将 n_1 除以 10 得到 $n_1 = 10n_2 + a_1$ $(0 \leqslant a_1 \leqslant 9)$. 代入前一式可得 $n = 10^2 n_2 + 10a_1 + a_0$. 继续此过程, 最终得到

$$n = 10^k a_k + 10^{k-1} a_{k-1} + \cdots + 10a_1 + a_0,$$

其中的 a_i 都满足 $0 \leqslant a_i \leqslant 9$. 这就是我们通常说的数 n 的十进制表示. 它是唯一的. 实际上, 若令 $m = 10^{k-1} a_k + 10^{k-2} a_{k-1} + \cdots + a_1$, 则有

$$n = 10m + a_0.$$

因为带余除法有唯一性, 所以即使 n 有其他表示, a_0 也必定是相同的, 它是 n 除以 10 所得的余数. 假设存在不同的表示

$$n = 10^l b_l + 10^{l-1} b_{l-1} + \cdots + 10b_1 + b_0 \quad (0 \leqslant b_i \leqslant 9),$$

则因为 $a_0 = b_0$ 可知

$$10^k a_k + 10^{k-1} a_{k-1} + \cdots + 10a_1 = 10^l b_l + 10^{l-1} b_{l-1} + \cdots + 10b_1.$$

约去 10, 得

$$10^{k-1} a_k + 10^{k-2} a_{k-1} + \cdots + a_1 = 10^{l-1} b_l + 10^{l-2} b_{l-1} + \cdots + b_1,$$

即数 $m = (n - a_0)/10$ 有两个不同的十进制表示. 因为 $m \leqslant n/10 < n$, 对 n 作归纳, 假设 m 有唯一表示, 故可得 $a_1 = b_1$, $a_2 = b_2$, 等等.

因为 $a_i \leqslant 9$, 所以可表示为 $n = 10^k a_k + 10^{k-1} a_{k-1} + \cdots + 10a_1 + a_0$ 的数 n 不会超过 $9(10^k + 10^{k-1} + \cdots + 10 + 1)$. 计算可知这个数等于 $9(10^{k+1} - 1)/(10 - 1) = 10^{k+1} - 1$. 因此对于给定的 k, 可表示为 $10^k a_k + 10^{k-1} a_{k-1} + \cdots + 10a_1 + a_0$ 的数即是不超过 $10^{k+1} - 1$ 的全体自然数.

我们来考虑乘积

$$(1 + x + x^2 + \cdots + x^9)(1 + x^{10} + x^{20} + \cdots + x^{90}) \cdots (1 + x^{10^k} + x^{2 \cdot 10^k} + \cdots + x^{9 \cdot 10^k}).$$

去括号, 从第一个括号中取一个 x^{a_0}, a_0 介于 0 到 9 之间; 从第二个括号中取一个 x^{10a_1}, a_1 的范围与 a_0 相同, 以此类推. 将所有括号中取出的数乘

起来就得到了 $x^{a_0+10a_1+\cdots+10^k a_k}$, 这就是乘积最终展开式中每一个 x^n ($n \leqslant 10^{k+1} - 1$) 项的来源. 与之前一样, 这说明了十进制表示的存在性. 进一步地, 每一个 x^n 都只会出现一次, 即其系数都是 1. 因此由数 n 的十进制表示 $n = 10^k a_k + 10^{k-1} a_{k-1} + \cdots + 10 a_1 + a_0$ 的存在唯一性可得等式

$$(1 + x + x^2 + \cdots + x^9)(1 + x^{10} + x^{20} + \cdots + x^{90})$$
$$\cdots (1 + x^{10^k} + x^{2 \cdot 10^k} + \cdots + x^{9 \cdot 10^k})$$
$$= 1 + x + x^2 + \cdots + x^{10^{k+1}-1}. \quad (7.16)$$

与二进制表示一样, 所有的推理都可以倒过来, 因此由 (7.16) 式可得十进制表示的存在唯一性. 我们现在来直接证明 (7.16), 由此也就给出了十进制表示的存在唯一性的新证明. 对 (7.16) 的右侧使用

$$1 + x + x^2 + \cdots + x^{10^{k+1}-1} = \frac{x^{10^{k+1}} - 1}{x - 1}.$$

(7.16) 左侧的每个括号同样有

$$1 + x + x^2 + \cdots + x^9 = \frac{x^{10} - 1}{x - 1},$$
$$1 + x^{10} + x^{20} + \cdots + x^{90} = \frac{x^{100} - 1}{x^{10} - 1},$$
$$\cdots\cdots\cdots\cdots$$
$$1 + x^{10^k} + x^{2 \cdot 10^k} + \cdots + x^{9 \cdot 10^k} = \frac{x^{10^{k+1}} - 1}{x^{10^k} - 1}.$$

由此 (7.16) 就变成了

$$\frac{x^{10} - 1}{x - 1} \frac{x^{100} - 1}{x^{10} - 1} \cdots \frac{x^{10^{k+1}} - 1}{x^{10^k} - 1} = \frac{x^{10^{k+1}} - 1}{x - 1}.$$

这个式子显然成立: 左侧除最后一项外每个因式的分子都可以与其后一项的分母约去, 所以最后分子只剩下 $x^{10^{k+1}} - 1$, 分母只剩下 $x - 1$, 这恰好就是右侧.

至于其他进制下的表示可以与此同样处理.

习　题

1. 根据定义和 (7.6) 式给出多项式 $g_{k,1}(x)$ 的明确表达式.

2. 给出多项式 $g_{k,2}(x)$ 的明确表达式. (这比习题 1 更困难.)

3. 设有理表达式 $g_{k,l}(x)$ 由 (7.7) 定义, 证明 (7.3) 和 (7.4) 成立, 并借此证明 $g_{k,l}(x)$ 是一个多项式 (不使用 (7.1) 式, 也不涉及它与分拆的关联).

4. 不使用高斯多项式的性质来证明 $P_{k,l}(n) = P_{l,k}(n)$. 提示: 分拆 $n = a_1 + \cdots + a_j$ $(a_1 \geqslant a_2 \geqslant \cdots \geqslant a_j)$ 可以用一个点阵来表示, 第一行画 a_1 个点, 第二行画 a_2 个点, 以此类推. 比如分拆 $13 = 7 + 3 + 1 + 1 + 1$ 可以用如下点阵表示

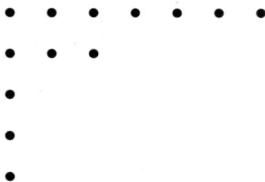

对于这样一个点阵, 我们考虑它的 "转置" 点阵, 即将行变为列. 比如上面点阵的 "转置" 点阵如下:

5. 不使用高斯多项式的性质来证明 $P_{k,l}(n) = P_{k,l}(kl-n)$. (提示: 分拆 $n = a_1 + \cdots + a_j$ $(j \leqslant k, a_i \leqslant l)$ 可以与分拆 $kl - n = (l - a_1) + (l - a_2) + \cdots + (l - a_j) + l + \cdots + l$ 配对. 若 $l - a_i = 0$, 则删去这一项; 项 l 的数目为 $k - j$.)

6. 不使用高斯多项式的性质来证明 $P_{k,l}(0) + P_{k,l}(1) + \cdots + P_{k,l}(kl) = C_{k+l}^{k}$. (提示: 对于不超过 kl 的数, 它的一个分拆 $a_1 + \cdots + a_j$ $(j \leqslant k, a_i \leqslant l)$ 可以与集合 $\{1, 2, \cdots, k+l\}$ 的子集 $\{a_1 + 1, a_2 + 2, \cdots, a_j + j\}$ 配对.)

7. 现有一架天平以及 n 个重量分别为 1 千克、2 千克、4 千克、$\cdots$、2^{n-1} 千克的砝码, 试证明若将重量低于 2^n 千克的任意物体放在天平的一侧, 都可以通过在另一侧放置适当的砝码使得天平保持平衡.

8. 现有一架天平以及 n 个重量分别为 1 千克、3 千克、9 千克、$\cdots$、3^{n-1} 千克的砝码, 试证明若将重量低于 $(3^n - 1)/2$ 千克的任意物体放在天平的一侧, 都可以通过在另一侧放置适当的砝码使得天平保持平衡. 这个命题对应的等式是什么? 试直接证明这个等式. (提示: 若整数 m 介于 $-(3^n - 1)/2$ 和 $+(3^n - 1)/2$ 之间, 则 m 有唯一的表示 $m = a_0 + a_1 3 + \cdots + a_{n-1} 3^{n-1}$, 其中 a_i 的取值限于 1、0 或 -1.)

| 22 幂级数

在前一节我们已经看到, 为了探究有限数列 $a_0, \cdots, a_n$ 的性质, 转而考虑多项式 (即数列的生成函数) $f(x) = a_0 + a_1 x + \cdots + a_n x^n$ 可能会更方便. 那如果数列是无限的呢, 比如像自然数数列或伯努利数列那样? 无须多想, 给定一个无穷序列 $a_0, a_1, \cdots, a_n, \cdots$, 我们都可以写出

$$f(x) = a_0 + a_1 x + \cdots + a_n x^n + \cdots. \qquad (7.17)$$

但这个表达式的右侧是什么意思呢?

我们回到有限数列与多项式的情形. 在 21 节中, 为了得到不同数列的性质, 我们使用了与多项式有关的一些等式. 为此我们不必考虑 "什么是多项式" 这个很宽泛的问题, 只需知道两个多项式何时相等以及如何对多项式施以运算. 对表达式 (7.17) 我们也需要厘清同样的问题, 然后就可以借助它们来得到无穷数列的一系列出人意料的性质.

表达式 (7.17) 称为幂级数, 系数 a_0 称为常数项. 我们该怎么理解幂级数之间的相等呢? 在第二章我们有两个等价的关于多项式相等的说法. 一个是说合并同类项之后, 对应项的系数都相等. 另一个说法是, 如果两个多项式对所有未知数 x 的值都相等, 那么这两个多项式就相等. 将第二种说法应用于 (7.17), 那就需要解释当 $x = \alpha$ 时幂级数的值是什么. 从而需要解释无限多个项 $a_n x^n$ 的和是什么. 根据第五章的材料, 我们可以给出一种解释, 不过这种解释不是对所有的情形都成立. 然而对幂级数的相等采用第一种说法的话,

那就不会有什么问题了. 对于两个幂级数 $f(x) = a_0 + a_1x + \cdots + a_nx^n + \cdots$ 与 $g(x) = b_0 + b_1x + \cdots + b_nx^n + \cdots$, 如果 $a_0 = b_0$, $a_1 = b_1$, 更一般地, 对任意的 n 都有 $a_n = b_n$, 那么就认为这两个幂级数相等. 如果说多项式表示成 x 的若干方幂的形式类似于自然数的十进制表示 (我们在第 4 节指出过这一点), 那么幂级数就与实数的十进制表示相类似. 牛顿就多次指出过这一点.

现在来讨论幂级数之间的运算. 和多项式一样, 幂级数

$$f(x) = a_0 + a_1x + \cdots + a_nx^n + \cdots$$

与

$$g(x) = b_0 + b_1x + \cdots + b_nx^n + \cdots$$

的和定义为如下幂级数

$$(a_0 + b_0) + (a_1 + b_1)x + (a_2 + b_2)x^2 + \cdots + (a_n + b_n)x^n + \cdots.$$

对于这两者的乘积, 将下式去括号然后再合并同类项:

$$(a_0 + a_1x + \cdots + a_nx^n + \cdots)(b_0 + b_1x + \cdots + b_nx^n + \cdots).$$

换句话说, 将所有同类项 $a_nb_mx^{n+m}$ 归类在一起. 因此 x^l 项在新幂级数中的系数就等于 $a_0b_l + a_1b_{l-1} + \cdots + a_lb_0$. 对于给定的 l, 只有有限项参与这个和式, 即满足 $n + m = l$ 的项 $a_nb_mx^{n+m}$ 只有有限多个. 这样我们就可以将任意两个幂级数相乘, 得到完全确定的结果.

我们前面定义了幂级数的加法和乘法, 它们与多项式的运算是一致的. 甚至还可以通过多项式的运算来确定幂级数的运算. 为此, 我们把多项式 $a_0 + a_1x + \cdots + a_nx^n$ (即将 (7.17) 中 x 的幂高于 n 次的项都舍去) 称为这个幂级数的 n 次部分和. 可以看到, 为了计算两个幂级数的和与积中的幂次不超过 n 的项, 我们只需知道两个幂级数中相应的 n 次部分和即可. 因此为了计算幂级数的和与积的部分和, 只需对各自的部分和作加法和乘法, 然后将高于 n 次的项舍去. 因为幂级数的运算可以化归为多项式的运算, 因此交换律、结合律以及分配律仍然成立. 换句话说, 下列关系式 (与第 14 节中实数公

理 I 和 II 类似) 对幂级数 $f(x)$、$g(x)$ 和 $h(x)$ 成立:

$$f(x) + g(x) = g(x) + f(x),$$

$$\big(f(x) + g(x)\big) + h(x) = f(x) + \big(g(x) + h(x)\big),$$

$$f(x)g(x) = g(x)f(x),$$

$$\big(f(x)g(x)\big)h(x) = f(x)\big(g(x)h(x)\big),$$

$$\big(f(x) + g(x)\big)h(x) = f(x)h(x) + g(x)h(x).$$

为了使得幂级数的计算与多项式的计算别无二致, 这些冗长的说明是必要的. 这也是 18 世纪的数学家 (尤其是欧拉) 对待幂级数的态度, 他们将幂级数视为无限次的多项式, 这一点儿都没有影响. 根据同样的原因, 我们将本章置于多项式 ("无限次多项式") 的主题之下.

现在可以研究幂级数的性质了. 我们会看到有些运算对幂级数可行, 但对多项式却不可行.

定理 49 *如果幂级数 $f(x) = a_0 + a_1 x + \cdots$ 的常数项 a_0 不为零, 则幂级数的逆 $f(x)^{-1}$ 存在.*

要证明这个定理, 我们必须找到一个幂级数 $g(x) = b_0 + b_1 x + \cdots$ 使得 $f(x)g(x) = 1$. 于是就有 $g(x) = f(x)^{-1}$. 按照前面说过的规则将 $f(x)$ 与 $g(x)$ 相乘, 得到幂级数

$$a_0 b_0 + (a_0 b_1 + a_1 b_0)x + \cdots + (a_0 b_n + a_1 b_{n-1} + \cdots + a_n b_0)x^n + \cdots.$$

为了让这个幂级数等于 1, 则需要 $a_0 b_0 = 1$, 并且其余的所有系数都为零. 由 $a_0 b_0 = 1$ 解得 $b_0 = a_0^{-1}$, 这里正好用到了假设条件 $a_0 \neq 0$. 由 $a_0 b_1 + a_1 b_0 = 0$ 可得 $b_1 = -a_0^{-1} b_0 a_1 = -a_0^{-2} a_1$. 依次考虑各个系数为零, 可解出 $b_2, b_3, \cdots$. 假设已经考虑过 $1, x, x^2, \cdots, x^{n-1}$ 的系数, 解出了 $b_0, b_1, \cdots, b_{n-1}$. 因为 $f(x)g(x)$ 中 x^n 的系数为零, 所以有

$$a_0 b_n + a_1 b_{n-1} + \cdots + a_n b_0 = 0,$$

故有 $b_n = -a_0^{-1}(a_1 b_{n-1} + \cdots + a_n b_0)$. 即 b_n 可以由之前的系数 $b_0, b_1, \cdots, b_{n-1}$ 确定, 这样就证明了定理. ∎

特别地, 每个常数项不为零的多项式 $f(x) = a_0 + a_1 x + \cdots + a_n x^n$ 都有一个幂级数逆 $f(x)^{-1}$. 由此可知, 每个有理表达式 $g(x)/f(x)$ (其中 $f(x)$、$g(x)$ 都是多项式, $f(x)$ 的常数项不为零) 都可以写成幂级数的形式.

我们用一个简单的例子来说明一下定理. 多项式 $1-x$ 应该有个幂级数逆 $(1-x)^{-1}$. 我们来证明这个幂级数逆就是 $1 + x + x^2 + x^3 + \cdots$, 其中各项系数都是 1. 为此我们要说明 $(1-x)(1 + x + x^2 + x^3 + \cdots) = 1$. 等式左边等于

$$1 + x + x^2 + x^3 + \cdots - x(1 + x + x^2 + x^3 + \cdots).$$

可以看到, 除了 1 之外所有的项都被抵消了. 我们把得到的结果写成下面的形式

$$\frac{1}{1-x} = 1 + x + x^2 + x^3 + \cdots + x^n + \cdots. \tag{7.18}$$

这个式子与 (5.2) 很像, 但意义完全不同. 将 (7.18) 中的 x 换成 $-x$, 就得到了

$$\frac{1}{1+x} = 1 - x + x^2 - x^3 + \cdots + (-1)^n x^n + \cdots. \tag{7.19}$$

回忆一下第 6 节的讨论: 对于给定的数列 $a : a_0, a_1, \cdots$, 都有两个数列与之相伴: $Sa = (b_0, b_1, \cdots)$ 和 $\Delta a = (c_0, c_1, \cdots)$, 其中

$$b_0 = a_0, \quad b_1 = a_0 + a_1, \quad b_2 = a_0 + a_1 + a_2, \cdots;$$
$$c_0 = a_0, \quad c_1 = a_1 - a_0, \quad c_2 = a_2 - a_1, \cdots.$$

类似于 21 节中有限数列的情形, 我们称幂级数 $f(x) = a_0 + a_1 x + a_2 x^2 + \cdots$ 为数列 a 的生成函数.

我们怎么求出数列 Sa 和 Δa 的生成函数呢? 将幂级数 $1 + x + x^2 + x^3 + \cdots + x^n + \cdots$ 记为 $s(x)$, 则幂级数 $s(x)f(x)$ 的系数就是 $a_0, a_0 + a_1, a_0 + a_1 + a_2, \cdots$, 即 $s(x)f(x)$ 就是数列 Sa 的生成函数. 另外易知幂级数 $(1-x)f(x)$ 的系数为 $a_0, a_1 - a_0, a_2 - a_1, \cdots$, 即 $(1-x)f(x)$ 就是数列 Δa 的生成函数. 因为 $s(x) = (1-x)^{-1}$, 所以一个幂级数乘以 $s(x)$ 与乘以 $(1-x)$ 这两种运算正好互逆. 我们在第 6 节说明了 "数列上的运算 S 与 Δ 互逆", 前面幂级数的说明让这一点显得更加一目了然.

我们再来讨论关于幂级数的另一种运算.

定理 50 对于幂级数 $f(x) = a_0 + a_1 x + \cdots$, 如果常数项 a_0 不为零, 且存在 k 次方根, 那么 $f(x)$ 的 k 次方根可以由一个幂级数表示, 且这个幂级数由常数项唯一确定.

这个定理说的是如果存在 b_0 满足 $b_0^k = a_0$, 那么就存在幂级数 $b_0 + b_1 x + \cdots$ 满足

$$a_0 + a_1 x + \cdots = (b_0 + b_1 x + \cdots)^k. \tag{7.20}$$

比较 (7.20) 中左右两侧 x^n 项的系数, 依次确定幂级数的系数 $b_0, b_1, b_2, \cdots$. 比较零次项的系数, 可得 b_0 需要满足的条件 $b_0^k = a_0$. 根据给出的假设条件, 可知 b_0 存在且不为零.

再来比较一次项. 我们可以丢掉右侧所有次数高于 1 的项 (比如 $b_2 x^2$ 等), 因为它们参与运算得到的项不能是一次的. 因此右侧的一次项与 $(b_0 + b_1 x)^k$ 中的一次项相同. 利用二项式公式将其展开, 可得一次项为 $k b_0^{k-1} b_1 x$. 两侧一比较即有 $a_1 = k b_0^{k-1} b_1$. 因为 b_0 存在且非零, 所以 $b_1 = b_0^{-(k-1)} a_1 / k$. 根据得到的 b_0 和 b_1, (7.20) 两侧的零次项和一次项分别对应相等.

这个过程显然可以继续下去. 不妨假设系数 $b_0, b_1, \cdots, b_n$ 已经得到, 即它们可以满足 (7.20) 左右两侧从零次项到 n 次项都分别对应相等. 我们来证明由此可以确定出使得两侧 $n + 1$ 次项也相等的系数 b_{n+1}. 令 $u(x) = b_0 + b_1 x + \cdots + b_n x^n$, $v(x) = b_{n+2} x^{n+2} + \cdots$, 于是 (7.20) 右侧表示为 $(u(x) + b_{n+1} x^{n+1} + v(x))^k$. $v(x)$ 中各项的次数都高于 $n + 1$, 它们参与乘法运算的话不可能产生 $n + 1$ 次项. 因此我们可以丢掉 $v(x)$: (7.20) 右侧的 $n+1$ 次项与多项式 $(u(x) + b_{n+1} x^{n+1})^k$ 中的 $n + 1$ 次项相同. 利用二项式公式将其展开, 可以看到 $n + 1$ 次项只可能出自 $u(x)^k + k u(x)^{k-1} b_{n+1} x^{n+1}$. 多项式 $u(x)^k$ 中的 $n + 1$ 次项只依赖于 $u(x)$ 的系数, 根据我们之前的假设, 它们都是已知的, 不妨将这一项记作 $F(b_0, b_1, \cdots, b_n) x^{n+1}$. 多项式 $k u(x)^{k-1} b_{n+1} x^{n+1}$ 中的 $n + 1$ 次项只可能由 $u(x)$ 的常数项与其他式子相乘得到, 因此为 $k b_0^{k-1} b_{n+1} x^{n+1}$. 至此求出 (7.20) 右侧的 $n + 1$ 次项为 $(F(b_0, b_1, \cdots, b_n) + k b_0^{k-1} b_{n+1}) x^{n+1}$. 比较

两侧的系数可得

$$a_{n+1} = F(b_0, b_1, \cdots, b_n) + k b_0^{k-1} b_{n+1}.$$

因此若令

$$b_{n+1} = \frac{1}{k} b_0^{-(k-1)} \big(a_{n+1} - F(b_0, b_1, \cdots, b_n) \big),$$

则可保证两侧 $n+1$ 次项相同. 通过不断确定系数 b_i, 我们可以保证 (7.20) 成立. 这样就证明了定理. ■

如果 $a_0 > 0$, 那么依据定理 50, 幂级数 $a_0 + a_1 x + \cdots$ 有唯一的 k 次方根幂级数 $\sqrt[k]{f(x)}$ (其常数项为正数), 它也可以写作 $f(x)^{1/k}$. 将它 m (m 是自然数) 次方, 就得到了幂级数 $f(x)^{m/k}$, 即可得 $f(x)^\alpha$, 其中 α 是任意正有理数. 根据定理 49, 可以将 $f(x)^{-\alpha}$ 写作幂级数. 因此, 对任意有理数 α, 都存在幂级数 $f(x)^\alpha$. 如何将数 $(1+x)^\alpha$ (α 是有理数) 明确地写出来呢? 这里的意思是要将二项式推广到一般的指数为分数的情形. 对于指数为整数的情形, 在第 6 节中我们用了多项式导数的性质推导出了二项式公式. 现在要想使用类似的方法, 我们需要介绍幂级数的导数这个概念.

对于多项式的导数, 我们有显式公式 (2.16). 这种方式对幂级数也适用. 由此我们将幂级数 $f(x) = a_0 + a_1 x + a_2 x^2 + \cdots + a_n x^n + \cdots$ 的导数定义为

$$f'(x) = a_1 + 2a_2 x + \cdots + n a_n x^{n-1} + \cdots. \tag{7.21}$$

为了让这个定义不那么形式化, 我们做些解释. 幂级数 $f(x) = a_0 + a_1 x + a_2 x^2 + \cdots + a_n x^n + \cdots$ 等于多项式 $p(x) = a_0 + a_1 x + a_2 x^2 + \cdots + a_n x^n$ 与幂级数 $u(x) = a_{n+1} x^{n+1} + \cdots$ 之和. (7.21) 表明导数中低于 n 次的项与多项式 $p'(x)$ 相同. 换句话说, 有 $f'(x) = p'(x) + v(x)$, 其中 $v(x)$ 只包含不低于 n 次的项. 总之, $f'(x)$ 的 $(n-1)$ 次部分和与 $f(x)$ 的 n 次部分和的导数相同. 这个规则定义了导数中低于 n 次的项. 因为它对任意 n 都成立, 所以由此可以唯一确定导数.

据此我们可以很容易证明第 5 节中对多项式导数成立的性质对幂级数也

成立. 我们将它们总结在下面:

$$(f_1 + f_2)' = f_1' + f_2',$$
$$(f_1 + \cdots + f_n)' = f_1' + \cdots + f_n',$$
$$(f_1 f_2)' = f_1' f_2 + f_1 f_2', \tag{7.22}$$
$$(f_1 \cdots f_k)' = f_1' f_2 \cdots f_k + \cdots + f_1 f_2 \cdots f_k',$$
$$(f^k)' = k f^{k-1} f'.$$

以乘积的导数为例来做个演示. 将幂级数 f_1 和 f_2 写成 n 次部分和与所有高于 n 次的项之和: $f_1 = p_1 + u_1$, $f_2 = p_2 + u_2$. 于是 $f_1 f_2 = p_1 p_2 + (p_1 u_2 + p_2 u_1 + u_1 u_2) = p_1 p_2 + v$, 这里 v 只包含高于 n 次的项. 因此 $f_1 f_2$ 的 n 次部分和 p 可以通过丢掉 $p_1 p_2$ 中高于 n 次的项得到, 即 $p = p_1 p_2 - w$, 其中 w 只包含 $p_1 p_2$ 中高于 n 次的项. 按之前的规定, $(f_1 f_2)'$ 的 $n - 1$ 次部分和等于 $p' = (p_1 p_2)' - w' = p_1' p_2 + p_1 p_2' - w'$. 因此 $(f_1 f_2)'$ 的 $n - 1$ 次部分和可以通过丢掉多项式 $p_1' p_2 + p_1 p_2'$ 中次数高于 $n - 1$ 的项得到. 另一方面, $f_1' = p_1' + u_1'$, $f_2' = p_2' + u_2'$, 故 $f_1' f_2 + f_1 f_2' = p_1' p_2 + p_1 p_2' + \varphi$, 其中 $\varphi = p_1' u_2 + p_2 u_1' + u_1' u_2 + p_2' u_1 + p_1 u_2' + u_1 u_2'$, 它只包含不低于 n (甚至不低于 $2n - 3$) 次的项. 因此 $f_1' f_2 + f_1 f_2'$ 的 $n - 1$ 次部分和可以通过丢掉多项式 $p_1' p_2 + p_1 p_2'$ 中次数高于 $n - 1$ 的项得到, 即它等于 $(f_1 f_2)'$ 的 $n - 1$ 次部分和. 因为这对任意的 n 都成立, 所以有 $(f_1 f_2)' = f_1' f_2 + f_1 f_2'$. (7.22) 中其他关于乘积导数的公式可以由这个结论以及归纳法得到, 和多项式的情形一样. 那些关于幂级数和式的导数很容易证明, 留给读者作为练习.

我们现在来说明可以将 $(1 + x)^\alpha$ (α 是有理数) 看作幂级数, 并给出它的确切展开式. 为简单起见, 不妨设 α 是正数 (见习题 7). 记 $\alpha = p/q$, p 和 q 都是自然数. 显然 $(1 + x)^p$ 的常数项是 1, 也就是说常数项非零, 因而有 q 次根 1. 根据定理 50, 存在幂级数 $f(x) = 1 + a_1 x + \cdots$ 满足

$$f(x)^q = (1 + x)^p. \tag{7.23}$$

我们对两侧求导. 根据 (7.22) 和 (2.20), 可得

$$qf(x)^{q-1}f'(x) = p(1+x)^{p-1}.$$

两边同乘 $(1+x)f(x)$, 可得

$$qf'(x)f(x)^q(1+x) = p(1+x)^p f(x).$$

根据 (7.23), 可以约去左侧的 $f(x)^q$ 和右侧的 $(1+x)^p$. 因为 $p/q = \alpha$, 所以有

$$f'(x)(1+x) = \alpha f(x). \tag{7.24}$$

设 $f(x) = 1 + a_1 x + \cdots + a_n x^n + \cdots$, 比较等式两侧 x^{n-1} 的系数. 因为 $f'(x) = a_1 + 2a_2 x + \cdots + na_n x^{n-1} + \cdots$, 所以可得

$$na_n + (n-1)a_{n-1} = \alpha a_{n-1}.$$

因此

$$a_n = \frac{\alpha - n + 1}{n} a_{n-1}.$$

将这个关系式应用 r 次, 得

$$a_n = \frac{(\alpha - n + 1)(\alpha - n + 2) \cdots (\alpha - n + r)}{n(n-1) \cdots (n-r+1)} a_{n-r}.$$

因为 $a_0 = 1$, 所以令 $r = n$ 有

$$a_n = \frac{\alpha(\alpha - 1) \cdots (\alpha - n + 1)}{n!}.$$

换句话说, 我们有

$$(1+x)^\alpha = 1 + \alpha x + \frac{\alpha(\alpha-1)}{2}x^2 + \cdots + \frac{\alpha(\alpha-1)\cdots(\alpha-n+1)}{n!}x^n + \cdots. \tag{7.25}$$

如果 α 是一个自然数 m, 那么从 $m+1$ 次项开始所有的系数都是 0, 则上式就变成了通常的二项式公式. (7.25) 对 α 为负的情形也成立 (习题 7). 将 (7.25) 称为牛顿二项式公式是名副其实的, 因为它确实是牛顿首先推导出来的 (其实式子对任意实数 α 都成立, 不过我们这里不打算展开讲解). 指数为自然数的情形在牛顿之前就被发现了, 比如帕斯卡就知道这个公式.

在本节最后, 我们用广义二项式公式 (7.25) 来计算所谓的卡塔兰数, 一个有着诸多应用的重要数列. 这些数与那些涉及分拆的问题关系密切. 比如我们来计算 n 个数 $a_1, a_2, \cdots, a_n$ 的乘积, 要求每次只能两个数相乘, 可以利用结合律但不能使用交换律. 为此, 我们可以用括号将作乘法的两个数括起来. 括号可能的放置种数就是卡塔兰数 c_n. 约定 $c_1 = 1$. 显然有 $c_2 = 1$. 对于三个数的乘积 $a_1 a_2 a_3$, 有两种方法放置括号:

$$(a_1 a_2) a_3, \qquad a_1 (a_2 a_3),$$

因此 $c_3 = 2$. 当 $n = 4$ 时, 可能的放置有

$$((a_1 a_2) a_3) a_4, \quad (a_1 (a_2 a_3)) a_4, \quad (a_1 a_2)(a_3 a_4), \quad a_1 ((a_2 a_3) a_4), \quad a_1 (a_2 (a_3 a_4)),$$

因此 $c_4 = 5$.

各个卡塔兰数之间有一个重要的联系. 在计算 $a_1 a_2 \cdots a_n$ 时, 我们发现最后一个乘积 $(a_1 \cdots a_k)(a_{k+1} \cdots a_n)$ 给出了括号的一个位置. 对于这两个部分中的乘积, 括号当然可以任意放置, 因此前一部分有 c_k 种放置方法, 后一部分有 c_{n-k} 种放置方法, 因此为了最后得到形如 $(a_1 \cdots a_k)(a_{k+1} \cdots a_n)$ 的乘法, 有 $c_k c_{n-k}$ 种放置括号的方法. 分别计算 $k = 1, 2, \cdots, n-1$, 它们的总和即是所有的放置数. 换句话说, 当 $n \geqslant 2$ 时, 我们有关系式

$$c_n = c_1 c_{n-1} + c_2 c_{n-2} + \cdots + c_{n-1} c_1. \tag{7.26}$$

右侧的关系式让人想起幂级数乘积中各项系数的计算, 因而可以考虑幂级数 (即卡塔兰数的生成函数)

$$f(x) = c_1 x + c_2 x^2 + \cdots + c_n x^n + \cdots.$$

(7.26) 右侧等于级数 $f(x)^2$ 中 x^n 的系数. (7.26) 式告诉我们对于级数 $f(x)$ 和 $f(x)^2$, 它们的二次项和更高次项的系数都是相等的. 但 $f(x)$ 有一次项, 而 $f(x)^2$ 中没有这一项, 所以有

$$f(x)^2 = f(x) - x.$$

可以看到, $f(x)$ 满足二次方程 $y^2 - y + x = 0$, 所以有

$$f(x) = \frac{1}{2}(1 - \sqrt{1 - 4x}).$$

之所以在根号前面加负号, 是因为级数 $\sqrt{1 - 4x}$ 有常数项 1 而 $f(x)$ 的常数项为零.

根据 (7.25),

$$\sqrt{1 - 4x} = 1 + \frac{1}{2}(-4x) + \frac{(1/2)(1/2 - 1)}{2}(-4x)^2$$
$$+ \cdots + \frac{(1/2)(1/2 - 1)\cdots(1/2 - n + 1)}{n!}(-4x)^n + \cdots.$$

因此

$$c_n = -\frac{(1/2)(1/2 - 1)\cdots(1/2 - n + 1)}{n!}(-4)^n.$$

我们可以将这个式子进行化简:

$$c_n = -\frac{1}{2}\frac{(-1)(-3)\cdots(-2n + 3)}{n!}(-2)^n$$
$$= \frac{1 \cdot 3 \cdot 5 \cdots (2n - 3)}{n!}2^{n-1}.$$

将最后式子的分子和分母同时乘以 $(n - 1)!$, 将 $1 \cdot 2 \cdots (n - 1)$ 中每个因数都配上一个 2. 于是得到了不超过 $2n - 2$ 的所有偶数的乘积. 因为分子上已经有了不超过 $2n - 2$ 的所有奇数的乘积, 所以最后得到了乘积 $(2n - 2)!$. 对于整个式子, 我们有

$$c_n = \frac{(2n - 2)!}{n!(n - 1)!}.$$

因为 $C_{2n-2}^{n-1} = (2n - 2)!/((n - 1)!(n - 1)!)$, 所以可将公式写作

$$c_n = \frac{1}{n}C_{2n-2}^{n-1}.$$

习 题

1. 通过将幂级数 $1/(1 - x)$ 平方来直接计算出 $1/(1 - x)^2$ 的各项系数.

2. 为幂级数 $1/(1-x)^n$ 的系数找一个公式. (提示: 对 n 用归纳法; 将级数乘以 $1/(1-x)$ 与对各系数进行 S 运算联系起来.)

3. 求出幂级数 $1/((1-ax)(1-bx))$ 的系数.

4. 证明幂级数 $1+x+x^2/2!+\cdots+x^n/n!+\cdots$ 与 $1-x+x^2/2!-\cdots+(-1)^nx^n/n!+\cdots$ 互逆.

5. 求出 $1/(1-x)^n$ 的导数, 并用它来确定 $1/(1-x)^n$ 的系数 (对 n 进行归纳).

6. 求出满足 $f'(x)=f(x)$ 的所有幂级数 $f(x)$.

7. 证明 (7.25) 对负有理数 α 也成立, 并说明当 α 是负整数时, 结果与习题 2 和习题 5 的结果相符. (提示: 令 $\alpha=-p/q$, p 和 q 都是自然数, 设 $f(x)=(1+x)^\alpha$, 利用关系式 $f(x)^q(1+x)^p=1$.)

8. 对于凸 $n+1$ 边形, 我们可以用对角线将其分割为若干个三角形. 如果要求这些对角线在多边形的内部互不相交, 总共可以有多少种分割方法? 试证明分割总数等于卡塔兰数 c_n.

9. 设 $f(x)$ 是 n 次多项式, 试证明当 $k>n$ 时, 幂级数 $f(x)/(1-x)$ 中 x^k 的系数等于 $f(1)$.

10. 记 $f_n(x)=x+2^nx^2+3^nx^3+\cdots$, $n+1$ 次多项式 $u_n(x)$ 满足 $u_{n+1}(x)=x(1-x)u'_n(x)+(n+1)xu_n(x)$, 则有 $f_n(x)=u_n(x)/(1-x)^{n+1}$. (提示: 证明 $xf'_n(x)=f_{n+1}(x)$. 求出 $f_0(x)$, 然后用归纳法.)

11. 证明

$$n^n-C_n^1(n-1)^n+C_n^2(n-2)^n-\cdots+(-1)^{n-1}C_n^{n-1}\cdot1=n!.$$

(提示: 利用习题 9 和习题 10 的结果. 证明在习题 10 的条件下, $u_n(1)=n!$.)

|23 数的分拆

欧拉将借助幂级数来研究自然数的分拆这一数学分支命名为 (拉丁文) *partitio numerorum*. 作为第 21 节的导引, 我们给出了利用多项式就能得到结论的将数进行分拆的例子. 对于一般情形, 需要用到幂级数的和.

设 $f_n(x)$ $(n=0,1,2,\cdots)$ 是一组无穷幂级数数列, 满足对每个指数 N, ax^N 这一项只在有限多个幂级数 $f_n(x)$ 中不为零. 因此为了计算无限和 $f_0(x)+f_1(x)+\cdots+f_n(x)+\cdots$ 中 x^N 的系数, 我们只需将有限多个级数相加: $f_0(x) + f_1(x) + \cdots + f_m(x)$. 因此最后所得幂级数的 N 次部分和都与有限和 $f_0(x) + f_1(x) + \cdots + f_m(x)$ 的 N 次部分和相同. 从而幂级数的无限和 (部分和) 的计算实际上都化归为有限多个幂级数的部分和的计算. 第 22 节得到的对有限和成立的那些性质对无限和仍然成立 (当然幂级数 $f_n(x)$ 要满足那些公式成立的限制条件). 实际上, 只有经过这一番解释之后, 我们才能说幂级数 $f(x)$ 是它的各项 (此时有 $f_n(x) = a_n x^n$) 之和.

对于

$$(1 + f_0(x))(1 + f_1(x))(1 + f_2(x)) \cdots (1 + f_n(x)) \cdots \tag{7.27}$$

这种形式的无限积也有同样的要求: 对每个指数 N, ax^N 这一项只在有限多个幂级数 $f_n(x)$ 中不为零. 因此对于固定的 N, 乘积 (7.27) 中 x^N 这一项只可能来自有限多项的乘积 $(1 + f_0(x)) \cdots (1 + f_m(x))$.

根据以上说明, 我们可以说明如何借助生成函数来研究各类分拆问题. 将数 n 分拆为不超过 m 的若干数之和这一问题与下列生成函数相对应:

$$(1 + x + x^2 + x^3 + \cdots)(1 + x^2 + x^4 + x^6 + \cdots) \cdots (1 + x^m + x^{2m} + x^{3m} + \cdots).$$

实际上, 若在数 n 的某分拆中, 1 这个数出现了 a_1 次, 2 这个数出现了 a_2 次, $\cdots\cdots$, m 这个数出现了 a_m 次, 则有 $n = 1 \cdot a_1 + 2 \cdot a_2 + \cdots + m \cdot a_m$ (某些 a_i 可能为零). 对于这样一个分拆, 它对应的幂级数中的项可以这样得到: 从第一个括号中取 x^{a_1} 这一项, 从第二个括号中取 x^{2a_2} 这一项, $\cdots\cdots$, 从最后一个括号中取 x^{ma_m} 这一项, 然后将它们乘起来. 于是 x^n 这一项的系数就等于这类分拆 (拆出来的各项不超过 m) 的总数. 根据 (7.18), 我们可以将之前的生成函数写作

$$\frac{1}{(1-x)(1-x^2) \cdots (1-x^m)}. \tag{7.28}$$

与之完全类似地, 将数 n 分拆成任意多项之和与生成函数

$$\frac{1}{(1-x)(1-x^2) \cdots (1-x^m) \cdots} \tag{7.29}$$

相对应. 将数分拆成若干奇数之和对应于生成函数

$$\frac{1}{(1-x)(1-x^3)(1-x^5) \cdots (1-x^{2m+1}) \cdots}, \tag{7.30}$$

将数分拆成若干偶数之和对应于生成函数

$$\frac{1}{(1-x^2)(1-x^4)\cdots(1-x^{2m})\cdots}.$$

如果要求分拆中的各项互不相同, 那么就有如下生成函数

$$(1+x)(1+x^2)(1+x^3)\cdots(1+x^m)\cdots. \tag{7.31}$$

此时只允许如下的分拆: 1 出现 a_1 次, 2 出现 a_2 次, $\cdots\cdots$, m 出现 a_m 次, 但是每个 a_i 只能是 0 或者 1. 这与 (7.31) 中每一个因式只包括两项相对应.

这些公式可以立即给出诸多应用.

定理 51 将数 n 分拆成若干互不相同的数之和的分拆种数, 与将 n 分拆成若干奇数之和的分拆种数相等.

比如, 我们有 4 种方法将 6 分拆为不同数之和:

$$6 = 1+5 = 1+2+3 = 2+4,$$

也有 4 种方法将 6 分拆为奇数之和:

$$1+5 = 1+1+1+3 = 3+3 = 1+1+1+1+1+1.$$

从生成函数的角度来看, 定理说的是幂级数 (7.30) 和 (7.31) 其实是相同的. 为了证明这一点, 我们将 (7.31) 变形一下

$$(1+x)(1+x^2)(1+x^3)\cdots = \frac{1-x^2}{1-x}\frac{1-x^4}{1-x^2}\frac{1-x^6}{1-x^3}\cdots.$$

分子是所有 $1-x^{2n}$ 的乘积, 分母是所有 $1-x^m$ 的乘积. 当 m 是偶数时, 分母中对应的项正好与分子全部约去, 因此分母中只剩 m 为奇数的项, 这就是幂级数 (7.30). ■

下一个性质是关于将自然数分拆为任意多个数之和的. 记 $p(n)$ 为数 n 的所有这类分拆的总数. 如前所述, 幂级数 $1+p(1)x+p(2)x^2+\cdots+p(n)x^n+\cdots$ 由 (7.29) 给出.

定理 52 当 $n \geqslant 2$ 时有

$$p(n) - 2p(n-1) + p(n-2) \geqslant 0.$$

这个不等式等价于

$$p(n-1) \leqslant \frac{p(n) + p(n-2)}{2}.$$

换句话说, 如果我们将一系列点 $(n, p(n))$ 在平面上标出来, 那么从第二个点开始, 每个点都不会出现在它前后两点的连线的上方 (如图 7.1). 如果在每个点 $(n, p(n))$ 处钉个钉子, 然后用线把它们围起来, 拉紧, 就会得到一个无限凸多边形.

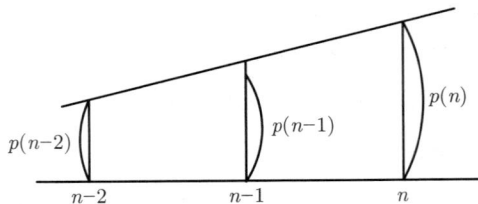

图 7.1

数列 $p(n)$ 的前 10 个值为

$$p(1) = 1, \quad p(2) = 2, \quad p(3) = 3, \quad p(4) = 5, \quad p(5) = 7,$$

$$p(6) = 11, \quad p(7) = 15, \quad p(8) = 22, \quad p(9) = 30, \quad p(10) = 42.$$

你可以借助这些值对定理做个简单的数值验证. 最后得到的凸多边形的凸性是与 $p(n)$ 的快速增长有关的, 例如 $p(50) = 204226$.

在证明之前我们先给个注释. 对每个数列 $a = (a_0, a_1, a_2, \cdots)$, 我们在第 6 节定义了数列 $\Delta a = (a_0, a_1 - a_0, a_2 - a_1, \cdots)$. 对这个新数列再做一次同样的操作, 得到数列 $\Delta\Delta a = (a_0, a_1 - 2a_0, a_2 - 2a_1 + a_0, \cdots)$. 当 $n \geqslant 2$ 时这个数列中的项可以记作 $b_n = a_n - 2a_{n-1} + a_{n-2}$, 这与定理 52 中的表述是一样的. 另一方面, 如果 $f(x) = a_0 + a_1 x + \cdots$ 是数列 a 的生成函数, 那么如第 22 节所述, 数列 Δa 的生成函数就是 $(1 - x)f(x)$, 从而可知数列 $\Delta\Delta a$ 的生成函数是 $(1 - x)^2 f(x)$. 易知

$$(1-x)^2 f(x) = a_0 + (a_1 - 2a_0)x + (a_2 - 2a_1 + a_0)x^2$$
$$+ \cdots + (a_n - 2a_{n-1} + a_{n-2})x^n + \cdots.$$

现在可以来证明定理了. 根据前面的注记, 定理就等价于幂级数 $(1 - x)^2(p(0) + p(1)x + \cdots + p(n)x^n + \cdots)$ 中从 x^2 项开始所有项的系数都非负. 因为

$$p(0) + p(1)x + \cdots + p(n)x^n + \cdots$$
$$= (1 - x)^{-1}(1 - x^2)^{-1}(1 - x^3)^{-1} \cdots,$$

所以我们必须证明下列幂级数从 x^2 项开始所有项的系数都非负:

$$(1 - x)(1 - x^2)^{-1}(1 - x^3)^{-1} \cdots.$$

记 $g(x) = (1 - x^3)^{-1}(1 - x^4)^{-1} \cdots$, 则上面的幂级数就形如 $(1 - x)(1 - x^2)^{-1}g(x)$. 因为 $(1 - x)(1 - x^2)^{-1} = (1 + x)^{-1}$, 所以幂级数变为 $(1 + x)^{-1}g(x)$. 很容易可以看出幂级数 $g(x)$ 也是一类非常简单的分拆的生成函数. 按照得到级数 (7.28)、(7.29) 和 (7.30) 的思路, 我们可以知道 $g(x)$ 对应的分拆要求拆出来的数都不能小于 3. 把自然数 n 的所有这类分拆的总数记为 $q(n)$, 则有

$$g(x) = 1 + q(1)x + q(2)x^2 + \cdots.$$

因为 $(1 + x)^{-1} = 1 - x + x^2 - x^3 + \cdots$, 所以幂级数 $(1 + x)^{-1}g(x)$ 中 x^n 的系数等于

$$q(n) - q(n - 1) + q(n - 2) - \cdots + (-1)^n$$

(回忆一下两个幂级数如何相乘即可). 现在的目标就是证明不等式

$$q(n) - q(n - 1) + q(n - 2) - \cdots + (-1)^n \geqslant 0. \tag{7.32}$$

由明显成立的不等式 $q(n) \geqslant q(n-1)$ 即可得出 (7.32). 实际上, 给定 $n-1$ 的一个分拆, 我们将分拆出的最大的数再加上 1, 就得到了 n 的一个分拆. 如果前一个分拆中各项都大于 2, 那么新得到的分拆显然也满足这个条件. 当 n 是奇数时, (7.32) 中可以配对出 $(n+1)/2$ 组非负数 $q(n-2k) - q(n-2k-1)$; 当 n 是偶数时, 则除了配对出非负数外还需加上一项 $1\ (> 0)$. 这样就证明了定理. ∎

到目前为止, 我们几乎只是将幂级数互相乘一下, 就得到了关于分拆数目的结论. 欧拉将这种方法做了进一步改进, 通过幂级数乘积所满足的函数方程来计算乘积的系数. 我们用一个例子来说明这一点.

考虑将自然数分拆为数目给定的不同数之和的问题. 为此欧拉引进了一个新未知数 z 以及幂级数

$$G(x,z) = (1+z)(1+xz)(1+x^2z)(1+x^3z)\cdots.$$

将幂级数按 z 的幂展开, 可得

$$G(x,z) = 1 + u_1(x)z + u_2(x)z^2 + \cdots + u_m(x)z^m + \cdots, \tag{7.33}$$

其中 $u_i(x)$ 是关于未知数 x 的幂级数. $u_m(x)z^m$ 这一项来自若干组 m 项 $x^i z$ 的乘积之和, 每组乘积中的指数 i 互不相同. 因此 $x^n z^m$ 的系数就等于将 n 分拆为 m 个不同数之和的可能种数. 换句话说, $u_m(x)$ 就是我们所要考虑的分拆的生成函数.

将 $G(x,z)$ 中的 z 换为 xz, 则 $G(x,z)$ 中除了第一项之外所有的因式都会出现, 因此有

$$G(x,z) = (1+z)G(x,xz). \tag{7.34}$$

这就是 $G(x,z)$ 所满足的函数方程. 另一方面, 将 (7.33) 中的 z 换为 xz, 则有

$$G(x,xz) = 1 + u_1(x)xz + u_2(x)x^2z^2 + \cdots + u_m(x)x^m z^m + \cdots.$$

将这个表达式乘以 $1+z$, 并与 (7.34) 相对照, 可得关系式

$$u_m(x) = u_m(x)x^m + u_{m-1}(x)x^{m-1}.$$

因此

$$u_m(x) = \frac{x^{m-1}}{1-x^m}u_{m-1}(x). \tag{7.35}$$

将这个关系式应用于 $u_{m-1}(x)$, 并对 (7.35) 中的 $u_{m-1}(x)$ 作替换, 可得

$$u_m(x) = \frac{x^{(m-1)+(m-2)}}{(1-x^m)(1-x^{m-1})}u_{m-2}(x).$$

将类似的操作进行 m 次, 并假定 $u_0(x) = 1$, 就得到了 $u_m(x)$ 的表达式:

$$u_m(x) = \frac{x^{(m-1)+(m-2)+\cdots+1}}{(1-x^m)(1-x^{m-1})\cdots(1-x)} = \frac{x^{m(m-1)/2}}{(1-x)(1-x^2)\cdots(1-x^m)}. \tag{7.36}$$

我们之前已经见过幂级数 $1/((1-x)(1-x^2)\cdots(1-x^m))$ (见 (7.28)), 它是将数 n 分拆为各项不超过 m 的自然数之和这一分拆对应的生成函数. 因此 (7.36) 告诉我们, 将 n 分拆为 m 个不同数之和的种数等于将数 $n-m(m-1)/2$ 分拆为各项不超过 m 的若干数之和的种数.

欧拉考虑了一个与生成函数 (7.29) 相关、但更简单的乘积

$$(1-x)(1-x^2)(1-x^3)\cdots. \tag{7.37}$$

这是个很有趣的表达式. 在第 21 节中, 我们注意到了高斯多项式 $g_{k,l}(x)$ 与二项式系数之间的相似性. 相似性基于公式 (7.7), 多项式 $h_m(x)$ 类似于数 $m!$. 复习一下,

$$h_m(x) = (1-x)(1-x^2)\cdots(1-x^m).$$

由此出发, 可以认为乘积 (7.37) 类似于 "无限阶乘". 从数的观点来说, 这个名词毫无意义; 即使对多项式来说它也没道理. 但借助幂级数我们可以给这个表达式一个严格的定义.

欧拉将乘积展开到了 x^{51} 这一项, 即

$$(1-x)(1-x^2)(1-x^3)\cdots = 1 - x - x^2 + x^5 + x^7 - x^{12} - x^{15}$$
$$+ x^{22} + x^{26} - x^{35} - x^{40} + x^{51} + \cdots.$$

这里有些规律使欧拉非常着迷: 所有的系数都仅限于 0、1 和 -1 这三个数. 此外, 那些系数非零的项的指数构成的数列是欧拉非常熟悉的: 它们都形如 $n(3n+1)/2$, 其中 n 分别为 -1, 1, -2, 2, -3, 3, -4, 4, -5, 5, -6. 这些数因为与 "图形" 相关而引起了人们的广泛兴趣, 很久之前学者们就知道它们了. 三角形数就是正三角形中点的数目, 要求与三角形的一个顶点距离为 n 处有 $n+1$ 个点, 如图 7.2 所示, 这些数有 1, 3, 6, 10, $\cdots$, $n(n+1)/2$, $\cdots$.

四边形数如图 7.3 所示, 它们是正方形中点的数目, 要求同一条边上的点等距排列且数目都为 n. 换句话说, 它们就是平方数 n^2.

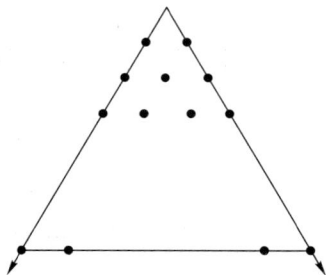

图 7.2

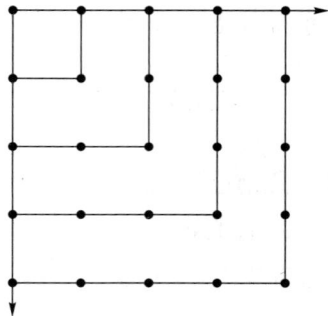

图 7.3

五边形数可以通过下列方法得到 (如图 7.4所示): 在正五边形的每个顶点处放一个点, 再将其中一个顶点固定, 沿着它所在的两条边将图形等比例放大. 对于不与固定顶点接触的那些边, 第一次放大时每条边上放两个点, 再放大时每条边上放三个点, 以此类推. 如此操作之后五边形上点的数目就是五边形数.

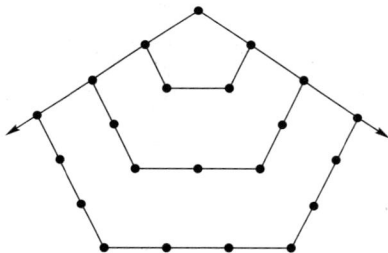

图 7.4

因此, 每个五边形数都是一个等差数列的和:

$$
\begin{aligned}
V &= 1 + 4 + 7 + \cdots + (3n - 2) \\
&= 1 + (1 + 3) + (1 + 2 \cdot 3) + \cdots + (1 + (n - 1) \cdot 3) \\
&= \underbrace{1 + \cdots + 1}_{n \,\text{个}} + (1 + 2 + \cdots + (n - 1)) \cdot 3 \\
&= n + \frac{n(n - 1)}{2} \cdot 3 = \frac{3n^2 - n}{2}.
\end{aligned}
$$

与这些数相类似, 取负数 $n = -m$ 得到的那些数 $(3m^2 + m)/2$ 也被称为五边形数.

欧拉给出了乘积 $(1-x)(1-x^2)(1-x^3)\cdots$ 的一个幂级数表达式, 其中的项都形如

$$(-1)^n x^{n(3n-1)/2} + (-1)^n x^{n(3n+1)/2} \quad (n=0,1,\cdots).$$

他说这是一个 "值得注意的观察, 然而我不能以几何般的严格性证明它." 我们暂且称它是一个假设. 欧拉在 1741 年给出了这个假设, 直到九年后的 1750 年他才找到一个证明. 因为它与五边形数的关系, 这个结论被称为欧拉五边形定理. 它的证明比我们目前给出的那些论证要复杂一些, 因此我们将它放在了补充材料之中.

欧拉五边形定理给出了数的分拆的一些新的性质. 首先, 乘积 $(1-x)(1-x^2)(1-x^3)\cdots$ 也是一个生成函数. 与乘积 (7.31) 完全类似, 展开式中的每一项 x^n 都可由将 n 分成若干不同数之和的某个分拆得到. 但现在这一项多了个符号: 分拆成偶数项之和取正号, 分拆成奇数项之和则取负号. 因此 x^n 的系数就等于上述两种分拆 (将 n 分拆成偶数项之和以及分拆成奇数项之和) 数目的差值. 由此可将欧拉五边形定理陈述如下:

如果自然数 n 不是五边形数, 那么 n 的如下两种分拆的数目相等: 将 n 分拆为偶数个不同数之和以及将 n 分拆为奇数个不同数之和. 如果 n 是五边形数, 即存在非零整数 m 使得 $n=m(3m-1)/2$, 那么前面两种分拆数目之差等于 $(-1)^m$.

五边形定理还有一个推论如下. 回忆一下, 乘积 (7.29) 与幂级数 $1 + p(1)x + p(2)x^2 + \cdots$ 相同. 根据欧拉定理, 它的逆 (7.37) 是形如 $(-1)^n x^{n(3n\pm1)/2}$ 的诸项之和. 将这两个幂级数相乘 (分别各取一项相乘, 然后合并同类项), 乘积为 1, 即得到一个除了常数项外其余项系数皆为 0 的幂级数. 写出乘积中 x^n 的系数, 因为系数为 0, 所以有关系式

$$p(n) - p(n-1) - p(n-2) + p(n-5) + \cdots = 0.$$

和式中的项形如 $(-1)^m\big(p(n-m_1) + p(n-m_2)\big)$, 其中 $m_1 = m(3m-1)/2$, $m_2 = m(3m+1)/2$. 只需考虑不超过 n 的 m_1 和 m_2, $p(0)$ 默认为 1. 按照关

系式, 可以由较小的 $p(n')(n' < n)$ 的值来表示 $p(n)$, 这是一种计算 $p(n)$ 的简便方法. 比如,

$$p(10) = p(9) + p(8) - p(5) - p(3),$$

$$p(9) = p(8) + p(7) - p(4) - p(2),$$

$$p(8) = p(7) + p(6) - p(3) - p(1),$$

$$p(7) = p(6) + p(5) - p(2) - 1,$$

$$p(6) = p(5) + p(4) - p(1),$$

$$p(5) = p(4) + p(3) - 1,$$

$$p(4) = p(3) + p(2),$$

$$p(3) = p(2) + p(1),$$

$$p(2) = p(1) + 1,$$

$$p(1) = 1.$$

从下往上计算, 可得 $p(1) = 1$, $p(2) = 2$, $p(3) = 3$, $p(4) = 5$, $p(5) = 7$, $p(6) = 11$, $p(7) = 15$, $p(8) = 22$, $p(9) = 30$, $p(10) = 42$.

习 题

1. 最近重新用起了货币单位 "戈比", 硬币的面值只有 1 戈比、5 戈比、10 戈比和 50 戈比. 记 a_n 为 n 戈比可以用前述四种硬币等价换算出来的种数. 证明幂级数 $1 + a_1 x + a_2 x^2 + \cdots$ 等于 $1/p(x)$, 其中 $p(x)$ 是一个多项式, 试求出这个多项式.

2. 给定自然数 $k_1, \cdots, k_r$, 将 n 分拆为若干 k_i 之和 (每个数可重复), 记 a_n 为 n 的所有可能的分拆种数, 解决此时类似习题 1 中的问题.

3. 假设分拆中顺序不同便认为是不同的分拆, 那么在习题 2 中, 将 n 分拆为 m 项之和的种数就等于 $(x^{k_1} + \cdots + x^{k_r})^m$ 中 x^n 的系数. 解决新条件下的习题 2.

4. 假设分拆中顺序不同便认为是不同的分拆, 那么每个自然数 n 都有 2^{n-1} 种方法写成若干自然数的和.

5. 利用未知数 $x_1, \cdots, x_n$ 可以构造出多少个 m 次单项式? (提示: 将所有单项式 $x_1^{r_1} \cdots x_n^{r_n}$ 的和写成 $1/p(x_1, \cdots, x_n)$, $p(x_1, \cdots, x_n)$ 是多项式, 然后令 $x_1 = \cdots = x_n = y$.)

6. 设 $F_m = 1/((1-x)(1-x^2)\cdots(1-x^m))$, 那么根据 $(1-x^m)F_m = F_{m-1}$ 可知 $F_m = F_{m-1} + x^m F_m$. 将 n 分拆为 $1, \cdots, m$ 之和的种数为 $A(n)$, 将 $n-m$ 分拆为 $1, \cdots, m$ 之和的种数为 $A(n-m)$, 将 n 分拆为 $1, \cdots, m-1$ 之和的种数为 $B(n)$, 试用前面关于 F_m 的关系式证明 $A(n) = A(n-m) + B(n)$. 如果用第 21 节的记号, 那么 $A(n)$ 就是 $P_{n,m}(n)$, 因此上述结论就是 (7.2) 的推论. (此时 k, l 和 n 是什么呢?) 不过现在我们是利用幂级数的性质来证明的, 毫不涉及分拆方面的知识.

7. 德国数学家诺德 (Node) 引起了欧拉对分拆理论的兴趣. 在信中, 诺德写道: "对于充分大的 n 怎么确定 n 的分拆数目呢? 比如, 有多少种方法将 50 分拆为均不超过 7 的若干自然数之和? 如果分拆成 7 个不同的自然数之和呢?" 两周后欧拉就给出了回复, 指出了他的问题与幂级数之间的关系, 并且演示了如何用这种方法来解答那些问题. 半年后欧拉发表了这方面的结果. 特别地, 他给出了习题 6 中的关系式, 然后给出了 n 和 m 从最小值开始直至 $n = 69$ 和 $m = 11$ 之间所有情况的分拆数目. 试重建欧拉的推理过程, 并给出 n 从 1 到 50, m 从 1 到 7 所有情形下的分拆数目的表格. 可以将表格绘制成 7 列 50 行的矩形. 用这种方法, 可以证明有 18138 种方法将 50 分拆为各项均不超过 6 的若干自然数之和, 有 522 种方法可以将 50 分拆为 7 个不同数之和[1]. (提示: (7.36) 和 (7.37) 之间描述的结论对此有帮助.)

8. 在对 n 进行分拆时, 要求只有奇数可重复出现, 记此时的分拆数目为 a_n; 要求分拆中每一项最多只能出现三次, 记此时的分拆数目为 b_n, 证明恒有 $a_n = b_n$.

9. 将乘积 $(1+xz)(1+x^2z)(1+x^4z)(1+x^8z)\cdots$ 写成 $1 + u_1(x)z + u_2(x)z^2 + \cdots$ 的形式, 并求出 $u_k(x)$.

10. 将幂级数 $(1-xz)^{-1}(1-x^2z)^{-1}(1-x^3z)^{-1}\cdots$ 写成 $1 + v_1(x)z + v_2(x)z^2 + \cdots$ 的形式, 并求出 $v_k(x)$. 类似于 (7.36), 试将本题的结果解释为分拆数目之间的关系.

补充 1: 欧拉五边形定理

我们这里给出两个证明. 这个定理现在有许多不同的证明方法. 第一个证明属于欧拉, 它是纯代数的杰作. 这个证明几乎只用了去括号和将项合并的操作, 不过这些操作合在一起就非常复杂了, 毕竟这个证明是欧拉在提出猜想的九年后才发现的.

---

[1] 原文有误. 这里依据俄文原文和另一个英译本做了修改. ——译者注

证明的思想非常自然. 将乘积

$$(1-x)(1-x^2)(1-x^3)\cdots(1-x^n)\cdots \qquad (7.38)$$

逐步展开, 将每步的结果表示为两项的和, 其中一项是 N 次多项式, 另一项可以被 x^{N+1} 整除. 数 N 逐步增加, 然后来计算 (7.38) 的部分和. 我们先从有限积

$$(1-a_1)(1-a_2)\cdots(1-a_n)$$

开始. 去掉最后一个括号, 有

$$
\begin{aligned}
(1-a_1)(1-a_2)\cdots(1-a_n) = {} & (1-a_1)(1-a_2)\cdots(1-a_{n-1}) \\
& - a_n(1-a_1)(1-a_2)\cdots(1-a_{n-1}).
\end{aligned}
$$

现在对右侧第一项进行同样的操作, 它等于

$$(1-a_1)(1-a_2)\cdots(1-a_{n-2}) - a_{n-1}(1-a_1)(1-a_2)\cdots(1-a_{n-2}).$$

我们可以对 $(1-a_1)(1-a_2)\cdots(1-a_{n-2})$ 进行同样的操作, 以此类推, 直至 $1-a_1$ 这一项, 即有

$$
\begin{aligned}
& (1-a_1)(1-a_2)\cdots(1-a_n) \\
= {} & 1 - a_1 - a_2(1-a_1) - a_3(1-a_1)(1-a_2) \\
& - \cdots - a_n(1-a_1)(1-a_2)\cdots(1-a_{n-1}). \qquad (7.39)
\end{aligned}
$$

(7.39) 可被应用于无限积 $(1-u_1)(1-u_2)\cdots(1-u_n)\cdots$, 其中 $u_i(x)$ 是幂级数且首项的 x 的幂次随 i 逐渐增大: 以 $u_n = x^n$ 为例, 此时 "幂级数" 以 x^n 为首项 (当然它也是末项), 可得

$$
\begin{aligned}
& (1-u_1)(1-u_2)\cdots(1-u_n)\cdots \\
= {} & 1 - u_1 - u_2(1-u_1) - u_3(1-u_1)(1-u_2) \\
& - \cdots - u_n(1-u_1)(1-u_2)\cdots(1-u_{n-1}) - \cdots. \qquad (7.40)
\end{aligned}
$$

实际上, 假如只考虑次数不超过 n 的项, 那么左侧从第 $n+1$ 项开始的所有因式以及右侧从第 $n+1$ 项开始的所有项都可以暂且不管, 因为它们不包括次

数不超过 n 的项. 于是当 $a_i = u_i$ 时就得到了 (7.39). 也就是说, 等式 (7.40) 的左右两侧次数不超过 n 的项是相同的. 因为这对任意的 n 都成立, 所以 (7.40) 成立.

在 (7.40) 中作替换 $u_i = x^i$, 可得

$$
\begin{aligned}
(1 - & x^1)(1 - x^2) \cdots (1 - x^n) \cdots \\
= & 1 - x^1 - x^2(1 - x^1) - x^3(1 - x^1)(1 - x^2) \\
& - \cdots - x^n(1 - x^1)(1 - x^2) \cdots (1 - x^{n-1}) - \cdots .
\end{aligned}
\tag{7.41}
$$

这是我们变换操作的第一步. 记乘积 $(1 - x^1)(1 - x^2) \cdots (1 - x^n) \cdots$ 为 P_0, (7.41) 中除前两项之外每一项都除以 x^2, 即令

$$
P_1 = 1 - x + x(1 - x)(1 - x^2) + \cdots + x^m(1 - x) \cdots (1 - x^{m+1}) + \cdots ,
$$

于是 (7.41) 变为

$$
P_0 = 1 - x - x^2 P_1.
\tag{7.42}
$$

现在来变换 P_1. 记

$$
Q_k = x^k(1 - x)(1 - x^2) \cdots (1 - x^{k+1}),
$$

则有

$$
P_1 = Q_0 + Q_1 + \cdots + Q_k + \cdots .
$$

去掉乘积 Q_k 中的第一个括号, 则有

$$
Q_k = A_k - B_k,
$$

其中

$$
\begin{aligned}
A_k &= x^k(1 - x^2)(1 - x^3) \cdots (1 - x^{k+1}), & A_0 &= 1, \\
B_k &= x^{k+1}(1 - x^2)(1 - x^3) \cdots (1 - x^{k+1}), & B_0 &= x.
\end{aligned}
$$

由此可将 P_1 写作

$$
P_1 = A_0 - B_0 + A_1 - B_1 + \cdots + A_k - B_k + \cdots .
\tag{7.43}
$$

我们注意到, 当 $k \geqslant 2$ 时 $A_k - B_{k-1}$ 有更简单的表达式:

$$A_k - B_{k-1} = x^k(1-x^2)\cdots(1-x^{k+1}) - x^k(1-x^2)\cdots(1-x^k) = -x^{2k+1}C_{k-2},$$

其中

$$C_k = (1-x^2)\cdots(1-x^{k+2}), \quad k \geqslant 2, \quad C_0 = 1-x^2,$$

这表明

$$C_{k-2} = (1-x^2)(1-x^3)\cdots(1-x^k).$$

将 (7.43) 写作

$$\begin{aligned} P_1 = {} & A_0 - B_0 + A_1 + (-B_1 + A_2) \\ & + (-B_2 + A_3) + \cdots + (-B_{k-1} + A_k) + \cdots, \end{aligned}$$

于是有

$$P_1 = 1 - x + x(1-x^2) - x^5 C_0 - x^7 C_1 - \cdots - x^{2k+5}C_k - \cdots.$$

我们可以换一种写法. 记

$$P_2 = C_0 + x^2 C_1 + \cdots + x^{2k}C_k + \cdots,$$

则有

$$P_1 = 1 - x^3 - x^5 P_2. \tag{7.44}$$

将它展开, 得

$$\begin{aligned} P_2 = {} & 1 - x^2 + x^2(1-x^2)(1-x^3) + \cdots \\ & + x^{2k}(1-x^2)(1-x^3)\cdots(1-x^{k+2}) + \cdots. \end{aligned}$$

至此, 证明的核心工作其实已经结束了. (7.42) 和 (7.44) 通过分离出更高次幂的部分和给出了乘积 (7.38) 的归纳展开式. 我们只需继续操作, 将结果明确写出来即可.

令

$$P_n = 1 - x^n + x^n(1 - x^n)(1 - x^{n+1})$$
$$+ x^{2n}(1 - x^n)(1 - x^{n+1})(1 - x^{n+2}) + \cdots$$
$$+ x^{kn}(1 - x^n)(1 - x^{n+1})\cdots(1 - x^{n+k}) + \cdots.$$

与 P_1 的变换类似, 记

$$Q_k = x^{nk}(1 - x^n)(1 - x^{n+1})\cdots(1 - x^{n+k}),$$

则有

$$P_n = Q_0 + Q_1 + \cdots + Q_k + \cdots.$$

去掉乘积 Q_k 中的第一个括号:

$$Q_k = A_k - B_k,$$
$$A_k = x^{nk}(1 - x^{n+1})\cdots(1 - x^{n+k}),$$
$$B_k = x^{n(k+1)}(1 - x^{n+1})\cdots(1 - x^{n+k}).$$

考虑 $k \geqslant 2$ 时的差值 $A_k - B_{k-1}$:

$$A_k - B_{k-1} = x^{nk}(1 - x^{n+1})\cdots(1 - x^{n+k-1})(-x^{n+k})$$
$$= -x^{nk+n+k}(1 - x^{n+1})\cdots(1 - x^{n+k-1})$$
$$= -x^{nk+n+k}C_{k-2},$$

其中

$$C_k = (1 - x^{n+1})\cdots(1 - x^{n+k+1}), \quad k \geqslant 0.$$

整除 $A_k - B_{k-1}$ 的 x 的最高幂次 $nk + n + k$ 可以写成

$$nk + n + k = (n+1)(k-2) + 3n + 2,$$

因此 P_n 可以写作

$$P_n = A_0 - B_0 + A_1 + (-B_1 + A_2) + \cdots + (-B_{k-1} + A_k) + \cdots$$
$$= A_0 - B_0 + A_1 - x^{3n+2}(C_0 + x^{n+1}C_1 + x^{2(n+1)}C_2 + \cdots).$$

按照定义, 和式

$$C_0 + x^{n+1}C_1 + x^{2(n+1)}C_2 + \cdots$$
$$= 1 - x^{n+1} + x^{n+1}(1 - x^{n+1})(1 - x^{n+2})$$
$$+ x^{2(n+1)}(1 - x^{n+1})(1 - x^{n+2})(1 - x^{n+3}) + \cdots$$
$$+ x^{k(n+1)}(1 - x^{n+1}) \cdots (1 - x^{n+k+1}) + \cdots$$

与 P_{n+1} 相等. 因为

$$A_0 - B_0 + A_1 = 1 - x^n + x^n - x^{2n+1} = 1 - x^{2n+1},$$

我们就得到了关系式

$$P_n = 1 - x^{2n+1} - x^{3n+2}P_{n+1}. \tag{7.45}$$

以上给出了展开 (7.38) 为级数的完整过程. 现在来看看它到底说明了什么结果. 利用 (7.45) 可以表示出 P_{n-1}:

$$P_{n-1} = 1 - x^{2n-1} - x^{3n-1}(1 - x^{2n+1} - x^{3n+2}P_{n+1}).$$

同样地, 还可以得到 P_{n-2}:

$$P_{n-2} = 1 - x^{2n-3} - x^{3n-4}(1 - x^{2n-1} - x^{3n-1}(1 - x^{2n+1} - x^{3n+2}P_{n+1})).$$

继续操作下去直至 P_0. 从中可以看出 $1 - x^{2n+1}$ 这一项交替取正负号, 实际上这一项的符号是 $(-1)^n$. 另外, 在从 P_n 到 P_{n-1} 时, 这一项还乘以了 x^{3n-1}; 在从 P_{n-1} 到 P_{n-2} 时, 又乘以了 x^{3n-4}, 以此类推. 因此在 P_0 中 $1 - x^{2n+1}$ 乘以了 $x^{2+5+\cdots+(3n-1)}$. 指数是一个等差数列的和:

$$2 + (2 + 3) + \cdots + (2 + 3(n - 1)) = 2n + 3(1 + 2 + \cdots + (n - 1))$$
$$= 2n + 3\frac{n(n-1)}{2} = \frac{3n^2 + n}{2}.$$

因此乘积 (7.38) 等于下列诸项之和:

$$(-1)^n x^{(3n^2+n)/2}(1 - x^{2n+1}) = (-1)^n x^{(3n^2+n)/2} + (-1)^{n+1} x^{(3n^2+n)/2+2n+1}.$$

可以看到 $(3n^2+n)/2$ 就是第 n 个五边形数 (n 对应负值). 另外

$$\frac{3n^2+n}{2}+2n+1 = \frac{3n^2+5n+2}{2} = \frac{3(n+1)^2-(n+1)}{2},$$

这是第 $n+1$ 个五边形数. 因此乘积 (7.38) 等于诸项 $(-1)^n x^{(3n^2+n)/2}$ ($n = 0, -1, 1, -2, 2, \cdots$) 之和. 这就证明了欧拉五边形定理. ■

需要指出的是, 我们可以不必推导 (7.44), 而直接得出 (7.45). 因为得到 (7.45) 后取 $n=1$ 即可得到 (7.44). 我们将推导过程重复了一遍是为了让变换的逻辑显得更加清晰.

现在来给出第二个证明, 它基于高斯和雅可比在 19 世纪发现的一个等式. 这里主要关心无穷乘积

$$(1+xz)(1+xz^{-1})(1+x^3z)(1+x^3z^{-1})\cdots(1+x^{2n-1}z)(1+x^{2n-1}z^{-1})\cdots \quad (7.46)$$

的计算, 其中 z 和 z^{-1} 前面的 x 的指数取遍所有奇数. 这个式子比我们之前碰到的那些都要复杂, 因为它涉及了 z 的负数次幂. 我们将说明这个表达式具有恰到好处的价值. 如果只考虑 (7.46) 中前 n 对因式, 即考虑

$$(1+xz)(1+xz^{-1})(1+x^3z)(1+x^3z^{-1})\cdots(1+x^{2n-1}z)(1+x^{2n-1}z^{-1}), \quad (7.47)$$

它就是普通的代数分式. 去掉所有括号, 我们会得到形如 $x^m z^r$ 的项, 其中 m 只取正数而 r 可正可负. 如果再考虑 (7.46) 中的下一对因式, 那么去括号后增加的只是其中 x 的幂次大于 $2n$ 的项. 因此 z^r 的系数是 x 的幂级数. 为了计算幂次不高于 $2n$ 的项, 考虑有限乘积 (7.47) 就足够了. 展开之后, 无穷乘积 (7.46) 就是若干形如 $A_r(x)z^r$ 的项之和, 其中 $A_r(x)$ 是 x 的幂级数, r 取任意整数. 考虑到表达式 (7.46) 关于 z 和 z^{-1} 的对称性, 最后得到的展开式也该是对称的, 即 z^r $(r>0)$ 的系数 $A_r(x)$ 等于 z^{-r} 的系数 $A_{-r}(x)$. 所以可将 (7.46) 写作

$$A_0(x) + A_1(x)(z+z^{-1}) + \cdots + A_r(x)(z^r+z^{-r}) + \cdots. \quad (7.48)$$

我们下面分两步来计算幂级数 $A_0(x), A_1(x), \cdots$.

第一步与第 23 节中的推理完全类似. 记乘积 (7.46) 为 $F(z)$, 将 z 替换为 x^2z, 于是每一对因式 $1 + x^{2k-1}z$ 和 $1 + x^{2k-1}z^{-1}$ 就变成了 $1 + x^{2k+1}z$ 和 $1 + x^{2k-3}z^{-1}$. 此时 (7.46) 中的因式中除了两处外都只是换了位置: 第一处是原来的 $1 + xz$ 消失了, 第二处是由原来的 $1 + xz^{-1}$ 变成了 $1 + x^{-1}z^{-1}$, 这是原来的乘积中所没有的. 由此就得到了

$$F(x^2z)\frac{1 + xz}{1 + x^{-1}z^{-1}} = F(z).$$

显然有 $(1 + xz)/(1 + x^{-1}z^{-1}) = xz$, 所以上式变为

$$F(x^2z)xz = F(z). \tag{7.49}$$

现在考虑乘积 $F(z)$ 的展开式 (7.48), 对其应用关系式 (7.49), 可得

$$\big(A_0(x) + A_1(x)(x^2z + x^{-2}z^{-1})$$
$$+ \cdots + A_r(x)(x^{2r}z + x^{-2r}z^{-r}) + \cdots\big)xz$$
$$= A_0(x) + A_1(x)(z + z^{-1}) + \cdots + A_r(x)(z^r + z^{-r}) + \cdots.$$

两侧包含 z^r 的项必定相等. 在左侧, 这些项来自包含 z^{r-1} 的项与 xz 相乘, 即它们来自 $A_{r-1}(x)x^{2(r-1)}z^{r-1}$ 与 xz 的乘积. 在右侧, 它们来自 $A_r(x)z^r$. 因此有

$$A_{r-1}(x)x^{2r-1} = A_r(x).$$

根据这个关系式可以顺次将所有 $A_r(x)$ 联系起来, 特别地有

$$A_r(x) = x^{2r-1}A_{r-1}(x) = x^{2r-1+2r-3}A_{r-2}(x)$$
$$= \cdots = x^{2r-1+2r-3+\cdots+1}A_0(x). \tag{7.50}$$

x 的指数是前 r 个奇数之和. 在五边形定理的第一个证明中我们遇到过类似的求和:

$$1 + (1+2) + (1 + 2\times 2) + \cdots + (1 + 2(r-1)) = r + 2(1 + 2 + \cdots + r - 1)$$
$$= r + 2\frac{r(r-1)}{2}$$
$$= r + r(r-1) = r^2.$$

这就是说前 r 个奇数之和等于 r^2 (见图 7.3). 于是可将 (7.50) 写成

$$A_r(x) = x^{r^2} A_0(x).$$

可以验证, 如果考虑 x 的负数幂, 也会得到同样的结果, 此处从略.

根据之前的结论可知 $A_0(x)$ 这一项可以从整个表达式 (7.48) 中提取出来, 于是乘积 (7.46) 有一个非常简洁的表达:

$$(1+xz)(1 + xz^{-1})(1 + x^3 z)(1 + x^3 z^{-1})$$
$$\cdots (1 + x^{2r-1} z)(1 + x^{2r-1} z^{-1}) \cdots$$
$$= A_0(x)\big(1 + x(z + z^{-1}) + \cdots + x^{r^2}(z^r + z^{-r}) + \cdots\big), \quad (7.51)$$

不过因式 $A_0(x)$ 还有待确定.

上面的推理与第 23 节中计算乘积 $G(x, z)$ 的方法一模一样. 然而那里的常数项我们是知道的, 因此可用来计算其余的项. 我们这里关键的一项 $A_0(x)$ 并不知道, 因此必须设法把它求出来.

现在进入证明的第二步 —— 计算级数 $A_0(x)$. 复习一下, 为了找出次数不超过 $2n$ 的项, 只需考虑有限乘积 (7.47). 我们现在可以具体求出一些系数. 比如可以这样来求 z^n 的系数: 从形如 $1 + x^{2r-1} z$ 的项中取 $x^{2r-1} z$, 从形如 $1 + x^{2r-1} z^{-1}$ 的项中取 1, 然后把这些元素乘起来. 最终我们就得到了 $x^{1+3+\cdots+(2n-1)} z^n = x^{n^2} z^n$. 利用证明第一步中同样的技巧, 我们可以把其余的项都用它表示出来, 尤其是 $A_0(x)$. 这就是下面证明的思路.

固定 n, 将乘积 (7.47) 记为 $f(z)$. 再次将 z 替换为 $x^2 z$. 之前对 (7.46) 做这个替换时产生了一些变化, 此处产生的变化要大一些. 与之前一样, $1 + xz$ 这一项在 $f(x^2 z)$ 中消失了, 同时出现了新的项 $1 + x^{-1} z^{-1}$. 另外一些新变化出现了: 新因式 $1 + x^{2n-1} x^2 z = 1 + x^{2n+1} z$ 出现了, 而 $1 + x^{2n-1} z^{-1}$ 消失了. $f(x^2 z)$ 和 $f(z)$ 中其余的项保持不变. 由此得到了新的关系式, 只是更为复杂:

$$f(x^2 z) \frac{1 + xz}{1 + x^{-1} z^{-1}} \frac{1 + x^{2n-1} z^{-1}}{1 + x^{2n+1} z} = f(z). \quad (7.52)$$

前面说过, $(1 + xz)/(1 + x^{-1} z^{-1}) = xz$. 因为 $xz(1 + x^{2n-1} z^{-1}) = zx + x^{2n}$,

所以 (7.52) 变成

$$f(x^2z)(zx + x^{2n}) = f(z)(1 + x^{2n+1}z). \tag{7.53}$$

现在将 $f(z)$ 按 z 和 z^{-1} 的幂展开:

$$f(z) = a_0(x) + a_1(x)(z + z^{-1}) + \cdots + a_n(x)(z^n + z^{-n}). \tag{7.54}$$

将这个展开式代入 (7.53):

$$\begin{aligned} \big(a_0(x) &+ a_1(x)(x^2z + x^{-2}z^{-1}) \\ &+ \cdots + a_n(x)(x^{2n}z^n + x^{-2n}z^{-n})\big)(zx + x^{2n}) \\ &= \big(a_0(x) + a_1(x)(z + z^{-1}) \\ &+ \cdots + a_n(x)(z^n + z^{-n})\big)(1 + x^{2n+1}z). \end{aligned}$$

显然等式两侧 $z^r (r \geqslant 1)$ 的系数相等. 在左侧, 这一项来自包含 z^{r-1} 的项与 xz 相乘, 以及包含 z^r 的项与 x^{2n} 相乘. 在右侧, 它来自包含 z^{r-1} 的项与 $x^{2n+1}z$ 相乘, 以及包含 z^r 的项与 1 相乘. 由此得到下述关系式

$$a_{r-1}(x)x^{2r-1} + a_r(x)x^{2r+2n} = a_{r-1}(x)x^{2n+1} + a_r(x).$$

将关于 $a_{r-1}(x)$ 和 $a_r(x)$ 的项合并, 有

$$a_{r-1}(x)x^{2r-1}(1 - x^{2n-2r+2}) = a_r(x)(1 - x^{2n+2r}). \tag{7.55}$$

上式允许我们用某些项的系数来表示其余项的系数. 比如有

$$a_r(x) = \frac{a_{r-1}(x)x^{2r-1}(1 - x^{2n-2r+2})}{1 - x^{2n+2r}}.$$

将 (7.55) 中的 r 换为 $r-1$, 再作替换, 可得

$$a_r(x) = \frac{a_{r-2}(x)x^{2r-1+2r-3}(1 - x^{2n-2r+2})(1 - x^{2n-2r+4})}{(1 - x^{2n+2r})(1 - x^{2n+2r-2})}.$$

继续这样的操作 r 次, 可得分子中 x 的幂为 $x^{(2r-1)+(2r-3)+\cdots+1}$, 即 x^{r^2}. 最终有结果

$$a_r(x) = a_0(x)x^{r^2}\frac{(1 - x^{2n-2r+2})(1 - x^{2n-2r+4})\cdots(1 - x^{2n})}{(1 - x^{2n+2r})(1 - x^{2n+2r-2})\cdots(1 - x^{2n+2})}.$$

因为我们知道 $a_n(x)$ 等于 x^{n^2}, 所以在上式中令 $r = n$, 得

$$x^{n^2} = a_0(x)x^{n^2}\frac{(1-x^2)(1-x^4)\cdots(1-x^{2n})}{(1-x^{2n+2})\cdots(1-x^{4n})}.$$

将其重写为

$$a_0(x) = \frac{(1-x^{2n+2})\cdots(1-x^{4n})}{(1-x^2)(1-x^4)\cdots(1-x^{2n})}. \tag{7.56}$$

再次回忆一下之前说过的, 要找出乘积 (7.46) 中 x 的幂次不超过 $2n$ 的项的系数, 只需在有限积 (7.47) 中找到相应的项即可. 特别地, 这与 $A_0(x)$ 中的项相关: 其中幂次不超过 $2n$ 的项与 $a_0(x)$ 中的对应项相同. 但 (7.56) 的分子中 x 的幂次都超过了 $2n$, 因此都可以丢掉不管. 于是 $A_0(x)$ 中幂次不超过 $2n$ 的项与下述级数中对应项相同:

$$\frac{1}{(1-x^2)(1-x^4)\cdots(1-x^{2n})}.$$

因为这个结论对任意的 n 都成立, 所以有

$$A_0(x) = \frac{1}{(1-x^2)(1-x^4)\cdots(1-x^{2n})\cdots}.$$

与 (7.51) 相结合, 就完全确定了乘积 (7.46). 两侧同时乘以分母, 将分母中的各因式分配给相应的项 (我们在第 15 节和第 16 节讨论过这一运算的合理性), 就有

$$(1+xz)(1+xz^{-1})(1-x^2)$$
$$\cdots(1+x^{2n-1}z)(1+x^{2n-1}z^{-1})(1-x^{2n})\cdots$$
$$= 1 + x(z+z^{-1}) + \cdots + x^{n^2}(z^n + z^{-n}) + \cdots, \tag{7.57}$$

这真是一个相当简洁的表述. 在左侧, 三个因式合成一组: $(1 + x^{2n-1}z)(1 + x^{2n-1}z^{-1})(1-x^{2n})$ $(n = 1, 2, \cdots)$.

五边形定理是 (7.57) 的一个推论. 令 $x = y^3$ 和 $z = -y$, 则左侧有

$$1 + x^{2n-1}z = 1 - y^{6n-2},$$
$$1 + x^{2n-1}z^{-1} = 1 - y^{6n-4},$$
$$1 - x^{2n} = 1 - y^{6n},$$

也就是说, 左侧包括了所有 $1 - y^n$ 的乘积, 其中 n 是正偶数. 在右侧, $x^{n^2} z^n$ 变为 $(-1)^n y^{3n^2+n}$, $x^{n^2} z^{-n}$ 变为 $(-1)^n y^{3n^2-n}$. 由此可知左右两侧都只出现 y 的偶数次幂. 于是令 $y^2 = t$, 则左侧是所有 $1 - t^n$ 的乘积, 其中 n 是自然数; 而右侧是形如 $(-1)^n t^{(3n^2 \pm n)/2}$ 的项之和. 这个等式就是五边形定理. ∎

习 题

1. 给出下述乘积的幂级数表示:

$$(1-x)^2(1-x^2)(1-x^3)^2(1-x^4)\cdots(1-x^{2n+1})^2(1-x^{2n+2})\cdots.$$

2. 给出下述乘积的幂级数表示:

$$(1+x)^2(1-x^2)(1+x^3)^2(1-x^4)\cdots(1+x^{2n+1})^2(1-x^{2n+2})\cdots.$$

3. 证明

$$(1-x^2)(1+x)(1-x^4)\cdots(1+x^n)(1-x^{2n+2})\cdots$$
$$= 1 + x + x^3 + x^6 + \cdots + x^{n(n+1)/2} + \cdots.$$

4. 证明

$$\frac{(1-x^2)(1-x^4)(1-x^6)\cdots}{(1-x)(1-x^3)(1-x^5)\cdots} = 1 + x + x^3 + x^6 + \cdots + x^{n(n+1)/2} + \cdots.$$

补充 2: 伯努利数的生成函数

我们来考虑一个神奇的幂级数

$$e(x) = 1 + \frac{x}{1!} + \frac{x^2}{2!} + \cdots + \frac{x^n}{n!} + \cdots. \tag{7.58}$$

如果我们证明能用数字替换 x, 那么就会得到一个重要的函数, 即可以证明 $e(x) = e^x$, 这里 e 是自然对数的底. 但我们这里只考虑幂级数的纯代数理论. 与此同时, 我们将说明幂级数 $e(x)$ 也保留了作为指数函数时的一些性质.

我们引进新的未知数 y, 然后考虑幂级数 $e(y)$ 和 $e(x+y)$. 现在来证明

$$e(x+y) = e(x)e(y). \tag{7.59}$$

将 (7.58) 中的 x 替换为 $x+y$, 则 n 次项形如 $(x+y)^n/n!$. 利用二项式公式
将 $(x+y)^n$ 展开则有

$$(x+y)^n = x^n + \frac{n!}{1!(n-1)!}x^{n-1}y + \frac{n!}{2!(n-2)!}x^{n-2}y^2 + \cdots + y^n.$$

因此

$$\frac{(x+y)^n}{n!} = \frac{x^n}{n!} + \frac{x^{n-1}}{(n-1)!}\frac{y}{1!} + \frac{x^{n-2}}{(n-2)!}\frac{y^2}{2!} + \cdots + \frac{y^n}{n!}.$$

即可将其看作形如

$$\frac{x^k}{k!}\frac{y^{n-k}}{(n-k)!}$$

的表达式之和, 其中 $k = n, n-1, \cdots, 0$. 这正好就是 $e(x)$ 中 k 次项与 $e(y)$
中 $n-k$ 次项的乘积, 因此它们正好给出了幂级数 $e(x)e(y)$ 中的 n 次项. 这
就证明了 (7.59).

本质上, (7.59) 等价于二项式公式, 并且包括了对所有 n 的二项式公式.

根据这一神奇的性质, 我们可以更方便地构造新型的生成函数. 令 a 表
示数列 $\alpha_0, \alpha_1, \cdots, \alpha_n, \cdots$, 我们引进一个幂级数 $e(ax)$ (注意 a 是一个数列):

$$e(ax) = \alpha_0 + \frac{\alpha_1 x}{1!} + \frac{\alpha_2 x^2}{2!} + \frac{\alpha_3 x^3}{3!} + \cdots + \frac{\alpha_n x^n}{n!} + \cdots.$$

它也被称为数列 a 的阶乘生成函数. 如果对两个数列 $a = (\alpha_0, \alpha_1, \cdots, \alpha_n, \cdots)$
以及 $b = (\beta_0, \beta_1, \cdots, \beta_n, \cdots)$, 我们定义 $a+b = (\alpha_0+\beta_0, \alpha_1+\beta_1, \cdots, \alpha_n + \beta_n, \cdots)$, 那么显然有

$$e\big((a+b)x\big) = e(ax) + e(bx). \tag{7.60}$$

现在对幂级数应用第二章的补充材料里引进的符号. 即, 如果 $f(t,x) = f_0(t) + f_1(t)x + \cdots + f_n(x)x^n + \cdots$ 是幂级数, 它的系数都是多项式, a 是一个数列, 那么可定义

$$f(a,x) = f_0(a) + f_1(a)x + \cdots + f_n(a)x^n + \cdots.$$

表达式 $f(a)$ 的意义在第二章的补充材料里定义过了: 如果 $f(t) = a_0 + a_1 t + \cdots + a_m t^m$, $a = (\alpha_0, \alpha_1, \cdots, \alpha_n, \cdots)$, 那么 $f(a) = a_0\alpha_0 + a_1\alpha_1 + \cdots + a_m\alpha_m$.

在这个记号下, 数列 a 的阶乘生成函数记作 $e(ax)$. 对于数 α 以及数列 $a = (\alpha_0, \alpha_1, \cdots, \alpha_n, \cdots)$, 我们定义 $\alpha + a$ 为新数列 $a' = (\alpha_0 + \alpha, \alpha_1 + \alpha, \cdots, \alpha_n + \alpha, \cdots)$, 则有与 (7.59) 相似的关系式

$$e((\alpha + a)x) = e(\alpha x)e(ax). \tag{7.61}$$

这个等式的证明与 (7.59) 完全相同. 按照定义, 左侧的 n 次项是 $(\alpha + a)^n / n!$, 它是形如

$$\frac{1}{n!} \frac{n!}{k!(n-k)!} \alpha^k \alpha_{n-k} x^n = \frac{1}{k!} \alpha^k x^k \frac{1}{(n-k)!} \alpha_{n-k} x^{n-k}$$

的所有项之和. 但这样的项都是 $e(\alpha x)$ 中的 k 次项与 $e(ax)$ 中的 $n-k$ 次项的乘积. 按照幂级数乘法的定义, 所有这些项之和就是乘积 $e(\alpha x)e(ax)$ 中的 n 次项. 这就证明了 (7.61).

我们现在利用前面的那些等式来给出伯努利数数列 $B = (B_0, B_1, \cdots, B_n, \cdots)$ 的阶乘生成函数. 回忆一下, 伯努利数由下述关系式确定

$$(B+1)^m - B_m = m, \quad m = 1, 2, \cdots. \tag{7.62}$$

我们考虑 (7.62) 中三个数列的阶乘生成函数: 数列 $(B+1)^m$, 数列 B_m, 以及数列 m $(m = 0, 1, 2, \cdots)$, 即所有非负整数数列. 我们将最后一个数列记作 N. 根据 (7.60), 我们可以将 (7.62) 写作

$$e((B+1)x) - e(Bx) = e(Nx). \tag{7.63}$$

根据 (7.61), 有 $e((B+1)x) = e(x)e(Bx)$. 现在还需要求出幂级数 $e(Nx)$. 它的 n 次项为

$$\frac{n}{n!} x^n = \frac{1}{(n-1)!} x^{n-1} x,$$

因此有 $e(Nx) = xe(x)$, 于是 (7.63) 变为

$$e(Bx)(e(x) - 1) = xe(x).$$

由此得到

$$e(Bx) = \frac{xe(x)}{e(x) - 1}. \tag{7.64}$$

这就是伯努利数的阶乘生成函数. 注意到分母中的幂级数 $e(x) - 1$ 的常数项为 0, 所以分子分母可以同时约去一个 x. 这样得到的新分母的常数项为 1, 因此根据定理 49, 它有逆. 利用这个生成函数可以很容易地得到伯努利数的所有性质. 比如我们可以证明下标为大于 1 的奇数的伯努利数都是 0 (第二章补充材料的习题 3). 前面已知 $B_1 = 1/2$ (也可以很容易地由 (7.64) 得到), 因此如果这个结论成立, 那么幂级数 $e(Bx) - x/2$ 中将只包含 x 的偶数次幂. 如果将幂级数 $f(x)$ 中的 x 替换为 $-x$, 那么 x 的偶数次幂项保持不变, 奇数次幂项改变符号. 因此如果 $f(x)$ 只包含 x 的偶数次幂项, 就相当于在 x 变为 $-x$ 时式子保持不变, 即有 $f(-x) = f(x)$.

因此我们需要说明将幂级数 $e(Bx) - x/2$ 中的 x 变为 $-x$ 时式子保持不变. 根据 (7.64), 我们要证明的结论等价于

$$\frac{xe(x)}{e(x) - 1} - \frac{x}{2} = \frac{-xe(-x)}{e(-x) - 1} + \frac{x}{2}.$$

记 $e(x)$ 为 u. 上式两边除以 x, 并同时减去 $1/2$. 根据 (7.59), $e(-x) = u^{-1}$. 于是上面的式子就变成了

$$\frac{u}{u - 1} - 1 = -\frac{u^{-1}}{u^{-1} - 1}.$$

这是显然成立的: 左侧通分, 右侧分子分母同时乘以 u.

我们借助这个新方法得出了伯努利数与 $S_m(n) = 1^m + 2^m + \cdots + n^m$ 之间的关系. 在第二章的补充材料里, 我们证明了

$$S_m(n) = \frac{1}{m + 1}\big((B + n)^{m+1} - B_{m+1}\big).$$

它也可以写作

$$S_{m-1}(n) = \frac{1}{m}\big((B + n)^m - B_m\big). \tag{7.65}$$

我们用新方法重新推导这个公式.

固定 n, 我们考虑数列 $(B + n)^m - B_m$ 的阶乘生成函数. 根据 (7.60), 它可以表示为 $e((B+n)x) - e(Bx)$. 根据 (7.61), 这个幂级数等于 $e(Bx)e(nx) - e(Bx) = e(Bx)(e(nx) - 1)$. 对 (7.59) 用归纳法易得 $e(nx) = e(x)^n$. 据此以

及 (7.64), 可知幂级数等于

$$xe(x)\frac{e(x)^n - 1}{e(x) - 1}.$$

因为

$$\frac{e(x)^n - 1}{e(x) - 1} = 1 + e(x) + \cdots + e(x)^{n-1},$$

所以

$$xe(x)\frac{e(x)^n - 1}{e(x) - 1} = x\Big(e(x) + \cdots + e(x)^n\Big).$$

再将 $e(x)^k$ 替换为 $e(kx)$, $k = 1, 2, \cdots, n$, 则有

$$xe(x)\frac{e(x)^n - 1}{e(x) - 1} = x\Big(e(x) + e(2x) + \cdots + e(nx)\Big).$$

我们来计算一下右侧中 x^m 的系数, 它等于 $e(x) + e(2x) + \cdots + e(nx)$ 中 x^{m-1} 的系数. 考虑 $e(kx)$, 其中 x^{m-1} 的系数为 $k^{m-1}/(m-1)!$. 因此所求的系数为

$$\frac{1}{(m-1)!} + \frac{2^{m-1}}{(m-1)!} + \cdots + \frac{n^{m-1}}{(m-1)!} = \frac{S_{m-1}(n)}{(m-1)!}.$$

令 $\alpha_m = (B+n)^m - B_m$, 数列 a 为 $\alpha_0, \alpha_1, \cdots$. 我们已经证明了幂级数 $e(ax)$ 中 x^m 的系数为 $S_{m-1}(n)/(m-1)!$. 按照定义, 它应该等于 $\alpha_m/m!$. 因此就得到了

$$\frac{\alpha_m}{m!} = \frac{S_{m-1}(n)}{(m-1)!},$$

由此可得 (7.65).

习 题

1. 定义数列 B'_n: $B'_1 = -1/2$; 当 $n \geqslant 2$ 时有 $B'_n = B_n$. 证明数列 B'_n 的阶乘生成函数为 $e(B't) = t(e^t - 1)$. 对于数列 B'_n, 当 $m \geqslant 2$ 时有关系式 $(B'+1)^m = B'_m$.

2. 证明

$$e\Big(\big(B - \frac{1}{2}\big)x\Big) = 2e\Big(B\frac{x}{2}\Big) - e(Bx).$$

3. 证明: 当 m 为偶数时, 伯努利多项式 $B_m(x)$ 有根 $x = -1/2$. (提示: 利用第二章补充材料中的习题 2 和 3.)

4. 证明无限和 (7.58) 在 x 取任意实数时都有意义. (提示: 将 x 替换为 $|x|$, 然后将命题归结为 $x > 0$ 的情形. 若 $x > 0$, 可以证明

$$\frac{x^n}{n!} + \cdots + \frac{x^{n+k}}{(n+k)!} \leqslant \frac{x^n}{n!}(1 + \alpha + \cdots + \alpha^k),$$

其中 $\alpha = x/n$. 在 $n > x$ 时应用 (5.2).)

正文提及的数学家的生卒年份

下表中的最右侧一栏表示提及该数学家的章节数, 符号 S13 表示第 13 节之后的补充材料.

公元前		
毕达哥拉斯	约 580 — 约 500	1
西奥多罗斯	约 470 — 约 399	2
泰阿泰德	约 414 — 369	2
欧几里得	约 465 — 约 300	2, 3, 11
阿基米德	287? — 212	6
埃拉托色尼	约 276? — 195?	13
公元		
斐波那契	约 1170 — 1240?	3
韦达	1540 — 1603	8
伽利略	1564 — 1642	18
笛卡儿	1596 — 1650	4
费马	1601 — 1665	6
帕斯卡	1623 — 1662	6, 22
巴罗	1630 — 1677	6
牛顿	1642 — 1727	6, 22
罗尔	1652 — 1719	17
雅各布·伯努利	1654 — 1705	6, S6, 10, S10, 15, 20, 22, S23b
欧拉	1707 — 1783	3, S6, 9, 11, 12, 13, S13, 15, 22, 23, S23a

贝祖	1730—1783	4
拉普拉斯	1749—1827	10
高斯	1777－1855	2, S13, 21, 23, S23a
波尔查诺	1781—1848	17
斯图姆	1803—1855	S17
雅可比	1804—1851	S23a
卡塔兰	1814—1894	22
切比雪夫	1821—1894	S10, S13, S20
黎曼	1826—1866	S13
戴德金	1831—1916	7, 18, 19
康托尔	1845—1918	19
庞加莱	1854—1912	2

名词索引

译后记

作者沙法列维奇是少有的在科研、育人与著述方面都有大成就的数学家. 如序言所说,作者不满于现今的中学代数教育,故而虽年逾古稀仍决心写作长文以向中学师生展示代数之丰富与美丽. 全书以中学生所熟悉的整数、无理数、多项式、集合等简单概念为起点,娓娓道来,在不经意间向学生展示了诸如切比雪夫不等式、切比雪夫素数定理和欧拉五边形定理等数学珍宝. 同时又在适宜之处穿插了丰富的数学史,与数学知识交映生辉,真是大手笔.

作者所提及的问题也广泛存在于当今中国的中学数学教育之中. 我相信,无论是对那些对数学有兴趣的青少年,还是对更广泛的数学教育界人士,本书都有其积极作用.

由于柳翔兄在网络上的热心介绍,译稿顺利进入世界图书出版公司刘慧老师的视野. 后来由于版权变更的缘故,本书又得到了高等教育出版社李华英老师的认真编辑. 在此期间,出版社邀请了张浩老师进行审读. 可以说,这份详细的审读批注使得翻译质量提升了一个档次. 在按照审读意见修改之后,我麻烦柳翔兄通读译稿,因此得以再更正若干错讹. 后来又很幸运地收到了林开亮老师的一些修改意见. 在所有人的帮助之后,留存的问题完全由我自己负责. 本人电子邮箱是 dushubiji@protonmail.com, 欢迎读者批评指正.

严晓文

2022 年 3 月